Informatik – Fachberichte

Band 1: Programmiersprachen. GI-Fachtagung 1976. Herausgegeben von H.-J. Schneider und M. Nagl. (vergriffen)

Band 2: Betrieb von Rechenzentren. Workshop der Gesellschaft für Informatik 1975. Herausgegeben von A. Schreiner. (vergriffen)

Band 3: Rechnernetze und Datenfernverarbeitung. Fachtagung der GI und NTG 1976. Herausgegeben von D. Haupt und H. Petersen. VI, 309 Seiten. 1976.

Band 4: Computer Architecture. Workshop of the Gesellschaft für Informatik 1975. Edited by W. Händler. VIII, 382 pages. 1976.

Band 5: GI – 6. Jahrestagung. Proceedings 1976. Herausgegeben von E. J. Neuhold. (vergriffen)

Band 6: B. Schmidt, GPSS-FORTRAN, Version II. Einführung in die Simulation diskreter Systeme mit Hilfe eines FORTRAN-Programmpaketes, 2. Auflage. XIII, 535 Seiten. 1978.

Band 7: GMR – GI – GfK. Fachtagung Prozessrechner 1977. Herausgegeben von G. Schmidt. (vergriffen)

Band 8: Digitale Bildverarbeitung/Digital Image Processing. GI/NTG Fachtagung, München, März 1977. Herausgegeben von H.-H. Nagel. (vergriffen)

Band 9: Modelle für Rechensysteme. Workshop 1977. Herausgegeben von P. P. Spies. VI, 297 Seiten. 1977.

Band 10: GI – 7. Jahrestagung. Proceedings 1977. Herausgegeben von H. J. Schneider. IX, 214 Seiten. 1977.

Band 11: Methoden der Informatik für Rechnerunterstütztes Entwerfen und Konstruieren, GI-Fachtagung, München, 1977. Herausgegeben von R. Gnatz und K. Samelson. VIII, 327 Seiten. 1977.

Band 12: Programmiersprachen. 5. Fachtagung der GI, Braunschweig, 1978. Herausgegeben von K. Alber. VI, 179 Seiten. 1978.

Band 13: W. Steinmüller, L. Ermer, W. Schimmel: Datenschutz bei riskanten Systemen. Eine Konzeption entwickelt am Beispiel eines medizinischen Informationssystems. X, 244 Seiten. 1978.

Band 14: Datenbanken in Rechnernetzen mit Kleinrechnern. Fachtagung der GI, Karlsruhe, 1978. Herausgegeben von W. Stucky und E. Holler. (vergriffen)

Band 15: Organisation von Rechenzentren. Workshop der Gesellschaft für Informatik, Göttingen, 1977. Herausgegeben von D. Wall. X, 310 Seiten. 1978.

Band 16: GI – 8. Jahrestagung, Proceedings 1978. Herausgegeben von S. Schindler und W. K. Giloi. VI, 394 Seiten. 1978.

Band 17: Bildverarbeitung und Mustererkennung. DAGM Symposium, Oberpfaffenhofen, 1978. Herausgegeben von E. Triendl. XIII, 385 Seiten. 1978.

Band 18: Virtuelle Maschinen. Nachbildung und Vervielfachung maschinenorientierter Schnittstellen. GI-Arbeitsseminar. München 1979. Herausgegeben von H. J. Siegert. X, 230 Seiten. 1979.

Band 19: GI – 9. Jahrestagung. Herausgegeben von K. H. Böhling und P. P. Spies. (vergriffen)

Band 20: Angewandte Szenenanalyse. DAGM Symposium, Karlsruhe 1979. Herausgegeben von J. P. Foith. XIII, 362 Seiten. 1979.

Band 21: Formale Modelle für Informationssysteme. Fachtagung der GI, Tutzing 1979. Herausgegeben von H. C. Mayr und B. E. Meyer. VI, 265 Seiten. 1979.

Band 22: Kommunikation in verteilten Systemen. Workshop der Gesellschaft für Informatik e.V.. Herausgegeben von S. Schindler und J. C. W. Schröder. VIII, 338 Seiten. 1979.

Band 23: K.-H. Hauer, Portable Methodenmonitoren. Dialogsysteme zur Steuerung von Methodenbanken: Softwaretechnischer Aufbau und Effizienzanalyse. XI, 209 Seiten. 1980.

Band 24: N. Ryska, S. Herda, Kryptographische Verfahren in der Datenverarbeitung. V, 401 Seiten. 1980.

Band 25: Programmiersprachen und Programmentwicklung. 6. Fachtagung, Darmstadt, 1980. Herausgegeben von H.-J. Hoffmann. VI. 236 Seiten. 1980

Band 26: F. Gaffal, Datenverarbeitung im Hochschulbereich der USA. Stand und Entwicklungstendenzen. IX, 199 Seiten. 1980.

Band 27: GI-NTG Fachtagung, Struktur und Betrieb von Rechensystemen. Kiel, März 1980. Herausgegeben von G. Zimmermann. IX, 286 Seiten. 1980.

Band 28: Online-Systeme im Finanz- und Rechnungswesen. Anwendergespräch, Berlin, April 1980. Herausgegeben von P. Stahlknecht. X, 547 Seiten, 1980.

Band 29: Erzeugung und Analyse von Bildern und Strukturen. DGaO – DAGM Tagung, Essen, Mai 1980. Herausgegeben von S. J. Pöppl und H. Platzer. VII, 215 Seiten. 1980.

Band 30: Textverarbeitung und Informatik. Fachtagung der GI, Bayreuth, Mai 1980. Herausgegeben von P. R. Wossidlo. VIII, 362 Seiten. 1980.

Band 31: Firmware Engineering. Seminar veranstaltet von der gemeinsamen Fachgruppe „Mikroprogrammierung" des GI Fachausschusses 3/4 und des NTG-Fachausschusses 6 vom 12. – 14. März 1980 in Berlin. Herausgegeben von W. K. Giloi. VII, 289 Seiten. 1980.

Band 32: M. Kühn, CAD Arbeitssituation. Untersuchungen zu den Auswirkungen von CAD sowie zur menschengerechten Gestaltung von CAD-Systemen. VII, 215 Seiten. 1980.

Band 33: GI – 10. Jahrestagung. Herausgegeben von R. Wilhelm. XV, 563 Seiten. 1980.

Band 34: CAD-Fachgespräch. GI - 10. Jahrestagung. Herausgegeben von R. Wilhelm. VI, 184 Seiten. 1980.

Band 35: B. Buchberger, F. Lichtenberger: Mathematik für Informatiker I. Die Methode der Mathematik. XI, 315 Seiten. 1980.

Band 36: The Use of Formal Specification of Software. Berlin, Juni 1979. Edited by H. K. Berg and W. K. Giloi. V, 388 pages. 1980.

Band 37: Entwicklungstendenzen wissenschaftlicher Rechenzentren. Kolloquium, Göttingen, Juni 1980. Herausgegeben von D. Wall. VII, 163 Seiten. 1980.

Band 38: Datenverarbeitung im Marketing. Herausgegeben von R. Thome. VIII, 377 pages. 1981.

Band 39: Fachtagung Prozeßrechner 1981. München, März 1981. Herausgegeben von R. Baumann. XVI, 476 Seiten. 1981.

Band 40: Kommunikation in verteilten Systemen. Herausgegeben von S. Schindler und J.C.W. Schröder. IX, 459 Seiten. 1981.

Band 41: Messung, Modellierung und Bewertung von Rechensystemen. GI-NTG Fachtagung. Jülich, Februar 1981. Herausgegeben von B. Mertens. VIII, 368 Seiten. 1981.

Band 42: W. Kilian, Personalinformationssysteme in deutschen Großunternehmen. XV, 352 Seiten. 1981.

Band 43: G. Goos, Werkzeuge der Programmiertechnik. GI-Arbeitstagung. Proceedings, Karlsruhe, März 1981. VI, 262 Seiten. 1981.

Informatik-Fachberichte

Herausgegeben von W. Brauer
im Auftrag der Gesellschaft für Informatik (GI)

72

Sprachen für Datenbanken

Fachgespräch auf der 13. GI-Jahrestagung
Hamburg, 3. – 7. Oktober 1983

Herausgegeben von J. W. Schmidt

Springer-Verlag
Berlin Heidelberg New York Tokyo 1983

Herausgeber

J. W. Schmidt
Fachbereich Informatik, Universität Hamburg
Schlüterstraße 70, 2000 Hamburg 13

AMS-Subject Classification (1982): 68-06, 68B99

CIP-Kurztitelaufnahme der Deutschen Bibliothek.
Sprachen für Datenbanken : Fachgespräch auf d. 13. GI-Jahrestagung, Hamburg,
3. – 7. Oktober 1983 / hrsg. von J. W. Schmidt. - Berlin; Heidelberg; New York; Tokyo:
Springer, 1983.
(Informatik-Fachberichte; Bd. 72)

ISBN-13: 978-3-540-12733-8   e-ISBN-13: 978-3-642-69297-0
DOI: 10.1007/978-3-642-69297-0

NE: Schmidt, Jochen W. [Hrsg.]; Gesellschaft für Informatik; GT

<u>VORWORT</u>

In Datenbanken wird Information verwaltet, die im allgemeinen von einem größeren Benutzerkreis zusammengetragen und ausgewertet wird. Einzelne Benutzer stellen dabei an die Hilfsmittel, mit denen sie Daten definieren, verarbeiten und kontrollieren wollen, unterschiedliche Anforderungen. Aus diesem Grunde bieten Datenbankverwaltungssysteme verschiedene Schnittstellen an, die sich hinsichtlich Funktionalität, sprachlicher Form, Interaktionsmodus etc. erheblich unterscheiden können.

Die Einladung zum Fachgespräch "Sprachen für Datenbanken" richtete sich an einen Teilnehmerkreis mit Erfahrungen in der Benutzung, im Entwurf und in der Realisierung von sprachlichen Datenbankschnittstellen. Von den eingegangenen Beiträgen wurde die Hälfte ausgewählt, sie lassen sich den Schwerpunkten

- Natürlichsprachlicher Datenbankzugang
- Nichtkonventionelle Datenbankanwendungen
- Weiterentwicklung von Datenbankmodellen
- Entwurfs- und Zugriffssprachen

zuordnen.

Da die Kommunikation zwischen Benutzer und Datenbank in vielen Fällen als Dialog über computergesteuerte Bildschirme verwirklicht wird, hat die Gestaltung dieser Form der Mensch-Maschine-Schnittstelle eine besondere Bedeutung für dieses Fachgespräch. Deshalb wurde Herr Professor Dr. Nievergelt, ETH Zürich, um seinen, ebenfalls in diesem Band enthaltenen Hauptvortrag gebeten.

Das Fachgespräch geht wesentlich auf die Initiative des Fachausschusses "Rechnergestützte Informationssysteme" und seines Vorsitzenden, Herrn Dr. A. Blaser, Heidelberg, zurück. Dank gebührt außerdem
dem Programmkommittee, bestehend aus den Herren

> A. Blaser, Heidelberg
>
> M. Jarke, New York
>
> F. Kopitsch, München
>
> P. Pagé, Darmstadt
>
> H.-J. Schek, Heidelberg
>
> G. Schlageter, Hagen
>
> J. W. Schmidt, Hamburg (Vorsitz)
>
> W. Wahlster, Hamburg
>
> H. Wedekind, Erlangen
>
> C. A. Zehnder, Zürich

Die sehr gute Zusammenarbeit mit den Vorsitzenden des Organisa-
tions- und des Programmkommittees der 13. GI-Jahrestagung, den Herren
E. Jessen und K. Kaiser sowie Herrn I. Kupka, und mit dem Springer-
Verlag hat die Organisation dieses umfangreichen Fachgesprächs und
die Herausgabe eines separaten Tagungsbandes erst ermöglicht.

Hamburg, im August 1983   J. W. Schmidt

INHALTSVERZEICHNIS

Die Gestaltung der Mensch-Maschine-Schnittstelle

J. Nievergelt
Institut für Informatik, ETH, CH·8092 Zürich

Inhalt

1. Der Computergesteuerte Bildschirm als Kommunikationsmedium

2. Fehler in der Dialoggestaltung
2.1 Mangelnde Zustandsinformation
2.2 Missachtung des Dialogablaufs

3. Einige Ansätze zur systematischen Gestaltung der Mensch-Maschine-Schnittstelle
3.1 Das "Ort, Modus, Weg" - Modell der Dialoggestaltung
3.2 Unzulänglichkeiten konventioneller Betriebssysteme
3.3 XS-1: ein experimentelles interaktives System
3.4 Die Kontroverse über Modi

4. Ist eine standardisierte Dialogsteuerung möglich?
4.1 Die Problemstellung beim Netz von Heimcomputer
4.2 Wie weit gehen bestehende Standards?
4.3 Die häufigsten Dialogsteuerungsbefehle ..
4.4 .. und deren Realisierung in Hardware

5. Der Programmierer und sein Medium

1. Der Computergesteuerte Bildschirm als Kommunikationsmedium

Ein vielseitiges neues Kommunikationsmittel hat sich zu den traditionellen Medien gesellt: der computergesteuerte Bildschirm. Der Gedanke, den Computer als Kommunikationsmedium zu betrachten, neben Film, Fernsehen, oder Hellraumprojektor, ist vor allem durch elektronische Spiele populär geworden. Bei Spielen werden die vielseitigen technischen Möglichkeiten des Mediums Computer auch am virtuosesten ausgenutzt - Spiele sind oft die Prototypen, an denen wir die Technik der Gestaltung der Mensch-Maschine-Schnittstelle lernen.

Der Computergesteuerte Bildschirm ist das einzige Zweiweg-Massenkommunikationsmittel, das es heute gibt. Er erlaubt eine Zweiwegkommunikation zwischen dem Autor des Dialogs und seinem Benützer. Was heisst Zweiwegkommunikation? Bei Zeitung, Radio oder Fernsehen hat der "Benutzer" minimalen Einfluss auf den Ablauf - diese Medien liefern einen Monolog. Der Ablauf des computergesteuerten Dialogs, hingegen, kann vom Benutzer ganz wesentlich bestimmt werden - falls er richtig gestaltet und programmiert wurde. *"Dieses Bild nochmals zeigen", "Langsamer", "Im Augenblick möchte ich diese Erklärungen noch nicht", "Was gibt es sonst noch zu diesem Thema?", "Ich möchte zu dieser Darstellung weitere Einzelheiten wissen", "Morgen diese Tatsache noch einmal bringen"* - das sind einige Möglichkeiten, wie man sich einem guten Mensch-Maschine-Dialog gegenüber bemerkbar machen kann. Natürlich ist ein Dialog zwischen Mensch und Maschine nicht symmetrisch, die beiden Partner spielen nicht die gleiche Rolle, und sie haben nicht die gleichen Fähigkeiten. Wenn wir mit einer Maschine kommunizieren, dann sitzt uns nicht Sokrates gegenüber; *Realisierung der obigen "Befehle" verlangt auch gar keinen Durchbruch in der künstlichen Intelligenz - es verlangt nur eine gute Systemkonzeption.* Wir haben einen Dialogpartner, der mit grosser Genauigkeit auf riesige Sammlungen von Daten und auf lange Berechnungen zurückgreifen kann, und das Ergebnis in einem Augenblick übersichtlich formattiert auf den Bildschirm darstellen kann. Diese bemerkenswerten Fähigkeiten soll der Systemarchitekt und der Dialogprogrammierer optimal ausnützen.

Eine noch kleine, aber sich ständig vergrössernde Zahl von Menschen arbeitet oder unterhält sich mit diesem neuen Medium, dem computergesteuerten Bildschirm. Zweifellos dringt dieses Medium in den ganzen Bereich der Büroarbeiten ein, von Routinearbeit an Informations- und Reservationssystemen, hin bis zu hochanspruchsvollen kreativen Aufgaben wie das Entwerfen mit Hilfe von Computern. Etwas später wird es auch in unseren Wohnbereich eindringen, für Unterhaltung, Information, und computergestütztes Lernen. Die Tatsache, die uns berechtigt, den Computer ein Medium zu nennen, nicht einfach ein weiteres Arbeitsgerät, ist seine Universalität. Interaktive Systeme sind zwar zunächst einmal für ganz bestimmte Zwecke bei ganz bestimmten Arbeiten gedacht, aber sehr schnell entwickeln sie sich zu "integrierten" Systemen, die eine grosse Vielfalt von Dienstleistungen bieten: On-line-Manuale für Betrieb und Weiterbildung, Nachrichtensysteme, Text- und Bild-redaktion, Spiele.

Bisher haben erst wenige Programmierer Erfahrung als Autoren von anspruchsvollen Dialogen zwischen Mensch und Computer gesammelt, und die Möglichkeiten wie auch die Begrenzungen dieses neuen Mediums sind noch wenig bekannt. Aber es ist jetzt schon klar, dass die heutigen Mensch-Maschine-Dialoge die kommunikativen Möglichkeiten des computergesteuerten Bildschirms bei weitem nicht ausschöpfen. Dieses Medium sachgerecht einsetzen lernen, das ist eine wichtigen Aufgaben der heutigen Informatik. Analog zum strukturierten Programmieren der Siebzigerjahre, wird die Gestaltung der Mensch-Maschine Schnittstelle das dominante methodische Problem des laufenden Jahrzehnts sein.

Dies Aufgabe wird heute weltweit erkannt, und zum Teil unter Einsatz sehr grosser Ressourcen verfolgt. Ich kann hier nicht versuchen, die vielfältigen Forschungsansätze zur Systematisierung der Mensch-Maschine Schnittstelle in Übersichtsform darzustellen, und bitte auch um Verständnis dafür, dass ich nicht versuche, die Quellenliteratur ausfindig zu machen. Auf dem Gebiet des Mensch-Maschine Dialogs, das so stark durch Erfahrung und gesundem Menschenverstand geprägt wird, und noch so wenig von Theorie untermauert ist, sind viele Methoden und Erkenntnisse spontan an verschiedenen Orten unabhängig voneinander aufgetaucht. Ich beschränke mich auf persönliche Einsichten, die sich durch intensives Arbeiten an einem halben Dutzend interaktiver Systemen im Laufe eines Jahrzehnts angesammelt haben.

2. Fehler in der Dialoggestaltung

Alle Betrachtungen über Mensch-Maschine-Dialoge lassen sich auf zwei Grundbegriffe zurückführen: Benützerschnittstelle und Systemzustand. Die Benützerschnittstelle behandelt die Interaktion: was der Benützer auf dem Bildschirm sieht, was er hört, wie er Befehle über Tastatur, Maus und Steuerknüppel eingibt. Viele Leidgeschichten können über heutige Benutzerschnittstellen erzählt werden (z.B. [Ni 82]); oft sind es solche, die durch kleine, möglicherweise nur kosmetische, Verbesserungen verhindert werden könnten. Ich möchte hier nur über Fehler in der Präsentation des Systemzustandes sprechen - Fehler, die im Anfangsentwurf eines Systems verhindert werden müssen. Der Systemzustand beinhaltet alles, was die Reaktion auf Benützereingaben beeinflusst.

> **Das Hauptproblem der Mensch-Maschine-Kommunikation ist es, dem Benutzer den Systemzustand so darzustellen, dass er ihn mit einem Blick erfasst.**

Zunächst besprechen wir einige verbreitete Fehler im Dialogentwurf, die dem Benutzer wichtige Zustandsinformation vorenthalten.

2.1 Mangelnde Zustandsinformation

Ein Telephonanruf reisst den Computerbenutzer mitten in einer Editierperiode vom Terminal weg. Minuten später kehrt er zurück, die Information auf dem Bildschirm steht unverändert. Trotz gleichen Systemzustandes kann es sein, dass er seine Arbeit nicht dort fortsetzen kann, wo er sie unterbrach.

D: *"Welches File editiere ich gerade jetzt?" "Enthält der Textpuffer nützliche Information?"*

C: *"Bin ich jetzt im Such-Modus?" "Wie sieht ein formal korrekter Such-Befehl aus?"*

T: *"Habe ich das File schon auf Platte gerettet?" "Wurde das Programm übersetzt?"*

Solche Fragen zeigen, dass Teile der Zustandsinformation, die nötig ist, um mit dem System zu arbeiten, im Kurzzeitgedächtnis des Benützers gespeichert werden muss. Wenn diese durch eine geringfügige Ablenkung verloren geht, muss der Benützer durch Systemabfragen dessen Zustand bestimmen. Kaum ein System erlaubt dies in einer systematischen Art und Weise und zu jeder Zeit.

Heutige Systeme geben nur sporadisch Zustandsinformation aus, nämlich immer dann, wenn der Progammierer gerade daran dachte. Das Fileverzeichnis kann nur mit Hilfe eines speziellen Dienstprogrammes inspiziert werden, aber nicht im Editor. Dieser muss zu diesem Zweck verlassen werden, was nicht rückgängig zu machende Auswirkungen haben kann. Um den Inhalt des Textpuffers zu sehen, kann es notwendig sein, den Puffer in den

Haupttext einzufügen. Um herauszufinden, ob man im Such-Modus ist, muss man ein paar Tasten drücken und die Systemreaktionen beobachten - nicht immer eine harmlose Sache.

Obige Schwierigkeiten lassen sich vermeiden, wenn beim Entwurf folgendes Prinzip berücksichtigt wird:

Der Benutzer muss zu jeder Zeit auf zweckdienliche Art und Weise den gesamten Systemzustand erfahren können, ohne diesen dabei zu verändern.

Der Begriff "gesamter Systemzustand" wird später präzisiert, aber ein Aspekt kann schon an dieser Stelle erläutert werden. In jedem interaktiven System gibt der Benützer Befehle ein, die Veränderungen auf gewissen Daten bewirken. Deshalb muss Zustandsinformation zwingend folgende Komponenten enthalten: die aktive Datenumgebung, d.h. die Menge der Daten, die momentan durch Befehle beeinflusst wird, und die aktive Befehlsumgebung, d.h. die Menge der Befehle, die momentan ausgeführt werden können. Die obigen Fragen, die mit D (data) und C (commands) markiert sind, beziehen sich auf aktive Daten - bzw. Befehlsumgebung. T (trail) markiert Fragen, die sich auf den Dialogablauf einer Sitzung beziehen.

Eine besonders heimtückische Art "mangelnder Zustandsinformation" bildet veraltete und falsche Information auf dem Bildschirm. Progammierer wissen genau, wann sie eine bestimmte Information auf den Schirm schreiben müssen, aber sie vergessen häufig, diese Information wieder zu löschen, wenn sie nicht länger dem Systemzustand entspricht. Der Benützer liest *"current file is TEMP"* in einer Ecke des Schirms, obwohl er schon längst ein anderes File eröffnet hat. Die schlechte Angewohnheit, veraltete Information auf dem Schirm stehen zu lassen, stammt wahrscheinlich aus den Zeiten der Fernschreiber, auf denen Text nicht gelöscht werden kann.

2.2 Missachtung des Dialogablaufs

Der Benutzer ist bei weitem die unzuverlässigste Komponente eines interaktiven Systems. Die grosse Mehrzahl der Missgeschicke während einer Arbeitsperiode am Computer sind auf Fehlmanipulationen des Benützers zurückzuführen. Wer ein hoch interaktives System entwerfen will, muss diese Tatsache akzeptieren. Versuche, den Benützer zu Disziplin zu zwingen, sind schlimmer als nutzlos, sie sind konterproduktiv. Wer mit Hilfe eines CAD-Systems entwirft, mit einem Textverarbeitungssystem ein Buch schreibt, mit einem Debugger Fehler in seinem Progamm sucht, soll sich ganz auf seine schöpferische Aufgabe konzentrieren können, ohne ständig auf folgenschwere Kleinigkeiten acht geben zu müssen. Daher sollten solche Systeme so narrensicher gebaut werden, dass sie häufig auftretende Fehlmanipulationen abfangen.

Überraschenderweise richten sich Bemühungen um höhere Zuverlässigkeit und Sicherheit von Computern vorwiegend auf die Verminderung von Hardware- und Software-Fehlern und auf den Schutz vor absichtlichen Angriffen durch Dritte. Die Mehrheit der Benutzer interaktiver Systeme kann jedoch niemand anderem als sich selbst die Schuld geben, wenn Daten nur noch mit Vorsicht zu gebrauchen oder ganz zerstört worden sind. Beim Aufräumen der Files kann es vorkommen, dass die neueste Version eines Dokuments gelöscht und eine veraltete Version behalten wurde. Es kann passieren, dass die Taste "D" anstatt "C" gedrückt wurde und daher ein Objekt gelöscht (delete) anstatt erzeugt (create) wurde. Man vergass, ein File permanent abzuspeichern und es verschwand nach dem Arbeitsgang. Die Liste möglicher Fehlmanipulationen ist von System zu System verschieden; allen ist aber gemeinsam, dass man sich an die Stirn schlägt und fragt, wie das geschehen konnte, kaum ist das Missgeschick passiert.

Die Mechanismen, die den Benützer vor sich selbst schützen sollen, sind in heutigen Systemen eher primitiv. *"Are you sure?"* ist eine beliebte Frage, gefolgt von der Aufforderung, eine unübliche Taste zu drücken, falls es sich um eine schwerwiegende Aktion handelt. Diese Art der Nachprüfung schützt nur gegen unabsichtliches Drücken einer Taste, nicht aber gegen Flüchtigkeitsfehler durch unkonzentriertes Arbeiten. Beim Löschen eines Files ist man oft sicher, dass es sich um das richtige handelt, auch wenn man es später bereut.

Soviel Dialogablauf als nur möglich abspeichern ist der wirkungsvollste Schutz des Benützers vor seinen eigenen Fehlern. Ein universeller Befehl *UNDO* sollte immer aktiv sein und mindestens den zuletzt ausgeführten Befehl rückgängig machen. Der Speicheraufwand, um zwei aufeinanderfolgende Systemzustände abzuspeichern ist vernachlässigbar, da diese beiden Zustände sich nur wenig voneinander unterscheiden, typischerweise durch höchstens ein File. Wenn der Benutzer jederzeit die Möglichkeit hat, den letzten Befehl rückgängig zu machen, ist das fehleranfällige *"Are you sure?"* überflüssig. Idealerweise kann mit *UNDO* schrittweise der gesamte Dialogablauf seit Beginn der Arbeitsperiode ungeschehen gemacht werden. Praktisch realisierbar ist ein Rücksprung auf ein vom Benutzer früher bezeichneten Systemzustand. Der auf einem Replay File abgespeicherte Dialogablauf kann dann vom System automatisch noch einmal ausgeführt werden.

3. Einige Ansätze zur systematischen Gestaltung der Mensch-Maschine-Schnittstelle

3.1 Das "Ort, Modus, Weg" · Modell der Dialoggestaltung

Wertvolle Ansätze zur Lösung des hauptsächlichen Entwurfsproblem, wie sich die Maschine dem Benützer präsentieren soll, lassen sich durch Beobachtung des Verhaltens gelegentlicher Benützer gewinnen. Die meisten ihrer Schwierigkeiten können durch folgende Fragen beschrieben werden:

Wo bin ich? (Der Bildschirm sieht nicht wie erwartet aus)

Was kann hier tun? (Die Menge der aktiven Befehle ist unklar)

Wie kam ich hierhin? (Vielleicht wurde eine falsche Taste gedrückt)

Wo kann ich hin und wie komme ich dorthin?
(Die Möglichkeiten des Systems sollen erforscht werden)

Langsam wächst die Erkenntnis, dass der logische Entwurf eines interaktiven Systems dem Benützer erlauben muss, die obigen Fragen JEDERZEIT ausreichend zu beantworten. Anders ausgedrückt heisst dies, dass die Mensch-Maschine-Schnittstelle Abfragen nach dem Systemzustand (ohne diesen zu verändern), nach dem vergangenen Dialogablauf und nach möglicher zukünftiger Dialogentwicklung enthalten muss. Dieses Prinzip ist für heutige computergesteuerte Maschinen ("black boxes") viel wichtiger als für herkömmliche mechanische Maschinen, die durch sichtbare Teile, Bewegungen und Geräusche dauernd Zustandsinformation liefern.

Wer ein interaktives System entwirft, muss zwei Systeme entwerfen: einerseits das, was wir konventionell unter einem System verstehen, mit all den Eigenschaften, die der Benutzer sehen kann, wenn er genügend lange damit arbeitet; anderseits ein vereinfachtes "homomorphes Bild" dieses detaillierten Systems, ein einfaches *Systemmodell für den Benutzer* das in grossen Zügen die elementaren Fragen des Benutzers systematisch beantworten kann. In [NW 80] wurde das *"Sites, Modes, and Trails" Systemmodell* entworfen, das die elementaren Fragen des Benutzers automatisch beantworten soll. Es umfasst die aktive Datenumgebung, d.h. die Daten, die momentan zugreifbar sind, die aktive Befehlsumgebung, d.h. die Befehle, die momentan ausgeführt werden können, und die Dialoggeschichte als *explizit anschaubare und manipulierbare Objekte.*

Die Fragen "Wo bin ich?" und "Was kann ich hier tun?" werden durch Angabe der aktiven Daten- bzw. der aktiven Befehlsumgebung beantwortet. Die Frage "Wie kam ich hieher?" durch Inspektion der Dialoggeschichte. Diese Information ist *jederzeit* dem Benützer zugänglich, unabhängig vom Anwendungsprogramm, das gerade ausgeführt wird, und ohne den Zustand des Anwendungsprogramms zu verändern. Dies mittels *universeller Befehle,* die immer aktiv sind, und immer durch dieselbe physische Aktion ausgelöst werden können.

3.2 Unzulänglichkeiten konventioneller Betriebssysteme

Der Entwurf systematischer Dialogprogramme auf bestehenden Systemen ist mühsam. Heutige Betriebssysteme und Programmiersprachen stellen oft die Bausteine nicht zur Verfügung, um Benutzereingabe und Programmausgabe auf den Graphikschirm bequem zu verarbeiten. Mit geeigneter Arbeitstechnik und Entwicklung von Hilfsmitteln kann man die Lücken einigermassen füllen. Als Beispiel dazu haben wir in [NV 83] versucht, systematische Programmiermethoden für die Erstellung kleiner interaktiver Schulprogramme zu beschreiben. Hier aber möchte ich von grösseren interaktiven Systemen sprechen, welche alle Ressourcen eines Computers zugreifen können müssen. In dieser Lage entpuppt sich das konventioneller Betriebssystem oft als Hemmschuh, den man umgehen oder überlisten muss.

Der Begriff des Allzweck-Betriebssystems, wie er sich im Laufe zweier Jahrzehnte in der Batchverarbeitungsumgebung der Rechenzentren entwickelt hat, muss für interaktive Systeme überdacht werden. Das integrierte interaktive System sollte sich als "Dialogmaschine" verhalten, welche sich zwischen den Benützer und alle auf einem System laufenden Anwendungsprogrammen stellt, alle Eingaben des Benützers abfängt und die Ausgabe auf dem Bildschirm organisiert. Die allgemeinen Dialogsteuerungsbefehle können von dieser Dialogmaschine verarbeitet werden, so dass sie nicht in jedem Anwendungsprogramm neu programmiert werden müssen. Der Programmierer eines Anwendungsprogramms muss dann nur noch die spezifischen, datenabhängigen Befehle seiner Anwendung programmieren; diese werden zusätzlich zu den universellen Befehlen aktiv, sobald der Benützer in dieses Anwendungsprogramm eintritt. Eine umfassende Sammlung von universellen Befehlen, die unabhängig vom Anwendungsprogramm immer aktiv sind, bewirkt beim Benützer den Eindruck, dass alle Anwendungsprogramme auf diesem System "dieselbe Sprache sprechen".

Konventionelle Filesysteme sind den Anforderungen einer stark interaktiven Benützung nicht gewachsen. Warum wird beim Manipulieren von Daten zwischen grossen Mengen (Files) und kleinen Datenmengen (Zeilen, Zeichen) unterschieden? Wo liegt der Unterschied zwischen "lösche ein File", "lösche eine Zeile" und "lösche ein Zeichen"? Nur in der Menge der betroffenen Daten. Ein integriertes interaktives Betriebssystem muss also über ein Filesystem verfügen, dass Operationen auf Daten unabhängig vom Umfang der Datenmenge anbietet und auf genau gleich effiziente Weise ausführt.

3.3 XS-1: ein experimentelles interaktives System

XS-1 ist eine eXperimentelles System, dass am Institut für Informatik der ETH Zürich entworfen wurde, um unsere Konzepte zur Gestaltung der Mensch-Maschine Schnittstelle zu prüfen. XS-1 befindet sich im stetigen Wandel, sowohl in Bezug aus sein Verhalten gegenüber dem Benutzer, wie auch auf die Struktur der Software. Eine erste Version wurde für die DEC LSI-11 geschrieben, aber diese Hardware war ungenügend. Die gegenwärtige Version [Be 82] läuft auf dem Arbeitsplatzrechner Lilith [Wi 81]. Das System wird jetzt auch auf eine VAX mit einem Bitgraph Terminal, und auf einen Smaky-8 persönlicher Computer (mit Motorola 68000 Prozessor) portiert.

XS-1 baut die drei Grundbegriffen ORT (site, die momentan zugreifbaren Daten), MODUS (mode, die momentan aktiven Befehle), und WEG (trail, die Folge von <Ort,Modus>-Paren, die den Dialogablauf darstellen) fest in den layout des Bildschirms ein, wie folgt:

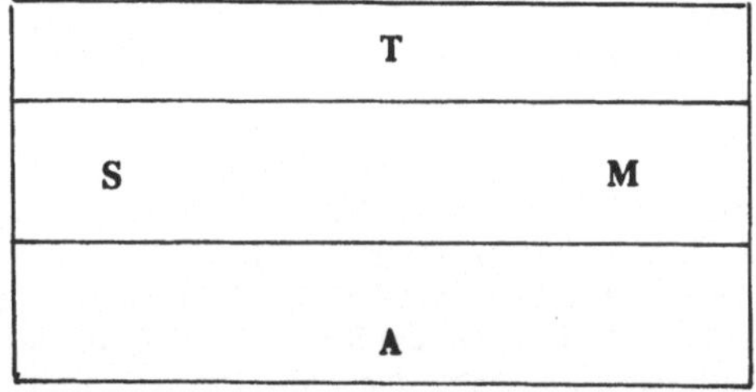

Dieser Bildschirm wird vom Benutzer folgendermassen verstanden. Im Anwendungsfenster A lebt das Anwendungsprogramm, das dieses Fenster ganz beliebig verwalten darf. Oberhalb lebt der "Kern", das Betriebsystem, und in seinen drei Fenstern werden strikte Regeln befolgt - die universellen Befehle sind jederzeit darin aktiv. Im Trailfenster T sieht der Benutzer die Vergangenheit, unterhalb davon den gegenwärtigen Zustand. Das Ortsfenster S enthält das Datenverzeichnis, das Modusfenster M das Befehlsverzeichnis.

Die Struktur dieses "logischen Bildschirms" muss sich der Benutzer merken. Wenn er aber in einer Anwendung steckt, dann interessiert ihn die die Information des Kerns oft nicht, und er kann die oberen drei Fenster in einen Rand hinein komprimieren - der aber jederzeit mittels universeller Sichtauswahlbefehlen wieder heruntergeholt werden kann. Umgekehrt, wenn er in einer "browsing" Phase den Daten- oder Befehlsraum absuchen will, kann er das Anwendungsfenster komprimieren, ohne den Zustand des Anwendugsprogramms zu verändern.

Orte und Modi sind als Bäume (Hierarchien) strukturiert, Wege als degenerierte Bäume. Da die universellen Befehle als Bewegungen und Operationen auf Bäumen definiert sind, haben sie überall dieselbe Interpretation. Die Position im Ortsbaum beschreibt die aktive Datenmenge, die Position im Modusbaum die aktive Befehlsmenge.
Der Kern von XS-1 besteht aus vier Hauptkomponenten:

EXPLORE macht Orts- und Modusbaum und den Trail sichtbar für den Benutzer. Es definiert und kontrolliert alle Bewegungen in diesen Räumen und verarbeitet Benutzerbefehle zur Veränderung des Bildschirmausschnitts. Damit kann der Systemzustand abgefragt werden ohne diesen zu verändern.

Der BAUMEDITOR liefert alle Operationen, die zur Änderung einer Baumstruktur nötig sind. Mit seiner Hilfe können Knoten eingefügt, Teilbäume gelöscht, verschoben, kopiert, verschmolzen und gespalten werden.

Die ZENTRALE DIALOG-KONTROLLE ist ein front-end Dialogprozessor, der Benutzereingaben überprüft, verarbeitet und zu Explore, Baumeditor und Modi weiterleitet.

Das TREE FILE SYSTEM ermöglicht Datenspeicherung und Datenzugriff in der von Explore und Baumeditor geforderten Art. Es manipuliert Datenmengen jeder Grösse, vom einzelnen Zeichen bis zum grossen File, auf einheitliche Art.

Wer ein Anwendungsprogramm (Modus) auf XS-1 schreibt, geniesst einerseits vielerlei Erleichterungen hinsichtlich der Programmierung der Benützerschnittstelle, muss sich jedoch andererseits einigen Einschränkungen unterwerfen. Verglichen mit dem konventionellen Anwendungsprogrammierer ist der Arbeitsumfang für den Modus-Schreiber kleiner, dafür muss er sich an eine komplexere Umgebung anpassen, um dem Endbenützer ein gleichförmiges Systemverhalten zu garantieren.

Erleichterungen: ein grosser Teil der Benützerschnittstelle, vor allem anwendungsunabhängige Dialogführung (Verlasssen der aktuellen Befehlsumgebung, Nachführen des Dialogablaufs, usw.) wird vom Kern in Form universeller Befehle zu Verfügung gestellt und verarbeitet. Sogar der anwedungsspezifische Teil der Schnittstelle muss nicht explizit ausprogrammiert werden: die Syntax der Modus-Befehle ist in Tabellen abgespeichert, gemäss denen der Kern Benützereingaben einliest, prüft und verarbeitet.

Einschränkungen: alle Daten sind in Ortsraum, alle Befehle im Modusraum eingebettet. Universelle Befehle machen Daten zugreifbar und aktivieren Kommandos. Da der Modus-Schreiber keine Kontrolle über die universellen Befehle hat, muss er berücksichtigen, dass der Benützer sie zu jedem Zeitpunkt aktivieren kann.

Die Vorteile eines integrierten interaktiven Systems wie XS-1 sind vor allem für gelegentliche Benutzer ersichtlich. Ein konsequent eingehaltenen Systemmodell scheint durch alle Anwendungsprogramme hindurch, und der Benutzer kann sich jederzeit auf die ihm bekannten universellen Befehle stützenen.. Allgemeine Befehle zur Dialogführung, die in jedem Anwendungsprogramm benötigt werden, sind als Modusbefehle nicht mehr vorhanden, sondern als universelle Befehle eingebaut. Für den Benützer hat dies die angenehme Wirkung, dass alle Dienstprogramme "dieselbe Sprache sprechen".

3.4 Die Kontroverse über Modi

"Modeless system" ist heute vielerorts ein Schlagwort. Amüsante Geschichten "belegen" den Nachteil eines Systems, das sich in verschiedenen Modi veschieden verhält, z. B: ein Benutzer kommt zum Schluss, das Time-sharing System sei abgestellt, weil auf seinem Terminal nur das Echo seiner Befehle erscheint, aber keine Aktion stattfindet; der unabsichtliche Insert-Befehle, der das System in den Einfügemodus versetzt hat (in dem Echo der Tastendrücke das richtige Verhalten ist) ist längst vom Bildschirm weggescrollt worden.

Bei dieser Schreckensgeschichte liegt aber der Hauptfehler daran, dass der Einfügemodus versteckt, nicht explizite angekündigt war. Auf Fernschreiberterminals wäre eine periodisch erscheinende Zeile *"jetzt im Einfügemodus"* tatsächlich unpraktisch, aber auf einem Bildschirm ist eine permanente Systemzustandszeile mit dieser Information schon fast zur Konvention geworden. Und wenn man diese Zeile nicht opfern will, kann der Systemzustand ja *auf Wunsch* gezeigt werden (mittels eines universellen Abfragebefehls, der nicht als einfügbares Zeichen interpretiert werden kann).

Wie würde denn ein echtes *"modeless system"* aussehen? Zum Glück wissen wir das, und wir kommen davon weg. Frühe Kanji Tastaturen zur Eingabe Tausender con chinesischen Schriftzeichen waren nach diesem Muster gebaut - mit Tausenden von Tasten. Echt "modeless" würde heissen, dass keine physische Taste je zwei logisch verschiedene Befehle auslösen könnte. Bei einfachen Spezialgeräten wie Taschenrechner und elektronische Spiele geht dies möglicherweise, aber bei Allzweck interaktiven Systemen verhindert die Vielfalt der auszuführenden Operationen diese Lösung. Die Bedeutung irgend einer Taste wird immer durch den Systemzustand modifiziert werden - meiner Ansicht nach gibt es keine *"modeless systems"*.

Interaktive Systeme verfügen über viele Befehle. Es ist nicht einfach, sie zu zählen, da ein Befehl mit Parametern in mehrere Befehle ohne Parameter aufgebrochen werden kann, und umgekehrt. Versucht man aber, die Entscheide zu zählen, die der Benutzer fällen kann oder muss, d. h. gewichtet man jeden Befehl mit der Anzahl seiner Parameter, dann erreicht man sehr schnell die Grössenordnung von Hundert. Die Auszählung im Handbuch eines erfolgreichen Hobbycomputers (UCSD Pascal [AP 79]) führt zu folgenden Werten: oberstes Befehlsniveau: 8 Befehle ohne Parameter; Filesystem: 18 Befehle mit ein bis zwei Parametern; Editor: 28 Befehle mit ein bis zwei Parametern. Auch wenn man die 20 Compiler-Optionen und die unzähligen Fehlermeldungen des Systems nicht berücksichtigt, ist leicht zu erkennen, dass sogar ein kleines Betriebssystem das Kurzzeitgedächtnis des Benutzer weit überfordert ("The magical number seven, plus or minus two", [Mi 56]).

Ein typisches interaktives System kann also nur effizient bedient werden, wenn der Benutzer diese grosse Anzahl von Befehlen im Langzeitgedächtnis gespeichert hat. Der gelegentliche Benutzer, der das notwendige auswendig lernen noch nicht vollzogen hat und daher bei der Systembedienung auf seine "7 plus oder minus 2 chunks" (d.h. Informationseinheiten - in unserem Fall Befehle) im Kurzzeitgedächtnis angewiesen ist, muss sein Kurzzeitgedächtnis laufend mit dem Manual aufrischen.

Das im XS-1 implementierte "Sites, Modes, and Trails" Systemmodell versucht das Problem der "7 plus oder minus 2 chunks im Kurzzeitgedächtnis" folgendermassen zu lösen. Das Dutzend universelle Befehle von XS·1 realisiert eine moduslose Dialogmaschine - diese anwendungsunabhängigen Befehle muss der Benutzer ein für alle Mal auswendig lernen. In einem interaktiven Anwendungsprogramm werden zusätzlich die Modusspezifischen Befehle aktiviert. Diese sieht der Benutzer im Modusfenster, also braucht er sie nicht notwendigerweise auswendig zu kennen. Wir strukturieren Anwendungspakete in mehrere Modi, so dass jeder Modus mit einem halben Dutzend Befehle auskommt, die der Benutzer kurzfristig überblicken kann.

4. Ist eine standardisierte Dialogsteuerung möglich?

4.1 Die Problemstellung beim Netz von Heimcomputer

Erwachsenen lernen anfänglich in ungefähr zwanzig Stunden, die Benützerschnittstelle eines Automobils (Steuer, Pedale, Schaltung) passabel zu bedienen. Beim zweiten Automobil braucht es nur noch Minuten. Hin und wieder haben wir bei einem neuen Wagen wohl Schwierigkeiten, den Lichtschalter zu finden, aber im grossen Ganzen ist die Standardisierung so weit fortgeschritten, dass wir dazu kein Handbuch benötigen. Anders verhält es sich bei verschiedenen interaktiven Anwendungsprogrammen, auch bei solchen, die auf demselben System laufen. Gute Kenntnis eines Texteditors garantiert durchaus nicht, dass man bei einem zweiten einfach "an die Tastatur sitzen und tippen kann", so wie man bei einem anderen Auto ans Steuer sitzen und abfahren kann.

Ähnlich wie bei der Automobilindustrie ist es auch im Informatikhandwerk nicht unbedingt notwendig, dass verschiedene Programme ihren Dialog auf Grund verschiedener Konzepte führen - wir haben uns bei Dialogsystemen nur noch nicht auf das Wesentliche geeinigt, so dass viele Programmierer ihre Kreativität durch Eigenerfindungen beweisen können und wollen. Der Benutzer trägt die Last des gegenwärtigen Sprachgewirrs auf dem Gebiet der Befehlssprachen. Dabei sollten die Informatiker eigentlich wissen, dass es auch einheitlicher geht: auf dem Gebiet der Programmiersprachen hat die Systematik vor zwei Jahrzehnten angefangen, so dass wir heute weniger als ein Dutzend Hauptsprachen verwenden, von denen die meisten auf denselben Begriffen aufbauen und sich in vielen Aspekten nur durch "syntactic sugar" unterscheiden. Das Gebiet der Befehlssprachen wird vermutlich im kommenden Jahrzent eine ähnliche Systematisierung erfahren, wie das bei den Programmiersprachen vor 20 Jahren angefangen hat.

Die Problemstellung der standardisierten Dialogsteuerung wird bei kommenden Netzen von Heimcomputer akut. Ich möchte dies anhand einer Studie illustrieren, die im Rahmen des Information Network System INS [Ki 82] der Nippon Telephone and Telegraph Corporation, NTT, durchgeführt wurde.

NTT beabsichtigt im Laufe der nächsten 15 Jahren landesweit ein breitbandiges Übertragungsnetz aufzubauen, das ein Mbit/sec Faseroptikkabel in jeden Haushalt führen wird. Über dieses Netz werden die verschiedensten Dienstleistungen angeboten werden: elektronische Post, die Bild und Ton enthalten darf, Zugriff zu Bibliotheken und Informationssystemen, Zahlungsverkehr und Finanzverwaltung, etc. Kurz, alles was man sich in den Bereichen Unterhaltung, Weiterbildung, und Geschäftsführung zuhause vorstellen kann.

Das Terminal, das diese Dienstleistungen dem Benutzer zugänglich machen soll, wird ein persönlicher Computer mit bitmap Graphik sein, wie sie schon heute auf dem Markt erhältlich sind. INS soll einfach das Telefonnetz durch ein breitbandiges Netz von Heimcomputers ersetzen. Beim langlebigen Telefon war es möglich, standardisierte Benutzung durch weitgehend identische Hardware zu erreichen. Beim schnell wechselnden persönlicher Computer sind 30 Millionen identische Heimcomputer undenkbar - die meisten davon wären vor ihrer Herstellung obsolet. Man muss INS also unter der Annahme planen, dass jeder Benutzer einen fast beliebigen personal computer ans Netz anschliessen wird, dessen Eigenschaften zur Zeit der Systemplanung noch unbekannt sind.

In dieser langfristigen Entwicklung steckt die Gefahr eines babylonischen Chaos. Der Benutzer kennt seinen Computer zuhause und denjenigen im Büro, aber in der "Telefonkabine" trifft er ein anderes Gerät an. Wie kann er dieses sofort bedienen, ohne ein Handbuch lesen zu müssen?. Angesichts der Vielfalt der vorgesehenen Anwendungen und der angestrebten Freiheit in der Hardwareauswahl ist dies kein leichtes Problem.

4.2 Wie weit gehen bestehende Standards?

In Bezug auf die Infrastruktur für ein solches Netz von Heimcomputer sind schon viele Standards vorhanden oder unterwegs. Betrachten wir die notwendigen Systemkomponenten anhand eines Beispiels. Der Benutzer möchte ein interaktives Unterhaltungs- oder Unterrichtsprogramm, das er aus einem nationalen Archiv angefordert hat, auf seinem Heimcomputer ohne Qualitätsverlust erfolgreich abspielen.

Zuerst muss ein File vom Archiv zum Heimcomputer übertragen werden. Netzerkprotokolle für Fileübertragung sind seit einem Jahrzehnt das Objekt intensiver internationaler Standardisierungsorganisationen. Die *Vielfalt* der verschiedenen Standards ist zwar ein Problem, aber nicht für eine vom Monopol geschützten nationalen Fernmeldeorganisation wie NTT.

Nachdem Files im Heimcomputer angekommen sind, müssen sie auf verschiedene Art "angeschaut" werden. Text stellt keine Probleme. Die einfachste Art, Textfileformate zu standardisieren, ist durch Beschränkung auf einige wenige Betriebssysteme, die sich jetzt auf personal computers durchsetzen, wie z. B. CP/M, MSDOS, oder Unix. Graphik ist etwas schwieriger, da Betriebsysteme gewöhnlich keine einheitliche Darstellung von Bilder vorschreiben. Standardisierungsbestrebungen kommen einerseit aus der Informatik (ACM Core Graphics Proposal, GKS), andernseits aus aus dem Fernmeldewesen (Videotex, Facsimile), und werden wohl im Laufe dieses Jahrzehnts genügend Stabilität gewinnen, um als brauchbare Basis für die Übertragung von Bilder auf Heimcomputer zu dienen.

Text und Bilder werden im allgemeinen aber nur Komponenten eines interaktiven Programms sein, das der Benutzer unter seiner Steuerung laufen lasses will. Wie weit ist die Standardisierung gediehen, die den Ablauf eines interaktiven Programms auf verschiedenen Heimcomputer ermöglicht?

Eine oberflächliche Antwort wäre: sehr weit, mann muss sich nur auf einige wenige weitverbreitete Programmiersprachen beschränken, wie Fortran, Basic, Pascal. Dadurch wird ein Programm zwar auf irgendeine Weise lauffähig, aber sein Verhalten gegenüber dem interaktiven Benutzer wird eben so sein, wie man es heute typisch vorfindet, und wie wir es im Abschnitt *Fehler in der Dialoggestaltung* kritisiert haben.

Eine realistische Antwort ist meiner Ansicht nach: die Standardisierung des Ablaufs interaktiver Programme hat überhaupt noch nicht angefangen. Was besteht ist eine grosse Erfahrungssammlung über die notwendigen oder wünschenswerten Komponenten eines Befehlssatzes für die Dialogsteuerung, aber keinerlei Einheitlichkeit darüber, wie diese Komponenten dem Benutzer präsentiert werden. Der folgende Lösungsansatz für das Problem der einheitlichen Dialogsteuerung wird gegenwärtig untersucht.

4.3 Die häufigsten Dialogsteuerungsbefehle ..

Der Zustand, den ein interaktives System dem Benutzer präsentiert, besteht primär aus eine aktuellen Datenumgebung und einer aktuellen Befehlsumgebung. Für jedes System sind diese Umgebungen in gewisse strukturierte Räume eingebettet. Dies tönt abstrakt, ist aber eine der wichtigen Erkenntnisse, die von neueren interaktiven Systemen gewonnen worden sind. Die genaue Struktur dieser Räume ist weniger wichtig als dass dem Benutzer im ganzen System *dieselbe Struktur* angeboten wird, so dass er mit einem kleinen Satz von Operationen viele verschiedene Aufgaben lösen kann.

Wenn die gemeinsame Struktur dieser Daten- und Befehlsräume dem Benutzer als Text gezeigt wird, dann führt dies zum Slogan: "Der Benutzer muss nur den Texteditor lernen - alle Operationen werden durch editieren am richtigen Ort ausgelöst". Wenn die gemeinsame Struktur dem Benutzer als Bäume, oder allgemeine Netzwerke, präsentiert wird, dann braucht der Benutzer einen "Struktureditor", mit dem er Gebilde dieser Art erforschen und verändern kann. *Je einheitlicher die Benutzerschnittstelle eines interaktiven Systems entworfen ist, umso mehr kann sich der Benutzer auf die Operationen dieses Struktureditors beschränken, und umso häufiger werden dessen Befehle ausgeführt.*

Standardisierung der Dialogsteuerung muss also mit der Standardisierung eines Struktureditors beginnen, und dieser hängt wiederum von der Wahl der Struktur ab. Als interaktive Computerbenutzung noch selten war, genügten lineare Strukturen oft - was gedruckt wird, kommt ja linear geordndet aufs Papier. Wer sich aber am Terminal oder persönlichem Computer mit linearen Fileverzeichnissen herumgeschlagen hat kommt bald zum Schluss, dass diese zu wenig Möglichkeiten bieten, Daten so zu gruppieren, wie sie der Benutzer gerne zusammenfasst. Bäume und Netze bieten sich als universelle Strukturen an, mittels denen sich grosse Daten- und Befehls-räume übersichtlicher darstellen lassen.

Wir zählen also *Bewegung, Sicht, und strukturelle Veränderung auf Texten (mit 2-dimensionaler, nicht nur linearer Struktur), Bäumen und Netzen* mit zu den häufigsten Dialogsteuerungsbefehlen, und dementsprechend als lohnende Ziele einer Standardisierung. Ein knappes Dutzend sorgfältig ausgewählte Befehle dieser Art genügen für die meisten (anwendungsunabhängigen) Dialogsteuerungsbefehle [St 83].

4.4 .. und deren Realisierung in Hardware

Am Yokosuka Electrical Communication Laboratory der NTT läuft ein Versuch zur Standardisierung der Dialogsteuerung auf einem geplanten Netz heterogener Heimcomputer, wie in Abschnitt 4.1 skizziert. Er basiert auf dem Gedanke, dass der Benutzer auf jedem Gerät und in jedem darauf laufenden Programm, wie unterschiedlich diese auch sein mögen, gewisse bekannte Systemoptionen immer in derselben Form vorfindet.

Dazu gehören:

- Bildschirmfenster, die der Darstellung des Datenraumes, Befehlsraumes, und
  des vergangenen Dialogs gewidmet sind.
- Ein kleiner Satz universeller Befehle für Bewegung und Sicht auf diesen Räumen.
- Eine Maus, die auf allen Computer identisch ist (oder eine "persönliche Maus",
  die man in der Tasche herumträgt und die an jedem Computer angeschlossen werden kann),
  welche die wichtigsten universellen Befehle in Hardware realisiert.

Ich möchte diese Maus, und die Begründung ihrer Konstruktion, kurz erläutern, weil ihr Entwurf in die umgekehrte Richtung zeigt, die von heutigen kommerziell erhältlichen Mäusen eingeschlagen wird.

Die durch den Xerox Alto Computer bekanntgewordene Maus hat drei Tasten, aber ihr Nachfolger beim Xerox Star nur noch deren zwei. Bei der Apple Lisa hat die Maus sogar nur noch eine Taste. Dieser Trend zu einfachen Mäusen wird durch das Argument begründet, der Benutzer werde durch zuviele Tasten verunsichert. Diese Erklärung hält aber einer genaueren Untersuchung nicht Stand, denn man findet bei neuerer Software Dutzende logisch verschiedener Befehle, welche auf die physisch wenigen Tasten abgebildet werden. Ein schneller Doppelclick der Taste kann sich von zwei langsam aufeinanderfolgenden Clicks unterscheiden; oder die Bedeutung der Maustaste wird durch Shift- oder Control-Taste auf der Tastatur modifiziert.

Die Erklärung drängt sich auf, dass nicht die *Anzahl* der Tasten das Erinnerungsvermögen des Benutzers auf die Probe stellt, sondern die sich *wandelnden Funktionen*, die zu verschiedenen Zeitpunkten derselben Taste zugeordnet sind. Wenn man sich also strikte daran hält, dass *derselbe physische Teil der Maus immer dieselbe Funktion auslösen soll*, dann kann man wieder mehrere Tasten in Betracht ziehen.

Unsere hand hat fünf Finger, also wurden fünf Tasten eingebaut. Daumen und Zeigefinger sind beweglich und eignen sich zur Feineinstellung, also sind die entsprechenden Tasten zur Analogeingabe gebaut, während die übrigen drei Tasten nur zur 0-1 Eingabe dienen. In die rundliche Öffnung zwischen Daumen und Zeigefinger passt sehr gut eine Drehscheibe, die durch beide angrenzende Finger bequem bewegt werden kann. Soweit die dynamischen Möglichkeiten; nun zur Semantik.

Die Daumentaste realisiert einen linearen Bewegungsbefehl - Gaspedal und Schaltung zugleich. Kontinuierlicher Druck bewirkt ein geschwindigkeitsgesteuertes "vorwärts" oder "rückwärts", je nach Neigung der als Kippschalter gebauten Daumentaste. Ein harter Click bedeutet "vorwärts" oder "rückwärts" um eine Einheit.

Der Zeigefinger bedient eine "zeig-mir-Taste": kontinuierlicher Druck bewirkt detailliertere Anzeige von Information über das ausgewählte Objekt, z. B. durch zooming. Ein harter Click selektiert dann dieses Objekt, das heisst, macht es zur aktuellen Datenumgebung, auf das sich die folgenden Befehle beziehen.

Ausgewählt wird ein Objekt durch Cursorpositionierung auf seine Darstellung auf dem Bildschirm, wie allgemein üblich. Bei graphischen Objekten kann ein orientierter Cursor (gegeben durch x, y, und eine Winkelkoordinate) nützlich sein - etwa beim zeigen auf sich schneidende Linien. Die Drehscheibe zwischen Daumen und Zeigefinger stellt den Winkel des Cursors ein.

Die übrigen Tasten sind konventionell. Der Mittelfinger bringt ein Menu zusätzlicher Befehle auf den Schirm, die durch Mauspositionierung ausgewählt werden. Der Ringfinger macht die zuletzt eingegebene Operation rückgängig, der kleine Finger bewirkt das Verlassen der gegenwärtigen Daten- oder Befehlsumgebung in die hierarchisch nächst höhere.

Diese Bedeutungen muss der Benutzer ein für alle Mal lernen - danach, so hofft man, kann er damit das ganze System erforschen, auch auf ungewohnter Hardware. Um ein interaktives Anwendungsprogramm zu *beherrschen*, wird er zweifellos die anwendungsspezifischen Befehle und deren Hardwarerealisierung kennen lernen müssen - aber um darin herumzuschnuppern und zu entscheiden, ob er dieses Programm verwenden kann, dazu sollte die "universelle Maus" genügen.

5. Der Programmierer und sein Medium

Im Laufe der Entwicklung der Programmierkunst hat die Informatik die Wichtigkeit ganz verschiedene Eigenschaften von Programmen hervorgehoben. Am Anfang des Computereinsatzes ging es vorwiegend um die *Funktionalität* eines Programms, was es tun kann. Die Erkenntniss, dass viele Programme langlebig sind und stetiger Anpassung bedürfen führte dann zur Forderung, Funktionalität genüge nicht; ein Programm müsse auch *gut strukturiert und sein Quelltext lesbar sein*, damit es übertragbar und nicht auf Gedeih und Verderben an die Person seines "Erfinders" gebunden sei. Heute, im Zeitalter der interaktiven Computerbenutzung und der schnell wachsenden Zahl von gelegentlichen, nicht-spezialisierten Benutzer, verbreitet sich die Erkenntnis, *Funktionalität und interne Struktur genügen nicht - gutes Verhalten eines Programms gegenüber dem Benutzer ist ebenso wichtig.*

Damit findet sich der traditionelle Programmierer, oft introvertiert im stillen Kämmerchen arbeitend, einer ganz neuen Forderung ausgesetzt: Er soll jetzt zusätzlich noch Autor und Medienkünstler sein. Neben der analytischen Fähigkeit, logische Zusammenhänge grosser Komplexität ins Detail zu verfolgen, soll er jetzt auch noch den künstlerisch-kreativen Flair besitzen, einen graphische Bildschirm in grossen Zügen prägnant zu gestalten. Stellen wir übermenschliche Forderungen an den Programmierer der Zukunft?

Ich glaube nicht. Wir verlangen von jedem Ingenieur und Wissenschafter, das er seine Arbeit schriftlich und mündlich präsentieren kann, und so sollen wir auch von jedem Programmierer verlangen, dass er sein Produkt über das Medium computergesteuerter Bildschirm verständlich vorstellen kann. Einige werden es besser können als andere, es wird Spezialisten auf dem Gebiet der Dialog- und Bildschirmgestaltung geben. Aber wir können von jedem Programmierer verlangen, dass er lernt, *sein Medium*, den computergesteuerten Bildschirm, mindestens so gut einzusetzen, wie er das gesprochene oder geschriebene Wort, oder den Hellraumprojektor, einsetzt.

Literaturhinweise

[AP 79] **Apple Pascal Reference Manual**, APPLE COMPUTER INC., Cupertino, California, 1979.

[Be 82] G. Beretta, H. Burkhart, P. Fink, J. Nievergelt, J. Stelovsky, H. Sugaya, J. Weydert, A. Ventura, XS-1: An integrated interactive system and its kernel, 340-349, Proc. 6-th International Conference on Software Engineering, Tokyo, 1982, IEEE Computer Society Press.

[Ki 82] Y. Kitahara, **Information Network System · Telecommunications in the 21st century,** The Telecommunications Association, Tokyo, 1982.

[Mi 56] G. A. Miller, The magical number seven, plus or minus two: Some limits on our capacity for processing information, Psych. Review, Vol 63, No 2, 81-96, March 1956.

[NW 80] J. Nievergelt und J. Weydert, Sites, modes, and trails: Telling the user of an interactive system where he is, what he can do, and how to get places, in R. A. Guedj (ed.), in **Methodology of Interaction**, 327-338, North Holland Publ. Co., Amsterdam 1980.

[Ni 82] J. Nievergelt, Errors in dialog design and how to avoid them, 265-273 in **Document Preparation System** (J. Nievergelt et al. eds), North Holland Publishing Co, Amsterdam 1982.

[NV 83] J. Nievergelt und A. Ventura, **Die Gestaltung interaktiver Programme**, B. G. Teubner, Stuttgart 1983.

[St 83] J. Stelovsky, The user interface of an interactive operating system, ETH Dissertation, to appear 1983.

[Wi 81] N. Wirth, The personal computer Lilith, Informatik ETH, Bericht 40, April 1981.

ISAR - ein experimentelles deutschsprachiges Faktenabfragesystem

Egbert Lehmann
Siemens AG, ZT ZTI INF13
Otto-Hahn-Ring 6
D-8000 München 83

ZUSAMMENFASSUNG

Aufbau und Eigenschaften des Systems ISAR (Intelligent Search, Analysis, and Retrieval) werden beschrieben und anhand von Dialogbeispielen illustriert. Es wird erläutert, wie inhaltlich gezielte deutschsprachige Anfragen über gespeicherte Datenbestände unterschiedlichen Inhalts vom Benutzer gestellt und vom System analysiert und beantwortet werden können. Besonders wird auf den linguistischen Prozessor von ISAR eingegangen, der über Fähigkeiten zur automatischen Korrektur von Tipfehlern, zur Behandlung einfacher elliptischer und anaphorischer Äußerungen, zur Eingabe neuer Fakten und Definitionen sowie zur interaktiven Ergänzung des Lexikons und zur Analyse von Sätzen, die unbekannte Wörter enthalten, verfügt.

1. Aufbau und generelle Eigenschaften

Formale Sprachen für Faktenrecherche sind heute weit verbreitet. Über die Zweckmäßigkeit, Realisierbarkeit, Zuverlässigkeit und Effizienz natürlichsprachiger Interaktion mit Datenbanken gehen die Meinungen beträchtlich auseinander. Hier besteht ein offenkundiger Mangel an Erkenntnissen und Erfahrungen.

Das hier vorgestellte Programmsystem ISAR (Intelligent Search, Analysis, and Retrieval) wurde zum Zwecke des Studiums und der Demonstration von Möglichkeiten und Problemen des natürlichsprachlichen Zugriffs auf Datenbanken geschaffen. Das Hauptaugenmerk bei dieser Implementationsstudie war von vornherein auf eine Reihe praktischer Fragen wie Robustheit und Effizienz linguistischer Analyseverfahren, automatische Evaluierungshilfen und Gestaltung des natürlichsprachlichen Dialogs ohne Überlastung des Benutzers durch zu häufige Rückfragen des Systems gerichtet. Ausgehend von dem heutigen Erkenntnisstand auf dem Gebiet intelligenter sprachverstehender Systeme wurde nach einer pragmatischen Lösung für solche Formen spezialisierter natürlichsprachlicher Kommunikation gesucht, wie sie bei Beschränkung auf Abfrage von Informationsbeständen, die den Inhalt üblicher Datenbanken bilden könnten, bereits heute als zweckmäßig und angemessen betrachtet werden können.

Es war nicht Ziel dieser Arbeiten, in exemplarischer Weise möglichst interessante und anspruchsvolle Formen menschlichen Sprachverstehens und Kommunikationsverhaltens zu modellieren und Lösungsansätze für die zahlreichen offenen Probleme in linguistisch orientierten AI-Systemen zu entwickeln. Auch wurde nicht eine möglichst umfassende linguistische Überdeckung sprachlicher Äußerungen angestrebt.

Ursprünglich bestand die Absicht, lediglich eine Art Vorprozessor für verschiedene bestehende Datenbanksysteme mit ihren formalen Datenmanipulationssprachen (jedoch ohne weitergehende inhaltliche Spezialisierung) zu realisieren. Es entstand so zunächst eine Spezifikation einer für den Zugriff auf Datenbanken geeigneten Untermenge des Deutschen und ein in SIEMENS-INTERLISP geschriebener linguistischer Prozessor für diese Sprache. Dieser wurde später durch ein in der gleichen Programmierumgebung angesiedeltes modellhaftes Faktenretrievalsystem ergänzt, das über unterschiedlichen Datenbeständen arbeiten kann. Beide Systeme wurden dann gemeinsam weiterentwickelt. Der Entwicklungsaufwand belief sich auf wenig mehr als ein Mannjahr.

Ohne wesentliche Veränderungen des Sprachprozessors kann ISAR Anfragen bezüglich inhaltlich ganz unterschiedlicher Anwendungsbereiche und Datenbestände beantworten. Eine wesentliche Voraussetzung hierfür, vor allem aber auch für die Eingabe neuer Sachverhalte, ist die Fähigkeit, Eingabesätze verarbeiten zu können, die (dem System) unbekannte Wörter enthalten.

Der Benutzer eines solchen Systems soll seine Anfragen in normalem Deutsch über
Tastatur eingeben können und sich dabei möglichst wenig um restriktive Formatfest-
legungen, reservierte Bezeichnungen und implementationsspezifische Systemeigen-
schaften zu kümmern brauchen. Es ist jedoch davon auszugehen, daß er mit dem jeweiligen Sachgebiet und dem Inhalt der Datenbasis hinreichend vertraut ist. Eine
weitere Voraussetzung dafür, daß eine solche natürlichsprachliche Datenmanipulation
überhaupt sinnvoll ist, besteht darin, daß es sich um einen inhaltlichen Bereich
handelt, den man durch Unterscheidung verschiedener Objektklassen, Relationen
und Attribute in natürlicher Weise befriedigend strukturieren und über den man
zwanglos in natürlicher Sprache (d.h. ohne Fachjargon mit exotischer Grammatik
oder speziellen formelhaften Sprachelementen) sprechen kann.

Bemerkenswerte Eigenschaften von ISAR, das in der Tradition von Systemen wie LIFER/
LADDER (HENDRIX et al. 1978), PLANES (WALTZ 1978), ROBOT/INTELLECT (HARRIS 1979a,
1979b), RENDEZVOUS (CODD 1974, 1978) und USL (OTT/ZOEPPRITZ 1979) steht, und diesen
Systemen manche Anregung verdankt, sind
- automatische Schreibfehlerkorrektur
- gewisse Verarbeitungsmöglichkeiten für fragmentarische oder defektive sprachliche Strukturen (Ellipsen)
- neben der Datenabfrage ist auch die natürlichsprachliche Eingabe neuer oder
  zu manipulierender Informationen möglich
- Eingabesätze, die lexikalisch unbekanntes Material enthalten, können zumeist
  richtig analysiert werden
- lexikalische Information kann bei Bedarf vom Benutzer ergänzt und damit das
  Lexikon erweitert werden
- eingeschränkte Möglichkeiten zur natürlichsprachlichen Definition neuer Begriffe durch Zurückführen auf bereits bekannte
- einfachste Formen der Auflösung anaphorischer Referenz
- linguistische Vorverarbeitung mit Stopwortelimination und Ersetzung synonymer
  Worte und Phrasen
- sehr einfache Form der morphologischen Analyse (zur Lemmatisierung)
- umfangreiche semantisch/pragmatisch ausgerichtete ATN-Grammatik als Kernstück
  des linguistischen Prozessors mit einer der "Welt der Datenmodelle" angepaßten
  Wortkategorisierung
- effizientes Parsing durch gestaffelten Einsatz verschiedener Parsingtechniken
  und Grammatiken
- zahlreiche Testhilfen und Betriebsmodi für Entwicklung und Testung des Systems
  sind vorhanden, darunter auch ein Teilsystem, das automatisch quantitative
  Evaluierungen unterstützt und natürlichsprachlich abgefragt werden kann
- vielseitiges Retrieval-System mit Möglichkeiten, über den gespeicherten Daten
  arithmetische Berechnungen und statistische Auswertungen auszuführen, Tabellen
  zu drucken, Werteverteilungen durch Balkendiagramme sichtbar zu machen, Objekt-
  und Wertemengen nach Ordnungskriterien zu sortieren, einschränkende Bedingungen
  durch logische Junktoren zu verknüpfen, Suchaufträge mehrfach verschachtelt
  oder in mehreren Etappen einzeln abzuarbeiten und die Verletzung existentieller
  Präsuppositionen in den Fragestellungen angemessen zu berücksichtigen.

2. Dialogmodus und Beispiele

Mit den folgenden Beispielen einfacher Frage-Antwort-Paare soll ein allgemeiner
Eindruck von den derzeitigen Möglichkeiten und Grenzen des ISAR-Systems vermittelt
werden.

Für Experimentierzwecke wurde vorzugsweise eine Datenbasis benutzt, die geografi-
sche, demografische und ökonomische Daten (Stand von 1980) der Länder der Welt
(sowie Daten über die wichtigsten Flüsse, Seen, Gebirge) enthält. Daneben wurde
auch mit anderen Datenbeständen, z.B. Personaldaten oder astronomischen Daten über
Planeten experimentiert.

Der Benutzer wird vom System durch Ausschrift des Zeichens "-->" auf dem Bildschirm aufgefordert, eine Anfrage oder Anforderung an ISAR in normaler deutscher
Sprachform über die Tastatur einzugeben. Er soll sich dabei um eine möglichst

einfache und prägnante Formulierung unter Beachtung der üblichen Grammatik und Interpunktion bemühen. Das System kommt dem Benutzer durch eine gewisse Großzügigkeit im Akzeptieren sprachlich nicht ganz korrekter Äußerungen entgegen: es sieht z.B. über unkorrekte Flexionsendungen oder fehlende Fragezeichen hinweg.

Bei der Eingabe können Groß/Kleinbuchstaben benutzt werden (ß=ss, ä=ae, ö=oe, ü=ue), das System benutzt dagegen für seine Antworten (die durch das Zeichen "-->" gekennzeichnet sind) nur Großbuchstaben. Charakteristisch für Anfragen an eine Datenbasis sind Ergebnisse, die Mengen von Datenobjekten und/oder charakteristische Eigenschaften von diesen beinhalten. Solche Ergebnisse werden von ISAR selbständig in tabellarischer Form dargestellt.

Beispiele:

--> Ist Dacca die Hauptstadt von Bangladesch?
<-- JA

--> Welches Land hat die groesste Imflationsrate?
    KORREKTUR VON IMFLATIONSRATE IN INFLATIONSRATE DURCHGEFUEHRT!
<-- CHILE

--> Welche Inflationsrate hat das groesste Land in Suedamerika?
<--

    LAND   INFLATIONSRATE

    BRASILIEN   28.70

--> Drucke nach fallender Einwohnerzahl geordnet Bevoelkerungswachstum,
    Lebenserwartung und Inflationsrate aller Laender in Europa mit einem
    Bevoelkerungswachstum ueber 1!

<--
    LAND   EINWOHNERZAHL   BEV.WACHST.   LEBENSERW.   INFLATIONSRATE

    SPANIEN   37180000   1.02   73   13.9
    POLEN   35032000   1.01   71   -
    IRLAND   3360000   1.11   73   14.7
    ALBANIEN   2670000   2.90   70   -
    ISLAND   230000   1.12   -   -

--> Berechne das durchschnittliche Industriewachstum dieser Laender!
<--
                      MITTELWERT

    INDUSTRIEWACHSTUM   7.124996

--> Mexiko hat die Hauptstadt Mexico-City.
    BISHERIGER WERT DES ATTRIBUTS HAUPTSTADT VON OBJEKT MEXIKO WAR: MEXIKO-CITY.

    WOLLEN SIE DIESEN WERT WIRKLICH AENDERN? (J/N):
    ja
<-- OK
--> Welche Hauptstadt hat das kleinste Land in Nordamerika?
<-- MEXICO-CITY

Zur Überprüfung der einzelnen Verarbeitungsetappen von ISAR können verschiedene Protokollierungsmodi eingeschaltet werden. Betrachten wir interne Verarbeitung eines der obigen Beispielsätze hier noch einmal etwas genauer:

--> Berechne das durchschnittliche Industriewachstum dieser Laender!

Ergebnis der lexikalischen und morphologischen Analyse ist eine Liste der (lemmatisierten) Worte mit den aus dem Lexikon oder der Datenbasis entnommenen zugehörigen Wortkategorien:

```
BERECHNE : (COMMANDV1)
   DAS : (DET RELPRO DEMPRO)
   DURCHSCHNITTLICH : (FUNCTADJ)
   INDUSTRIEWACHSTUM : (ATTR)
   DIES : (DEMPRO)
   LAND : (ATTR OBJTYPE)
   ! : (SATZENDZ SATZZ)
```

Als Ergebnis der syntaktisch-semantischen Analyse (einschließlich Auflösung der anaphorischen Referenz der definiten Nominalphrase "dieser Laender") entsteht dann als statement der formalen Datenmanipulationssprache:

```
(QUERY (COMMAND BERECHNE)
       (OBJECTS SPANIEN POLEN IRLAND ALBANIEN ISLAND)
       (PROJECT INDUSTRIEWACHSTUM)
       (COMPUTE MITTELWERT)).
```

Diese formalsprachige Anfrage wird an das Retrievalsystem weitergeleitet und führt dann auf die Ausschrift der Antwort:

```
<--
                    MITTELWERT

   INDUSTRIEWACHSTUM       7.124996
```

3. Der linguistische Prozessor

3.1. Benutzersprache

Eigentümlichkeiten des menschlichen Sprachgebrauchs bei der natürlichsprachlichen Faktenabfrage wurden bereits mehrfach empirisch untersucht (vgl. z.B. Malhotra (1975), Bates et al. (1982)). Hayes und Carbonell (1981) entwickelten ihre Ideen über "multi-strategy parsing" ebenfalls im Hinblick auf die spezifischen Anforderungen natürlichsprachlicher Kommunikation.

Generell ist davon auszugehen, daß sprachliche Äußerungen im Rahmen von Dialogen oftmals recht kurz und lakonisch gehalten sind, so daß keinesfalls "der Satz" (im Sinne der klassischen Grammatik) die kleinste Einheit sprachlicher Kommunikation bildet. Sehr oft beschränkt sich eine komplette (und vom Kommunikationspartner als völlig normal betrachtete) Äußerung auf eine einzelne Nominalphrase oder Präpositionalphrase oder auch nur eine einzige Partikel (wie "nein", "manchmal", "warum"). Solche Konstruktionen sind daher von einer Analysegrammatik ebenso wie komplette Sätze zu akzeptieren. Zusätzlich ist aber zu berücksichtigen, daß durch elliptische Verkürzung in verschiedenartigster Weise Fragmente solcher "vollständigen Konstruktionen" gebildet werden können, die erst nach Ergänzung aus dem Kontext heraus verstanden werden können. Eine andere Art von Kontextabhängigkeit äußert sich im häufigen Auftreten von anaphorischer Referenz (d.h. der sprachlichen Bezugnahme auf vorerwähnte Gegebenheiten, z.B. durch Personalpronomen) und Deixis (Bezugnahme auf den situativen Kontext einer Äußerung durch Wörter wie "hier", "Du", "jetzt"). Die Möglichkeiten zu rekursiver Einbettung sind zwar theoretisch unbegrenzt, jedoch wird praktisch von diesen Möglichkeiten nur sehr beschränkt Gebrauch gemacht, da ineinandergeschachtelte Sätze meist mehrdeutig und schwierig zu verstehen sind. Dies gilt bei der Faktenabfrage besonders auch für die Verknüpfung oder Verschachtelung mehrerer aussagenlogischer Junktoren oder kompliziertere prädikatenlogische Quantifizierungen.

Die Schwierigkeiten, Ausdrucksfähigkeit und sprachliche Überdeckung (linguistic coverage) maschinell verarbeitbarer natürlichsprachlich orientierter Interaktionssprachen anders als durch die im entsprechenden Sprachprozessor enthaltenen Hilfsmittel (Lexikon, Grammatik, Interpretationsmechanismen) präzise zu beschreiben, sind allgemein bekannt. Mit den folgenden Bemerkungen soll daher lediglich auf einige Aspekte der Sprachverarbeitung von ISAR hingewiesen werden.

Wie schon bemerkt, handelt es sich hier nicht um ein (zumindest in seinem Anspruch)
universelles sprachverarbeitendes System. Vielmehr sind die vorhandenen Sprachver-
arbeitungsfähigkeiten zunächst auf den potentiellen Einsatzbereich der Datenbankmanipulation beschränkt. Deutsche Eingabesätze ohne einen solchen Bezug werden
also im allgemeinen nicht verstanden. Durch die starke Kopplung der Sprache an
einen konkreten Einsatzbereich werden nicht nur die erforderliche Überdeckungs-
breite stark beschränkt, sondern auch die Anforderungen an das "Sprachverstehen"
wesentlich heruntergeschraubt. So ist wegen des Vorliegens einer zumeist eindeu-
tigen semantisch-pragmatischen Bezugsebene der Stellenwert der Behandlung lexikalisch oder syntaktisch ambiger Äußerungen weit geringer als in einem generellen
Sprachverarbeitungssystem. Dies wiederum gestattet den wesentlich großzügigeren
Umgang mit sprachlichen Oberflächenphänomenen und damit eine einfachere und effizientere Sprachanalyse (allerdings unter Verzicht auf eine gleichwertige maschinelle Synthesekapazität).

Bei der Gestaltung der formalen Grammatik für die deutschsprachige Datenmanipulation in ISAR wurde andererseits versucht, die für diesen Bereich typische Formu-
lierungsbreite und Komplexität möglichst detailliert zu berücksichtigen.

3.1.1. Einfache und geschachtelte Anfragen

Empirische Untersuchungen des Benutzerverhaltens bei der verbalen Abfrage von
Datenbeständen (über Tastatur) haben immer wieder gezeigt, daß im allgemeinen
recht kurze (häufig elliptische) Anfragen und Kommandos dominieren. Daher sollte
der Benutzer dazu angehalten werden, sich möglichst kurz und bündig auszudrücken.
Es erscheint jedoch nicht gerechtfertigt, die Sprachverarbeitungskapazität eines
Systems wie ISAR derart zu beschränken, daß kompliziertere Eingabesätze, die z.B.
mehrere ineinander verschachtelte Fragen beinhalten, nicht verstanden werden.
Vielmehr muß der Benutzer im Einzelfalle darüber entscheiden können, in welcher
Weise (geschachtelt oder in mehrere sequentiell abzuarbeitende einfache Aufträge
zerlegt) er eine Anforderung dem System am zweckmäßigsten übermitteln möchte.

Beispiel:
a) geschachtelte Anfrage:
--> Wie heisst die Hauptstadt des Landes in Nordamerika, das groesser als das
    Land in Nordamerika, das die groesste Einwohnerzahl hat, ist?
<-- OTTAWA

b) gleichwertige Folge einfacher Aussagen:
--> Welches Land in Nordamerika hat die groesste Einwohnerzahl?
<-- USA
--> Welches Land in Nordamerika ist groesser als USA?
<-- KANADA
--> Wie heisst die Hauptstadt von Kanada?
<-- OTTAWA

3.1.2. Synonyme Formulierungen der gleichen Anfrage

Die folgenden Beispiele zeigen, wie die gleiche inhaltliche Anforderung vom
Benutzer von ISAR unterschiedlich formuliert werden kann:

    Nenne die Einwohnerzahl von Venezuela!
    Welche Bevoelkerungszahl hat Venezuela?
    Wieviele Einwohner hat Venezuela?
    Wie groß ist die Einwohnerzahl von Venezuela?
    Einwohnerzahl von Venezuela   (verkürzt)
    (oder auch nur - falls zuletzt von Venezuela die Rede war)
    Einwohnerzahl
    Kannst Du mir sagen, welche Einwohnerzahl Venezuela hat?
    (indirekter Sprechakt)
    Wieviele Bewohner hat das Land in Suedamerika, dessen Hauptstadt Caracas ist?
    (Schachtelung von Fragen)

3.1.3. Unterschiedliche Diskursbereiche

Die folgenden Beispiele zeigen, daß ISAR insofern ein Vielzwecksystem ist, als inhaltlich sehr unterschiedliche Datenbestände abgefragt werden können:

> Bitte drucke nach fallendem Geburtsjahr geordnet Personalnummer, Name, Vorname und Telefonnummer aller Personen mit Taetigkeit Systemprogrammierer und Geburtsjahr zwischen 1940 und 1950, die unverheiratet sind und ein Gehalt unter 40000 DM haben!

> Welche Veroeffentlichungen ueber Semantik und Sprachanalyse mit Erscheinungsjahr vor 1972 und Land Italien gibt es?

> Welche Planeten haben einen groesseren Durchmesser als Mars und geringere Masse als Neptun? ... Bestimme Volumen, Dichte und Temperatur von diesen!

3.2. Lexikon und morphologische Analyse

Bei der Gestaltung des Systems mußte davon ausgegangen werden, daß die zu verarbeitenden Eingabesätze unvermeidlich lexikalisch unbekanntes Wortmaterial enthalten. Dies gilt bereits für reine Datenabfrage, wobei eine Vielzahl spezieller Objektbezeichnungen und Eigenschaftsausprägungen anwendungsspezifisch zu berücksichtigen ist. Erst recht natürlich bei der verbalen Fakteneingabe und Begriffsdefinition, wo ja eine echte (auch qualitative) Erweiterung des Datenbestandes vorgenommen werden soll.

Eine genauere Betrachtung des erforderlichen Wortschatzes für ein Vielzweck-Datenbank-Interface wie ISAR führt auf die folgende Dreiteilung:

1. Operationaler Grundwortschatz für Datenbankmanipulation
2. Anwendungsspezifischer Begriffswortschatz (berücksichtigt hauptsächlich die aus dem Datenmodell der jeweiligen Datenbasis zu entnehmenden Klassen, Relationen und Attribute)
3. offene Menge von Namen, Bezeichnungen und Worten, die Eigenschaftsausprägungen der ganz konkret vorliegenden Datenbasis chartakterisieren

Bei ISAR wird ein stark beschränktes Grundformenlexikon (im Umfang von ca. 500 Worten) automatisch durch den der jeweiligen Datenbasis immanenten diskursspezifischen Wortschatz ergänzt. Da immer vollständige Grundformen (Lemmata) als Bedeutungsträger fungieren, besteht keine Veranlassung zur Durchführung von Derivationsanalysen; die morphologische Analyse beschränkt sich daher auf eine Flexionsanalyse zur Lemmatisierung, wozu in den meisten Fällen einfachste Verfahren ausreichen (z.B. mechanistisches Endungsabtrennen). In den recht seltenen komplizierteren Fällen (z.B. bei irregulär flektierten Formen, z.B. mit Umlaut) werden die unregelmäßig gebildeten Wortformen mit den zugehörigen Lemmata explizit ins Lexikon eingetragen.

Außerdem ist dafür gesorgt, daß bei Bedarf fehlende lexikalische Informationen vom System beim Benutzer erfragt werden können, was gleichzeitig eine Erweiterung des Lexikons bewirken kann. Besondere Beachtung wurde der Fähigkeit zur automatischen Behandlung von Schreibfehlern geschenkt (Erkennung und Korrektur mit oder ohne vorherige Rückfrage beim Benutzer).

Obwohl bei der Gestaltung der lexikalisch-morphologischen Komponenten von ISAR größte Einfachheit angetrebt wurde, zeigte sich, daß die kombinierte Berücksichtigung einer Reihe voneinander unabhängiger Mechanismen wie Lemmatisierung, automatische Schreibfehlerkorrektur, interaktive Lexikonergänzung, Berücksichtigung elliptischer (d.h. grammatisch unvollständiger) Äußerungen und Parsing bei Vorliegen lexikalisch undefinierter Lexeme in manchen Situationen bereits recht hohe Anforderungen an ein System wie ISAR stellt, besonders dann, wenn zusätzlich die Minimierung der erforderlichen Systemrückfragen an den Benutzer angestrebt wird.

3.3. Semantische ATN-Grammatik

Im Rahmen des linguistischen Prozessors von ISAR nimmt die Grammatik einen zentralen Platz ein. Sie ist von vornherein auf die spezielle semantische Interpretation der zu analysierenden Eingabesätze ausgerichtet und kann daher als "semantic grammar" im Sinne von Burton (1976) bezeichnet werden. Charakteristisch für diese Orientierung ist eine feinere Wortkategorisierung als bei genereller angelegten Grammatiken (vgl. z.B. die für das System LUNAR entwickelte ATN-Grammatik, Woods et al. 1973), die im wesentlichen mit den groben syntaktischen Wortkategorien (wie Verb, Adjektiv, Präposition) zur Bestimmung der syntaktischen Struktur von Sätzen auskommen. Andererseits wurde vermieden, diese Tendenz so weit zu treiben wie in LIFER/LADDER (HENDRIX 78), wo in der Grammatik ganz spezielle Objektkategorien des Gegenstandsbereiches (wie z.B. "Unterseeboot" oder "Hafen") auftreten, was eine Art "pragmatische Grammatik" für jeden einzelnen Diskursbereich erforderlich macht.

Für die ATN-Grammatik, die sich in ihrer formalen Gestalt weitgehend an die in dem instruktiven Überblicksartikel von Bates (1978) erläuterten Konventionen hält, sind neben den üblichen Wortkategorien vor allem solche Kategorien von Begriffsworten charakteristisch, die einen unterschiedlichen Status innerhalb eines Datenmodells kennzeichnen (z.B. Klassen und Attribute unterscheiden) oder bestimmten operationalen Möglichkeiten eines Datenbanksystems (Such-, Berechnungs-, Darstellungs- und Ausgabefunktionen) zugeordnet werden können. Damit soll erreicht werden, daß unterschiedlich zu interpretierende, obwohl syntaktisch äußerlich gleich gestaltete Wortfolgen von vornherein als verschiedene Strukturen betrachtet (und in verschiedenen Zweigen der ATN verarbeitet) werden. Beispielsweise würden in ISAR den beiden Sätzen "Welcher Planet hat die groesste Dichte?" und "Welche Dichte hat der groesste Planet?" ganz verschiedene Bedeutungsstrukturen zugewiesen.

Bei der Gestaltung der Grammatik als semantische ATN wurde außerdem Wert darauf gelegt, Mehrdeutigkeiten bei der Analyse zu vermeiden. Neben vollständigen Sätzen werden auch eine Reihe elliptischer Äußerungen als korrekte Bestandteile der Eingabesprache akzeptiert. Darüber hinaus gibt es die Möglichkeit, Eingaben, die von der Grammatik nicht erfaßt werden, partiell zu analysieren. Lexikalisch unbekannte Worte können an manchen Stellen akzeptiert werden, wenn deren sprachlicher Status (z.B. als Eigennamen) aus dem textuellen Kontext heraus einigermaßen zweifelsfrei hervorgeht.

Die ATN-Grammatik DBGRAM für deutschsprachige Datenmanipulation hat z.Zt. einen Umfang von etwa 150 Knoten und 400 Kanten. Das Parsing erfolgte bisher als interpretierendes Abarbeiten der ATN, wobei unser ATN-Parser (Lehmann 1981b) die Festlegung unterschiedlicher Interpretationsstrategien gestattet.

3.4. Flexibles Parsing

Von einem Parser für eine natürlichsprachliche Datenbankschnittstelle muß sowohl hinreichende Effizienz als auch Robustheit gegenüber unvollständigen oder fehlerhaften Eingabeinformationen gefordert werden. Da ein großer Teil der Eingabeinformationen relativ kurz und einfach analysierbar ist, andererseits aber gelegentlich auch recht anspruchsvolle und komplexe Eingabesätze zu verarbeiten sind, erschien für das Parsing eine Vorgehensweise vorteilhaft, bei der unterschiedliche Parsing-Strategien und Grammatiken je nach Schwierigkeitsgrad des vorliegenden Eingabesatzes gestaffelt zum Einsatz gebracht werden. Die häufigen und "normalen" Eingaben sollen möglichst auf Anhieb sehr rasch bewältigt werden können. Führt ein erster Analyseversuch zu einem Mißerfolg, so erfolgt ein neuer Anlauf mit veränderten Verfahren (etwa durch Einsatz komplexerer Hilfsmittel auf Kosten eines höheren Zeitbedarfs).

Im einzelnen werden bei der linguistischen Analyse im System ISAR die folgenden Etappen durchlaufen (jeweils soweit, bis sich ein Erfolg eingestellt hat):

1. Spezialbehandlung kurzer, häufig benutzter stereotyper Sätze und Wendungen

2. Linguistische Vorverarbeitung und Lemmatisierung von Wortformen
   - Ersetzung von Wortgruppen/Paraphrasen
   - Stopwortelimination
   - Zahlenbehandlung
   - Lemmatisierung flektierter Wortformen
   - Identifizierung lexikalischer Einheiten
   - Synonymersetzung
   - Schreibfehlerkorrektur

3. Schnelles geradliniges Parsing mit voller ATN für deutschsprachige Datenmanipulation, aber ohne backtracking und interne Protokollierung (Zeitbedarf ca. 6 - 20 ms/Wort)

4. a) Sorgfältiges vollständiges Parsing mit voller ATN mit backtracking und interner Protokollierung (Zeitbedarf ca. 20 - 70 ms/Wort)
   b) Bei Mißerfolg und Auftreten unbekannter Worte im Satz wird der Benutzer gefragt, ob er zusätzliche lexikalische Informationen zu diesen Worten eingeben will. Falls er dies tut, wird 4a) nochmals wiederholt.

5. Nach bisher erfolglosen Parsingversuchen wird der Benutzer vom System gewarnt, daß der Eingabesatz offenbar nicht vollkommen korrekt verstanden werden kann. Es wird nun mit backtrack-freiem Durchlaufen einer reduzierten ATN zumindest ein teilweises Verstehen ("partial parsing") des Eingabesatzes versucht. Dabei werden die dem System unbekannten Worte oder Phrasen überlesen, die verständlichen Fragmente aber zu einer hypothetischen Bedeutungsstruktur zusammengefügt. Wenn der Benutzer es wünscht, wird der so verstandene Auftrag ausgeführt.

6. Falls der Benutzer das von ISAR vorgeschlagene Analyseergebnis nicht akzeptiert, wird der ursprüngliche Eingabesatz vom System nochmals am Bildschirm gezeigt, um das Editieren oder Neuformulieren zu erleichtern.

3.5 Automatische Schreibfehlerbehandlung

Belanglose Schreibfehler können den Erfolg natürlichsprachlicher Kommunikation schwerwiegend beeinträchtigen. Daher stellen bereits einfache Formen einer automatischen Schreibfehlerbehandlung eine bedeutende Hilfe für den Benutzer dar, auch wenn sie nicht sämtliche möglichen Fehlerarten berücksichtigen können.
Bei der automatischen Überprüfung der vom Menschen eingegebenen Textteile erheben sich zwei Fragen:
1. Handelt es sich bei der aktuell betrachteten Zeichenkette um ein fehlerhaft geschriebenes Wort?
2. Wie lautet die (offenbar vom Schreiber intendierte) korrekte Schreibweise dieses Wortes?

Bei ISAR erfolgt die Schreibfehlerbehandlung unabhängig vom umgebenden sprachlichen Kontext eines Wortes. Der Verdacht auf Vorliegen eines Schreibfehlers erhebt sich nur für lexikalisch nicht bestimmbare Wortformen. Da für einen sprachlich stark gemischten und mit artifiziellen Wortbildungen und Namensformen durchsetzten Wortschatz, wie er bei der Datenbankmanipulation zu berücksichtigen ist, offenbar keine generellen algorithmischen Wohlgeformtheitskriterien angebbar sind, muß jede Fehlererkennung und -korrektur auf dem Vergleich des fraglichen Wortes mit systemintern gespeicherten Wortformen beruhen. Im allgemeinen wird man davon ausgehen können, daß ein fehlerhaft geschriebenes Wort durch dasjenige korrekt geschriebene lexikalisierte Wort zu ersetzen ist, das diesem "am ähnlichsten" ist. Es wird also ein generelles Ähnlichkeitskriterium für Worte benötigt, das z.B. die minimale Anzahl elementarer Veränderungen abzählen könnte, durch die ein Wort in ein anderes überführt werden kann.

Wir benutzen als Ähnlichkeitsmaß zweier beliebiger Worte w und w' die Funktion s mit einem realzahligen Wertebereich zwischen 0 (völlige Verschiedenheit) und 1 (vollkommene Übereinstimmung), verkörpert durch eine in INTERLISP bereits vorhandene Funktion (CHOOZ).

Da aus Effizienzgründen ein Vergleich des zu untersuchenden Wortes w mit sämtlichen im Lexikon gespeicherten Worten nicht in Frage kommt, müßte zunächst eine plausible Vorauswahl der bei einem solchen Ähnlichkeitsvergleich in Betracht zu ziehenden lexikalisierten Vergleichsworte erfolgen. Als heuristisches Prinzip ziehen wir hierfür die Annahme heran, daß Tippfehler sich am seltensten beim ersten Buchstaben eines Wortes einschleichen. Daher scheint es gerechtfertigt, sich auf Vergleichsworte zu beschränken, die mit dem gleichen Buchstaben wie w beginnen. Wegen des recht beschränkten Lexikonumfangs erwies sich eine weitere Einschränkung der Kandidatenmenge W (etwa anhand der Wortlänge) als nicht unbedingt erforderlich.

Beim weiteren Vorgehen spielen nun zwei Schwellwerte S1 und S2 für die Ähnlichkeitsvergleiche eine Rolle (plausible Werte wären z.B. S1 = 0.9; S2 = 0.8). Drei Fälle sind zu unterscheiden:

1. Es existiert nur ein Wort w1 aus W mit s(w, w1) > S1: In diesem Falle erfolgt vom System eine automatische Fehlerkorrektur: w wird durch w1 ersetzt. Der Benutzer wird hierüber lediglich informiert.

2. Falls ein oder mehrere Worte w´ aus W mit s(w,w´) > S2 existieren, ist die Entscheidung, ob und wie eine Fehlerkorrektur durchzuführen ist, mit größerer Unsicherheit behaftet. Daher wird die Verantwortung hierfür dem Benutzer übertragen, dem das System lediglich assistiert. Die als Korrekturworte in Frage kommenden Kandidaten werden nach fallender Ähnlichkeitsbewertung geordnet. Das System schlägt dem Benutzer das Wort mit höchster Ähnlichkeit zu w als Korrekturwort vor, zeigt aber auch andere Möglichkeiten auf.
Der Benutzer kann nun a) den Korrekturvorschlag akzeptieren, b) selbst ein Korrekturwort eingeben, oder c) entscheiden, daß kein Schreibfehler vorliegt. Im letzteren Falle wird w vom System als unbekanntes (d.h. nicht lexikalisiertes) Wort behandelt.

3. Falls kein Wort w´ aus W mit s(w, w´) > S2 existiert, wird w vom System ohne Korrekturversuch und ohne den Benutzer zu konsultieren als unbekanntes Wort behandelt.

Der Zeitbedarf für Schreibfehlerkorrektur geht als wesentlicher Bestandteil in den (vom System gemessenen) Zeitanteil für lexikalische Analyse ein; dieser steigt infolgedessen mit zunehmendem Anteil unbekannter Wörter im Eingabetext. Insgesamt erwies sich unsere Vorgehensweise in zahlreichen Testläufen als wirkungsvoll und vom Rechenaufwand her (verglichen etwa mit Parsing- und Retrievalzeit) unkritisch.
Ergänzend sei noch bemerkt, daß sich die Kandidaten für Korrekturworte nicht nur aus dem eigentlichen Lexikon, sondern auch aus der jeweils bearbeiteten Datenbasis (Begriffsworte für Klassen und Attribute, Objektbezeichnungen) rekrutieren. Eine weitere Ausgestaltung des Verfahrens (vor allem hinsichtlich datenbestandsspezifischer Bezeichnungen) wäre im Bedarfsfalle dadurch möglich, daß unter stärkerer Kontextberücksichtigung bei der syntaktisch-semantischen Analyse oder sogar erst beim Suchen in der Datenbasis die ganz speziellen Namensmengen bestimmter Objektklassen oder Attribute dem oben beschriebenen Ähnlichkeitsvergleich unterworfen werden. Durch irrtümliches Zertrennen oder Verschmelzen von Wörtern entstandene Schreibfehler werden aus Aufwandsgründen ebenfalls nicht korrigiert.

3.6. Behandlung unbekannter Worte

Sätze, die lexikalisch nicht bestimmbare Worte (zumeist Eigennamen) enthalten, können von ISAR vielfach anstandslos als grammatisch korrekte Äußerungen behandelt werden, ohne daß die Aufmerksamkeit des Benutzers in irgendeiner Weise durch solche Belanglosigkeiten in Anspruch genommen werden muß. Erst wenn die Eingabe sich als nicht ohne weiteres analysierbar erweist, besteht Veranlassung, beim Benutzer nachzufragen, ob er zur Ergänzung des lexikalischen Wissens von ISAR beitragen möchte (was sicher nicht immer der Fall sein dürfte). Voraussetzung für die vom System erbetene Eingabe der syntaktischen Kategorie und gegebenenfalls Grundform einer unbekannten Wortform ist natürlich eine gewisse Vertrautheit mit dem System spezieller Wortkategorien (nicht nur deren Bezeichnungen) des linguistischen Prozessors. Andernfalls reagiert der Benutzer durch Eingabe von "-" auf eine solche Rückfrage, worauf dann das System mittels partiellem Parsing versucht, wenigstens eine einigermaßen brauchbare formale Anforderung zu konstruieren, was immerhin in einem Teil der Fälle gelingt. Zur Illustration möge der folgende Ausschnitt aus einem Dialogprotokoll dienen:

--> Bestimme Bruttosozialprodukt, Industriewachstum und Aussenhandelsbilanz aller
    Laender der Erde mit negativem Bevoelkerungswachstum oder einer neunstelligen
    Einwohnerzahl!
    *
    BITTE EINGABE VON SYNT.KATEGORIE (+ GRUNDFORM) ZU AUSSENHANDELSBILANZ:
    -

(d.h. der Benutzer ist nicht gewillt, auf die Rückfrage des Systems einzugehen;
andernfalls hätte er ATTR oder FATTR als synt. Kategorie eingeben müssen, Eingabe
einer Grundform erübrigt sich, da das fragliche Wort selbst in der Grundform steht)
    EINGABESATZ NICHT VOLLSTAENDIG VERSTANDEN! ...
    IGNORIERTE WORTE: (UND AUSSENHANDELSBILANZ)
    ???
(Es erfolgt nun eine Anzeige der teilweise verstandenen formalsprachlichen Anfrage)
    (QUERY (COMMAND BESTIMME)
          (ENTITY LAND)
          (SELECT ODER
                (BEVOELKERUNGSWACHSTUM § NEGATIV)
                (EINWOHNERZAHL § NEUNSTELLIG)
          (PROJECT BSP INDUSTRIEWACHSTUM))

    SIND SIE MIT DEM ERGEBNIS DER SPRACHANALYSE ZUFRIEDEN?
    (J/N/1/2/3/4/5):
    3
    ANZAHL DER GEFUNDENEN OBJEKTE IST: 9
<--
    LAND   BSP   INDUSTRIEWACHSTUM

    BRASILIEN   187190   10.7
    BRD   529380   2.1
    CHINA   424620   -
         .   .   .

3.7. Ansätze zur natürlichsprachlichen Begriffsdefinition

Es handelt sich hierbei um zunächst noch sehr einfache Formen der verbalen Erklärung von primär nicht in der Datenbasis gespeicherten Attributen, deren Werte
durch einfache, verbal charakterisierte Berechnungsvorschriften aus den explizit
gespeicherten Informationen bestimmt werden können. Ganz analog könnten natürlich
auch Definitionen von Begriffen behandelt werden, deren Benutzung ein deduktives
Operieren über Datenbeständen erfordert.

Anknüpfend an das Beispiel von Abschnitt 3.6. werden dem System nun die Begriffe
Außenhandelsbilanz und   Pro-Kopf-Außenhandelsbilanz verbal erklärt. Anschließend
werden diese Begriffe in Anfragen benutzt und vom System richtig verstanden:

--> Als Aussenhandelsbilanz bezeichnet man die Differenz zwischen Ausfuhr und
    Einfuhr.

    (DE AUSSENHANDELSBILANZ (X) (... (DIFFERENCE
                            (GETVAL X (QUOTE AUSFUHR))
                            (GETVAL x (QUOTE EINFUHR)))...))
(ISAR erzeugt hierzu ein kleines LISP-Programm namens AUSSENHANDELSBILANZ.)
<-- O.K.

--> Pro-Kopf-AHB ist der Quotient aus Aussenhandelsbilanz und Einwohnerzahl.
    (DE PRO-KOPF-AHB (X) ...)
<-- O.K.

--> Hat Frankreich eine negative Aussenhandelsbilanz?
<-- JA

--> Drucke Ausfuhr, Einfuhr, Aussenhandelsbilanz und Pro-Kopf-AHB derjenigen
    europäischen Laender, die eine positive Aussenhandelsbilanz haben!

<--

```
LAND      AUSFUHR   EINFUHR   AUSSENHANDELSBILANZ   PRO-KOPF-AHB

BRD       151540    157747            13793         0.2245E-3
SU         57773     64762             6989         0.2642E-4
  .          .         .                 .             .
```

Die Weiterentwicklung dieser Fähigkeit in Richtung auf Möglichkeiten zur natürlichsprachlichen Spezifikation kleinerer Anwenderprogramme könnte ein lohnendes Auf-
gabengebiet sein.

3.8. Fakteneingabe und Dateiaufbau

Datenbestände können in ISAR in verschiedener Weise aufgebaut werden. Das Erstellen
einer neuen Datenbasis kann sowohl innerhalb des SIEMENS-INTERLISP-Systems (zweckmäßigerweise inkrementell unter Benutzung des INTERLISP-Editors) als auch außerhalb
von diesem mit Hilfe des unmittelbar unter dem Betriebssystem BS2000 laufenden
Dateibearbeiters EDT und anschließende Transformation in eine LISP-Datei durch
ein spezielles Einleseprogramm von ISAR vorgenommen werden.

Das nachträgliche Ergänzen oder Modifizieren vorhandener Datenbestände kann durch
Eingabe in bestimmter Weise aufgebauter Listenstrukturen erfolgen. Für die punktu-
elle Ergänzung oder Korrektur einzelner Sachverhalte existieren außerdem Möglichkeiten zur deutschsprachigen Fakteneingabe, die zur Abrundung der Fähigkeiten
des linguistischen Prozessors von ISAR geschaffen wurde. Allerdings soll hier
nicht behauptet werden, daß eine solche natürlichsprachliche ad hoc Eingabe neuer
Daten im Normalfalle notwendig, angemessen oder empfehlenswert sei, da der Aufbau
von Datenbeständen im allg. sorgfältiger Überlegungen bedarf,so daß hierfür ein
trial-and-error-Vorgehen weniger adäquat erscheint als für die Faktenabfrage.

4. Der modellhafte DB-Prozessor

Zur Ergänzung des eigentlichen natürlichsprachlichen DB-Interfaces und zur Schaffung einer einheitlichen, möglichst flexiblen Testumgebung für die weitere Entwicklung wurde der linguistische Prozessor durch ein Faktenretrievalsystem für kleinere
Datenbestände ergänzt, das vielfältige Möglichkeiten zur Abfrage, Analyse und
Auswertung bietet. Es erhält seine Aufträge in einer formalen Datenmanipulationssprache. Prinzipiell liefert es zu jedem Auftrag ein formales Resultat, das normalerweise eine Menge bzw. Liste von gesuchten Objekten oder Eigenschaftsausprägungen eines bestimmten Typs ist, die zusätzlich einschränkenden Bedingungen (eventuell negiert oder logisch verknüpft) genügen müssen. Die dem Benutzer als "Antwort" auf seine Anforderung am Bildschirm gezeigte Information braucht nicht mit
dem formalen Resultat identisch zu sein. Diese Unterscheidung von Antwort-Aus-
schrift und formalem Resultat ist eine wichtige Voraussetzung für die Verarbeitung
verschachtelter Suchaufträge.

Da es sich bei den Eigenschaftsausprägungen von Datenobjekten oftmals um numerische
Werte handelt, sollen auch eine Reihe von arithmetischen Berechnungen und statistischen Auswertungen über solchen Wertemengen durchführbar sein. Allerdings muß
man für viele potentielle Anwendungsgebiete realistischerweise davon ausgehen,
daß Datenobjekte mitunter nur unvollständig spezifiziert sein können. Infolgedessen
muß dafür gesorgt werden, daß alle numerischen Auswertungsoperationen tolerant
gegenüber fehlenden oder nichtnumerischen Werten sind.

Die als Ergebnis von Suchoperationen gefundenen Objekt- und Wertemengen können
nach spezifizierten Ordnungskriterien sortiert werden. Bei umfangreicheren Such-
ergebnissen wird zunächst der Benutzer über den Umfang der gefundenen Datenmengen
informiert und gefragt, ob er eine explizite Ausgabe wünscht. Auszugebende Datenmengen werden vom System standardmäßig in Tabellenform dargestellt.

Bisweilen wird in einer Anfrage vom Fragesteller von Vorannnahmen (Präsuppositionen) ausgegangen, die im Einzelfall nicht immer erfüllt sind, was eine definitive

Beantwortung der Frage eigentlich unmöglich macht. Beispielsweise dann, wenn nach speziellen Eigenschaftsausprägungen der Elemente einer implizit gekennzeichneten Objektmenge gefragt wird, die sich als leer erweist. ISAR versucht daher gegebenenfalls, solche Verletzungen existentieller Präsuppositionen zu erkennen und den Benutzer bei der Fragenbeantwortung hierauf aufmerksam zu machen.

Es sei noch bemerkt, daß es sich bei unserem modellhaften DB-Prozessor sicher nicht um ein ausgebautes wissensbasiertes KI-System handelt, sondern wegen der angestrebten Verträglichkeit des linguistischen Prozessors mit verschiedenartigsten DB-Systemen eher um ein System, das mit möglichst geringen Annahmen über Inhalt und Darstellungsform der zu verwaltenden Datenbestände auskommen sollte. Daher bleiben zunächst viele prinzipiell existierende Möglichkeiten ungenutzt, Wissen über den jeweiligen Datenbestand (im Sinne eines Datenmodells) dem System (etwa zur Konsistenzüberprüfung oder zur Benutzerinstruktion) verfügbar zu machen.

Die formale Datenmanipulationssprache von ISAR stellt die Schnittstelle zwischen dem linguistischen Prozessor und dem Retrieval-System dar. Prinzipiell besteht natürlich für den Benutzer von ISAR auch die Möglichkeit, seine Aufträge direkt in dieser formalen Sprache zu formulieren. (Daher erscheint ISAR besonders geeignet, im Rahmen von Evaluierungsuntersuchungen die Benutzerperformanz bei natürlichsprachlicher und formalsprachlicher Eingabe der gleichen Suchaufträge zu vergleichen.). Auf eine vollständige Sprachbeschreibung muß hier aus Raumgründen verzichtet werden.

Eine solche Sprache muß sowohl die Beschreibung gesuchter oder einzugebender Datenobjekte als auch die Spezifikation der mit solchen Objektmengen durchzuführenden Operationen gestatten. Anfragen werden durch das Schlüsselwort QUERY, einzugebende Fakten durch ASSERT gekennzeichnet. Mengen von Datenobjekten können explizit (durch Aufzählen ihrer Namen nach OBJECTS) oder implizit durch Angabe von Klassenzugehörigkeit (z.B. (ENTITY oberbegriff)) und gegebenenfalls Angabe von Bedingungen (z.B. (SELECT pred ...)) gekennzeichnet werden. Eine solche Bedingung (pred) hat typischerweise die Gestalt (attr comp val) und besagt, daß die vorliegende Eigenschaftsausprägung des Attributs attr mittels des Vergleichsoperators comp mit dem Wert val verglichen werden soll.

Mit (COMMAND commandv) wird festgelegt, was mit dem endgültigen Ergebnis geschehen soll. Auswahl und Anordnung der gefundenen Datenobjekte kann durch die folgenden Ausdrucksmöglichkeiten beeinflußt werden: (POSTSELECT pred ...) spezifiziert nachträgliche Auswahlkriterien, (ORDER (+/- selector) ...) legt eine gewünschte Reihenfolge für die Anordnung der gefundenen Objekte fest, (NUMBER integer) gibt an, das nur die ersten n Datenobjekte Bestandteile des Ergebnisses sein sollen. (PROJECT selector ...) bewirkt die "Projektion" der gefundenen Objekte bezüglich bestimmter Attribute, d.h. zu jedem Objekt wird eine Liste der den Attributen (selector) entsprechenden Eigenschaftsausprägungen gebildet.

Durch (COMPUTE funct ...) wird angegeben, welche Rechenoperationen funct (Aggregationsfunktionen) über den gewonnenen Wertemengen ausgeführt werden sollen. Mit Hilfe von Aggregationsfunktionen kann der Umfang einer Menge ausgewählter Objekte (d.h. die Anzahl der gefundenen Elemente) festgestellt werden (z.B. bei Beantwortung der Frage "Wieviele Laender in Europa sind groesser als Polen?"). Ebenso kann berechnet werden, welcher Anteil oder Prozentsatz einer Menge von ausgewählten Objekten des gleichen Typs bestimmte Bedingungen (POSTSELECT-Klausel in der formalen Anfragesprache) erfüllt ("Berechne den Prozentsatz der Laender in Europa, die eine groessere Fläche als Polen haben?").

Durch Projektionsoperationen mit Hilfe spezifischer Attribute kann man zu einer Objektmenge zugehörige Mengen von Eigenschaftsausprägungen spezifizierter Attribute gewinnen (PROJECT-Klausel). Falls es sich dabei um numerische Werte handelt, können diese aufsummiert werden, es können das Maximum und das Minimum, der Mittelwert oder der Median, sowie Standardabweichung und Streubreite bestimmt werden ("Finde Minimum, Maximum und Mittelwert der Inflationsrate aller Laender in Suedamerika!"). Bei Bedarf könnte das Angebot an statistischen Auswertungsmöglichkeiten natürlich wesentlich erweitert werden. Als ein Beispiel hierfür wurde eine Funktion zur Bestimmung des Korrelationskoeffizienten zwischen zwei Attributen einer Objektmenge in das System aufgenommen:

--> Berechne die Korrelation von Flaeche und Einwohnerzahl der Laender in Europa!
<-- DER KORRELATIONSKOEFFIZIENT ZWISCHEN FLAECHE UND EINWOHNERZAHL BETRAEGT
    0.927853
    VERLAESSLICHKEIT (T-WERT): 13.852063

Durch Aktivierung der Funktion DISTRIBUTION kann im Faktenretrievalsystem von
ISAR zu einer ausgewählten Objektmenge die Verteilung der (numerischen) Eigenschaftsausprägungen spezifizierter Attribute in Tabellenform dargestellt oder
in Gestalt eines Balkendiagramms sichtbar gemacht werden. Das System entscheidet
dabei von Fall zu Fall selbstständig über die geeignetste (lineare oder logarith-
mische) Unterteilung des jeweiligen Wertebereiches und legt Intervallanzahl und
Intervallgrenzen fest. Gleichzeitig werden auch die Anzahl der definiten Werte
sowie Maximum, Minimum, Median, Mittelwert, Streubreite und Standardabweichung
berechnet und ausgegeben (vgl. Abb.3). Übrigens können auch Verteilungen bezüglich
nichtnumerischer Eigenschaftsausprägungen bestimmt werden (z.B. die Distribution
der Länder bezüglich des Attributs "Kontinent").

Die volle Ausschöpfung von Möglichkeiten zum Erkennen von Regularitäten in gespeicherten Faktenbeständen durch eine ungerichtete statistische Datenanalyse kann
als ein möglicher Ausgangspunkt für induktive Hypothesenbildung und damit für
den automatisierten Wissenserwerb (Lernfähigkeit) in wissensbasierten Systemen
betrachtet werden.

5. Selbstevaluierungsfähigkeit und Effizienz

Die folgende Tabelle vermittelt einen Eindruck von der Effizienz der vorliegenden
Implementierung (auf einer Siemens-Rechenanlage 7760). Sie zeigt für einige Eingabesätze deren Satzlänge (LNG), die "Komplexitaet" der entsprechenden Formulierung
in der formalen Datenmanipulationssprache (C), sowie die Anteile des Zeitbedarfs
(in msec) für Einlesen (LES), lexikalische und morphologische Analyse einschließlich automatischer Schreibfehlerbehandlung (LEX), geradliniges Parsing (PARS1),
Parsing mit backtracking (PARS2), Retrieval der gesuchten Informationen und arithmetische Berechnungen (RETR) sowie den gesamten Zeitbedarf (GES) für die Verarbeitung.

SATZ	LNG	C	LES	LEX	PARS1	PARS2	RETR	GES
S0047	20	30	69	13	205	-	2129	2821
S0048	7	18	35	26	77	-	108	412
S0050	16	14	57	350*)	32	130	127	1345
S0057	14	25	49	11	184	-	1957	2518
S0058	6	12	29	20	22	81	119	419
S0059	6	10	32	22	88	-	37	301

*) Hier wurden zwei falsch geschriebene Worte durch Benutzereingriff korrigiert.

Die von ISAR festgestellten Evaluierungsdaten werden in einer gesonderten Datei
der analysierten Eingabesätze abgelegt und können in der gleichen Weise wie beliebige andere Datenbestände abgefragt werden, etwa durch Fragen wie
- Bestimme Minimum, Maximum und Mittelwert von Analysezeit, Suchzeit und
  Gesamtzeit aller Eingabesaetze!
- Berechne den Mittelwert des Quotienten aus Analysezeit und Satzlaenge für
  alle Eingabesaetze mit einer Satzlaenge ueber 10!

6. Grundsätzliche Probleme der natürlichsprachlichen Datenabfrage

Aus dem Spannungsverhältnis zwischen einer angestrebten möglichst natürlichen
Kommunikation bei weitgehend unreflektierter Benutzung der universellen Ausdrucksmittel der menschlichen Umgangssprache einerseits und der Tatsache, daß die Datenbasis und damit das Wissen des Systems nur einen sehr schmalen, künstlich beschränk-

ten und präparierten Wirklichkeitsausschnitt erfassen kann, müssen sich zwangsläufig bei jedem System dieser Art Probleme der linguistischen und konzeptuellen
Überdeckung ergeben, die sich hemmend auf das Zustandekommen des Kommunikationseffekts auswirken können.

Ein möglicher Ausweg aus diesem Dilemma besteht in der zunehmenden Anpassung des
menschlichen Benutzers an die eingeschränkten Fähigkeiten des Systems und führt
de facto zu einem bewußter kontrollierten Gebrauch einer wesentlich stärker restringierten Sprache, so daß man im strengen Sinne eigentlich nicht mehr von einem
natürlichsprachlichen Mensch-Maschine-Dialog sprechen kann. Trotzdem besteht eine
berechtigte Hoffnung, daß diese Dialogform dem Benutzer gegenüber dem streng reglementierten Gebrauch einer formalen Sprache hinreichende Vorteile bieten kann.

Langfristig ist ein Abbau des genannten Spannungsverhältnisses eigentlich nur
dadurch vorstellbar, daß wesentlich intelligentere sprachverarbeitende Systeme
mit der Fähigkeit entwickelt werden, all das, was in natürlicher Sprache ausgedrückt werden kann, auch intern in geeigneter Weise repräsentieren zu können.
Dies bedeutet natürlich nicht, daß die aktuelle Wissensbasis eines solchen Systems
so vielseitig und umfassend wie das Wissen eines Menschen zu sein braucht.

Weiterer Problemkreise im Zusammenhang mit der Schaffung intelligenter natürlichsprachlicher Dialogformen sollen hier nur stichpunktartig angedeutet werden:
- Systemtransparenz kontra Benutzungsmonotonie
- Benutzungseffizienz kontra Hilfsbereitschaft und intelligentes Verstehen
- scheinbares Intelligenzniveau des Systems kontra kommunikative Erwartungshaltung des Benutzers
- Hilfsbedürfnis kontra Eigeninitiative und Dominanzbedürfnis des Benutzers
- Dynamik der Entwicklung individueller sprachlicher Interaktionsgewohnheiten
- Wie soll der Benutzer dem begrenzten Sprachverständnis des Systems (Abgrenzung
  einer Teilmenge der natürlichen Sprache) Rechnung tragen?
- approximatives Sprachverstehen kontra Symmetrieforderung hinsichtlich der
  linguistischen Kompetenz des Systems (Analyse und Generierung).

7. Schlußfolgerungen und Ausblick

Zur Frage, ob die Entwicklung natürlichsprachlicher Schnittstellen erstrebenswert
und technisch realisierbar ist, wird von Skeptikern immer wieder geltend gemacht,
daß der erforderliche Verarbeitungsaufwand (allein schon der Zeitbedarf für Echtzeitkommunikation) zu hoch sei und daß die natürliche Sprache zu redundant und
schwerfällig in ihren Ausdrucksmöglichkeiten sei (verglichen mit artifiziellen
Datenmanipulationssprachen). Beide Behauptungen erscheinen aufgrund der bei der
Entwicklung von ISAR gewonnenen Erfahrungen als unzutreffend.

Die natürliche Sprache verfügt über ein reichhaltiges Arsenal von Mechanismen,
die der kommunikativen Ökonomie dienen und zu einer maximalen Verkürzung der (in
einem gewissen Kontext erforderlichen) expliziten sprachlichen Beschreibungen
führen. Dies schließt die Möglichkeit der Vereinbarung und Verwendung von Abkürzungen natürlich voll ein. Der Rechenzeitbedarf von ISAR für maschinelle Sprachanalyse und Interpretation ist keinesfalls unerträglich hoch, er ist durchaus
mit den Echtzeitanforderungen eines Dialogsystems verträglich und gering bis vernachlässigbar gegenüber den Retrievalzeiten für kompliziertere Anfragen oder das
Durchsuchen größerer Datenbasen. Dabei ist zu berücksichtigen, daß bei der Implementation von ISAR das Hauptaugenmerk nicht auf Erreichung maximaler Effektivität
gerichtet war. Allerdings ist die Komplexität der benötigten Sprachverarbeitungsprogramme (und damit deren Speicherplatzbedarf) nicht unerheblich.

Inwieweit die linguistische Überdeckung eines Systems wie ISAR befriedigen kann,
ist natürlich in hohem Grade vom Einsatzgebiet und Benutzerkreis abhängig. Beim
derzeitigen Entwicklungsstand von ISAR sind hierzu Experimente mit echten Benutzern
noch nicht durchgeführt worden; es ist auch noch nicht ganz klar, welche Mindestvoraussetzungen das System für solche Experimente erfüllen müßte. Auf jeden Fall
kann eine objektive Beurteilung des Benutzerverhaltens durch ausgebaute Fähigkeiten
zur Evaluierung bedeutend unterstützt werden.

Leider kann man nicht hoffen, daß die Probleme mit der linguistischen Überdeckung in der nächsten Zeit mit zunehmender "Intelligenz" der Systeme abnehmen. Eher ist das Gegenteil zu erwarten. Es ist daher erforderlich, den Diskursbereich eines Dialogsystems von vornherein möglichst weitgehend einzuschränken und dem Benutzer eine möglichst präzise Vorstellung davon zu vermitteln. Auch müssen die Reaktionsmöglichkeiten des Benutzers durch einen stärker vom System her gesteuerten Dialog eingeschränkt werden.

Hinsichtlich der Kriterien, die der Gestaltung einer optimalen Dialogführung zugrundegelegt werden sollten, gibt es heute noch sehr viele Unklarheiten. Beim Sprachentwurf ist zu beachten, daß im Sprachverhalten erfahrenerer Benutzer durchaus eine Neigung zum Kompromiß zwischen Benutzerattitüden hinsichtlich natürlicher Sprache einerseits und reglementierter Sprachen andererseits besteht. Dies ist beim Entwurf von Abfragesprachen zu berücksichtigen.

Ein intelligentes, natürliche Sprache verstehendes Faktenabfragesystem, das keine Probleme offen läßt, erscheint in absehbarer Zukunft kaum realisierbar. Es bestehen jedoch gute Aussichten, daß brauchbare Systeme mit eingeschränktem Sprachverständnis entwickelt werden können, mit denen man vernünftig arbeiten kann, an die man sich mehr und mehr gewöhnen kann und die auch der erfahrene Benutzer am Ende gegenüber Systemen mit einer artifiziellen Dialogsprache bevorzugt.

<u>Literatur</u>

BATES,M.: The theory and practice of augmented transition network grammars. In: L.Bolc(ed.), Natural Language Communication with Computers, Springer, Berlin 1978
BATES,M.; SIDNER,C.L.: A case study of methods for determining the necessary characteristics of a natural language interface. Proc. Europ.Conf.on Integrated Interactive Computing Systems, Stresa, Italy, September 1-3, 1982, 237-252
BURTON,R.R.: Semantic grammar. An engineering technique for constructing natural language understanding systems. BBN report 3453, Bolt, Beranek and Newman, Cambridge, Mass., Dec. 1976
CODD,E.F.: Seven steps to rendezvous with the casual user. In Klimbie/Koffman (eds.), Data Base Management, North-Holland, Amsterdam 1974
CODD,E.F.: How about recently? (English dialog with relational data bases using RENDEZVOUS version 1). In B.Shneidermann(ed.), Databases: Improving Usability and Responsiveness. Academic Press 1978, 3-28
HARRIS,L.R.: ROBOT: a high performance natural language interface for data base query. In L.Bolc (ed.), Natural Language Based Computer Systems. Hauser, München 1979, 286-318
HARRIS,L.R.: Experience with ROBOT in 12 commercial natural language data base query applications. Proc. IJCAI-79 Conf., Tokyo 1979, 365-368
HAYES,P.R.; CARBONELL,J.G.: Multi-strategy construction-specific parsing for flexible data base query and update. Proc. IJCAI-81, Vancouver 1981, 432-439
HENDRIX,G.G.; SACERDOTI,E.D.; SAGALOWICZ,D.; SLOCUM,J.: Developing a natural language interface to complex data. ACM Trans.on Database Systems $\underline{3}$(1978)2, 105-147
LEHMANN,E.: Progress in the development of a multi-purpose German language question-answering system. Proc. Workshop on Natural Language for Interaction with Data Bases (G.Rahmsdorf and M.Ferguson, eds.). Document CP-78-9, International Institute for Applied Systems Analysis, Laxenburg, Austria, Oct.1978, 159-179
LEHMANN,E.: Computersimulation des Verstehens natürlicher Sprache. Nova Acta Leopoldina N.F. $\underline{45}$(1981)245, 125-174
MALHOTRA,A.: Knowledge-based English language systems for management support: an analysis of requirements. Adv. Papers 4th International Joint Conf. on Artificial Intelligence, Tbilisi, U.S.S.R., Sept. 1975, 842-847
OTT,N.; ZOEPPRITZ,M.: USL - an experimental information system based on natural language. In L.Bolc (ed.), Natural Language Based Computer Systems, Hanser 1979
SIEMENS INTERLISP. Interaktives Programmiersystem - BS2000. Benutzerhandbuch. Ausgabe September 1981, Version 4. SIEMENS AG, München 1981
WALTZ,D.L.: An ENGLISH language question answering system for a large relational data base. Comm. ACM $\underline{21}$(1978)7, 526ff
WOODS,W.A.; KAPLAN,R.M.; NASH-WEBBER,B.: The lunar science natural language system: final report. Rep.No.2378, Bolt Beranek and Newman Inc., Cambridge, Mass. 1972

Natuerlichsprachlicher Datenbankzugang mit HAM-ANS:
Syntaktische Korrespondenz, natuerlichsprachliche Quantifizierung
und semantisches Modell des Diskursbereichs

Heinz Marburger, Bernhard Nebel

Forschungsstelle fuer Informationswissenschaft
und Kuenstliche Intelligenz
Universitaet Hamburg
Mittelweg 179
D-2000 Hamburg 13

1. Einleitung

Der Zugang allein ueber formale Sprachen zu *Leistungssystemen* von Rechenanlagen z.B. Datenbanksystemen, Simulationsmodellen, Bildfolgen-analysesystemen, Expertensystemen, Transaktionensystemen, CAD-Systemen oder Textdatenbanken ist eines der Hauptprobleme, mit dem sich Anwender konfrontiert sehen. Um dieses Problem zu loesen, wurden in den letzten zehn Jahren eine Reihe von Systemen entwickelt, die zumindest elementare Ebenen von *natuerlichsprachlicher (nl) Interaktion* zwischen Benutzern und Leistungssystemen verwirklichen. Nl *Schnittstellen* erweisen sich vor allem in solchen Anwendungen als nuetzlich, in denen der personelle oder finanzielle Aufwand fuer das Erlernen einer formalen Sprache den Wert der extrahierten Information uebersteigt. Dieses ist typisch fuer Anwender, die nur wenige Anfragen in unregelmaessigen Abstaenden stellen, den Bedarf, ein System zu benutzen, nur selten haben, keine formalen Sprachen beherrschen oder die Struktur und den Inhalt des Leistungssystems nur teilweise verstehen (vgl. [8]).

Obwohl die moeglichen *Anwendungsklassen* fuer nl Zugangssysteme weit gefaechert sind, realisieren die meisten der bis heute entwickelten Systeme einen Zugang zu den in *Datenbankmanagementsystemen* (DBMS) verwalteten formatierten Massendaten (fuer einen Ueberblick siehe [27] [25]). Durch die exemplarische Entwicklung eines Systems fuer eine spezielle Datenbank (DB) sollten bei diesen Forschungsansaetzen moeglichst viele der auftretenden Probleme erfasst und geloest werden. Eine relative *Diskursbereichsunabhaengigkeit*, d.h. die Moeglichkeit einer Anpassung des Zugangssystems durch einen Experten an unterschiedliche DBs mit einem vertretbaren Arbeitsaufwand wurde jedoch nur teilweise erreicht.

Das Scheitern dieser Systeme unter diesem Gesichtspunkt ist u. a. auf folgende Maengel zurueckzufuehren:

- die Aeusserungen der Benutzer werden nicht in eine *semantische Repraesentation* ueberfuehrt sondern sofort in Anweisungsfolgen der Sprache des zugrundeliegenden Leistungssystems,
- zusaetzliche *Wissensquellen* (WQs) ausser einem Lexikon und der DB sind nicht vorhanden,
- eine *explizite, deklarative Modellierung des Diskursbereichs*, d.h. von konzeptuellem Wissen, wird nicht vorgenommen.

Im Rahmen des Forschungsprojekts HAM-ANS (<u>Ham</u>burger <u>an</u>wendungs-orientiertes <u>n</u>atuerlichsprachliches <u>S</u>ystem) [9] [26] wird zum ersten Mal der Versuch unternommen, ein nl *Rumpfsystem* zu entwickeln, das einen Zugang zu Diskursbereichen aus drei unterschiedlichen Anwendungsklassen gewaehrleistet:

- *Bildfolgenanalysesystem* [3] mit dem Diskursbereich einer Strassen-
  verkehrsszene,
- *Expertensystem*, speziell eine Hotelreservierungssituation,
- *relationales* DBMS [22] mit dem Diskursbereich Fischereidaten.

Um dieses Ziel zu erreichen, wurden die Verarbeitungskomponenten und
viele WQs des Rumpfsystems von HAM-ANS diskursbereichsunabhaengig
entwickelt. Ein Wechsel der Anwendungsklasse oder des Diskursbereichs
geschieht im wesentlichen durch einen Austausch von
diskursbereichsabhaengigen WQs und Verarbeitungskomponenten. (Einen
Eindruck ueber die derzeitigen Dialogfaehigkeiten von HAM-ANS gibt [10].)

Im folgenden beschreiben wir unseren Loesungsansatz fuer drei grund-
saetzliche Probleme bei dem Anschluss eines nl Systems an ein DBMS,
naemlich:

- die Kommunikation zwischen den Systemen.
- der Uebersetzungsvorgang von Ausdruecken der internen Repraesentationssprache in Ausdruecke der DB-Anfragesprache. Dieses Problem
  werden wir anhand der Behandlung von nl Quantoren verdeutlichen.
- die Repraesentation von konzeptuellem Wissen ueber den Diskursbereich.

Wegen der Bedeutung der zentralen Repraesentationssprachen SURF und DEEP
im System HAM-ANS geben wir vorher einen kurzen Ueberblick ueber die
Ausdrucksfaehigkeit dieser Sprachen.

2. Die semantischen Repraesentationssprachen SURF und DEEP

Abbildung 1 gibt einen Ueberblick ueber die wichtigsten Komponenten in
HAM-ANS (eine Darstellung der WQs findet man in [18]). Pfeile zwischen
den Komponenten und den Hauptverarbeitungsphasen (Analyse, Interpretation
und Generierung) bezeichnen den ueblichen Kontrollfluss. Die zentralen
Repraesentationsformalismen sind die logikorientierten semantischen
Repraesentationssprachen SURF und DEEP.

SURF ist im Gegensatz zu DEEP eine mehr linguistisch motivierte
deklarative Repraesentationssprache, die als Zielsprache des Parsers und
als Quellsprache des nl Generators dient. Einige der auffaelligsten
Eigenschaften von SURF sind die Moeglichkeit der Darstellung von
Frageoperatoren und logischen Operatoren fuer Erwartbarkeits- und Wahr-
scheinlichkeitspartikel (z.B. 'natuerlich' bzw. 'vermutlich'), die
Repraesentation von vagen Quantoren (z.B. 'fast alle') und von mit
linguistischen Hecken versehenen Praedikaten wie 'einigermassen bequem'.
Weiterhin enthaelt SURF Konstruktionen fuer verbundene Terme (z.B. 'ein
Trawler und mehrere Versorgungsschiffe'), partitive Nominalphrasen (z.B.
'fuenf bis sechs von den Schiffen') und komplexe koordinierende
Konjunktionen (z.B. 'aber'). SURF benutzt ausserdem lambda-Abstraktion
und Metapraedikate zum Markieren von Tiefenkasus, Verbzeit und Genus
Verbi.

Die Komponenten NORMALISIERUNG und INVERSE NORMALISIERUNG transformieren
Ausdruecke von SURF in DEEP bzw. von DEEP in SURF. Diese zwei
beschreibenden Ebenen werden benutzt, da SURF-Ausdruecke eher nl Aussagen
entsprechen, wohingegen DEEP besser zugeschnitten ist fuer die Auswertung
von Aeusserungen auf der Basis des domaenenspezifischen Wissens des
Systems. Z.B. ist der Quantorskopus in SURF-Ausdruecken noch nicht
expliziert; in DEEP-Ausdruecken sind Teilstrukturen gemaess den Staerken
der in ihnen enthaltenen Quantoren angeordnet.

SURF und DEEP sind als abstrakte Baumsprachen in einer erweiterten
Backus-Naur-Form (EBNF) definiert. Fuer die Analyse und Konstruktion von

Ausdruecken in diesen Sprachen existieren eine Reihe von Funktionen, die
die Handhabung fuer den Programmierer erleichtern.

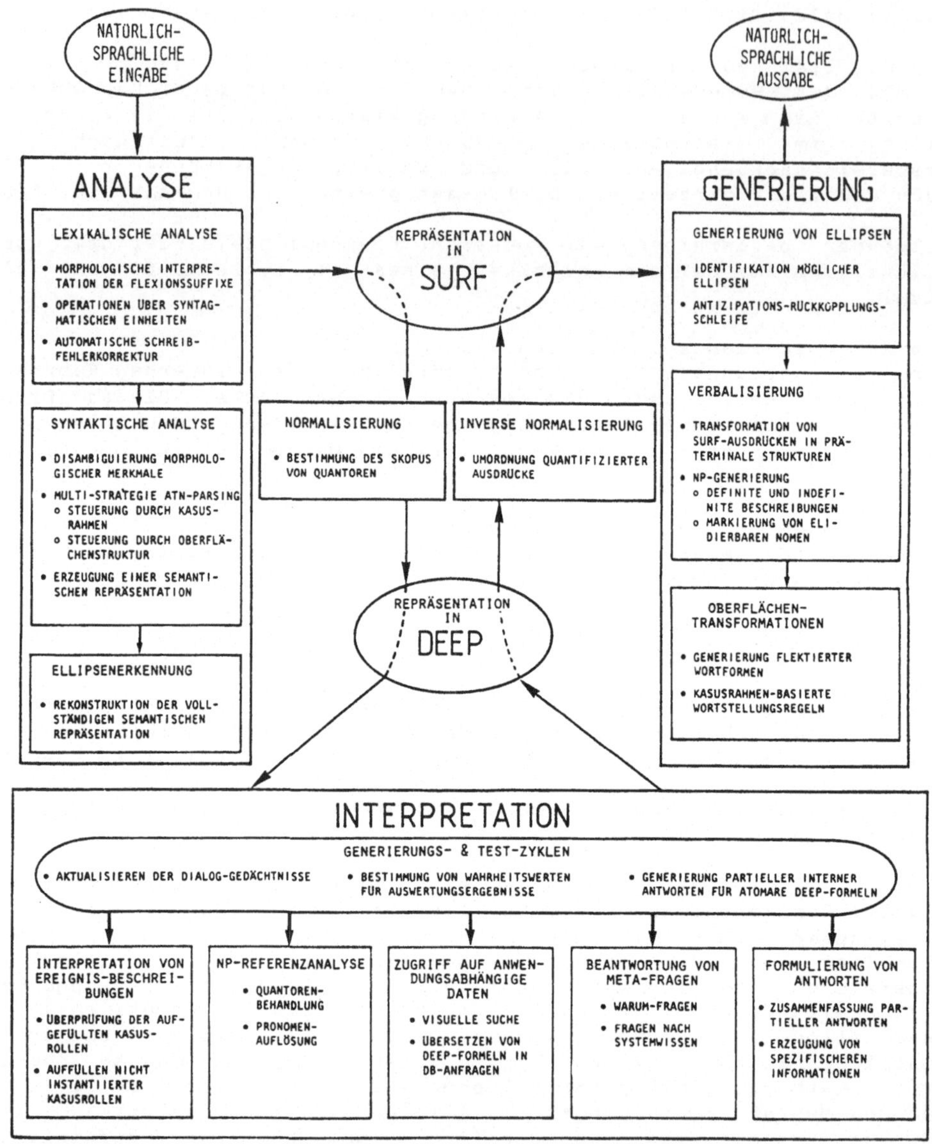

Abbildung 1: Die Hauptverarbeitungsphasen von HAM-ANS

3. Ein Modell fuer die Kopplung der Systeme

Die Kopplung und Kommunikation von HAM-ANS und dem DBMS PASCAL/R stellen
wir anhand des ISO Referenzmodells fuer "Open System Interconnection"
(OSI) [30] dar. Dabei wird deutlich gemacht, welche Faehigkeiten in der
Schnittstelle lokalisiert, und welche Faehigkeiten Eigenschaften der
beiden Systeme sind. Das OSI-Modell benennt sieben Schichten, von denen
uns aber nur die drei obersten interessieren. Die unteren vier Schichten
("physical", "data-link", "network" und "transport") beschaeftigen sich
mit Problemen der Interrechnerkommunikation, die hier keine Rolle
spielen.

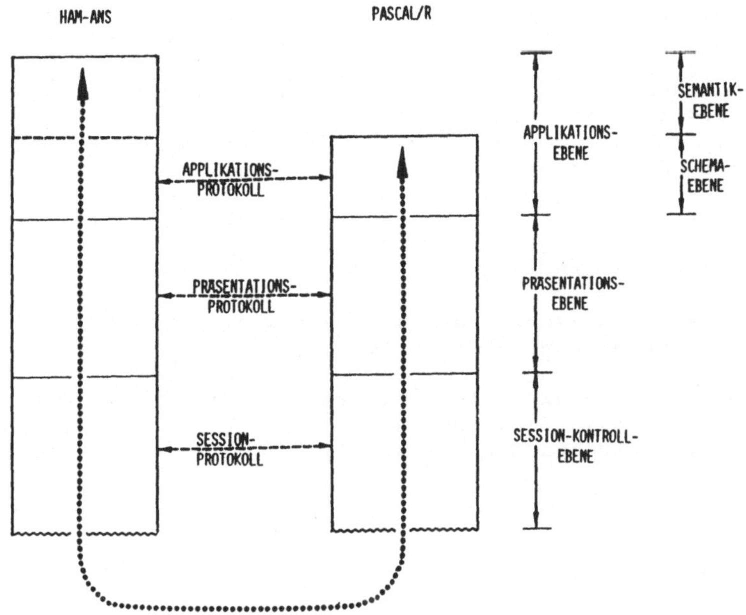

Abbildung 2: Ein Modell fuer die Kopplung von HAM-ANS und PASCAL/R

Die *Session*-Kontrollebene regelt den Aufbau eines Kommunikationskanals,
sowie den Austausch, die Trennung und Synchronisation von Nachrichten.
Sie ist als asymmetrische Interprozesskommunikation realisiert, bei der
der DBMS-Prozess in einem "Sklaven"-Verhaeltnis zu HAM-ANS steht. Die
Terminal-Ein/Ausgabekanaele werden "umgeleitet", so dass sie unter voller
Kontrolle des nl Systems stehen, aehnlich der "pipe facility" in UNIX
[20].

Einerseits ermoeglicht diese Art der Kopplung einen relativ einfachen
Uebergang zu einem Rechnernetz, andererseits kann man durch sie das
Problemloesungsverhalten des DBMS-Prozesses zum Gegenstand des Dialogs
machen und es gegebenenfalls beeinflussen. Beispiel:

    BEN: Muss ich noch lange warten?
    SYS: JA, CIRCA 10 MINUTEN.
    BEN: Dann stoppe die Bearbeitung!

Diese Moeglichkeit der Dialogfuehrung erhaelt die Interaktivitaet des
Systems, auch wenn eine einzelne Anfrage an die Datenbank etwas laenger
dauert. Voraussetzung ist allerdings eine Abschaetzung der Anfragekosten
(vgl. [29]).

Die *Praesentationsebene* ist fuer die Wandlung von internen und externen
Darstellungen zustaendig. Auf der DBMS-Seite wird diese Aufgabe von dem
Anfrageinterpreter uebernommen. Auf der Seite des nl Systems haben wir
ein Modul entwickelt, das aus einer in DEEP repraesentierten
Benutzeraeusserung eine konkrete DBMS-Anfrage erzeugt (s. Abschnitt 4).

Die hoechste Ebene - die *Applikationsebene* - haben wir in zwei Subebenen
unterteilt: die *Schema*- und die *Semantikebene*. In der Schemaebene sind
die Faehigkeiten, den Anfrageaufwand abzuschaetzen und Anfragen ueber das
Datenbankschema zu beantworten, lokalisiert. Beispiele zu den eben
genannten Faehigkeiten sind:

    'Wieviele Eintraege hat die Relation Faenge?'
    'Nenne mir alle Attribute in der Relation Schiff!'

Anfrageoptimierungen, die nicht auf Weltwissen ueber die Daten
zurueckgreifen (vgl. [28]), sind ebenfalls in dieser Ebene anzusiedeln.

Die Semantiksubebene liefert die Faehigkeit, ueberhaupt
natuerlichsprachliche Anfragen ueber die Datenbank zu beantworten (s.
Abschnitt 5). Zusaetzlich wird es moeglich, ueber den Diskursbereich
selbst zu reden. Beispiele:

    'Was ist der Unterschied zwischen einer Moeve und einem Pinguin?'
    'Koennen Voegel fliegen?'
    'Ist Krill etwas Lebendiges?'

Diese Ebene ist zustaendig fuer solche Anfrageoptimierungen, bei denen
Wissen ueber die Daten benutzt wird (vgl. [12]).

Auf der DBMS-Seite fehlt die Semantiksubebene. Semantisch orientierte
Datenmodelle (z.B. TAXIS [17]) befinden sich noch im Entwurfsstadium, so
dass wir bei der Ausfuehrung unseres Ansatzes nicht darauf zurueckgreifen
konnten.

4. Die Praesentationsebene

Ein von den nl Analysekomponenten erzeugter DEEP-Ausdruck wird in der
Interpretationskomponente nach folgendem Schema verarbeitet. Der DEEP-
Ausdruck wird durch die Analysefunktionen in seine Hauptbestandteile
zerlegt. Diese Teile werden analysiert und gemaess ihrem Inhalt (z.B.
unterschiedliche Quantoren) durch Konstruktorfunktionsaufrufe in kurze
PASCAL/R Programme ueberfuehrt [19]. Bei diesem Ueberfuehrungsprozess
greift das nl System auf die Syntaxdefinition der DB-Anfragesprache zu,
die als eine weitere WQ zur Verfuegung steht. Das Ergebnis der
Anfrageauswertung des DBMS wird von HAM-ANS analysiert und ein
entsprechender DEEP-Ausdruck aufgebaut, der dann von der
Generierungskomponente in eine nl Antwort ueberfuehrt wird.

4.1 Die syntaktische Uebersetzung

Da die Voraussetzung fuer die Behandlung von abstrakten Baumsprachen im
System HAM-ANS schon gegeben war, lag es nah auch die Sprache des
Leistungssystems, in diesem Fall die PASCAL/R Sprachdefinition wie sie im
PASCAL/R Report [22] festgelegt ist, ebenfalls in einer EBNF Notation
darzustellen. Dieser Weg wurde ausserdem aus zwei weiteren Gruenden
gewaehlt:

  - PASCAL/R Ausdruecke koennen, nachdem sie vollstaendig aufgebaut sind,
    auch analysiert werden, um eventuelle Optimierungen der Anfrage
    vorzunehmen. Optimierungen koennen so durch die gesamten, dem nl
    System zur Verfuegung stehenden WQs unterstuetzt werden.
  - da der Teil des Sprachumfangs des Leistungssystems, der fuer nl
    Anfragen benoetigt wird, zu Anfang eines Projekts noch nicht absehbar
    ist, ist eine flexible und leicht erweiterbare Darstellung
    wuenschenswert.

In PASCAL/R sind Praezedenzregeln implizit in der Grammatik definiert.
So hat z.B. in dem Ausdruck A * B + C der Multiplikationsoperator hoehere
Praezedenz. Der Ausschnitt der PASCAL/R Syntaxdefinition, der diese
Praezedenz gewaehrleistet, ist in Abb. 3 dargestellt.

```
<pr-expression>
    ::= <pr-simple-expression> ;SIMPEX                      ;SIMPLE
    ::= [<pr-simple-expression> ;SIMPEX1
         <pr-relational-operator> ;RELOP
         <pr-simple-expression> ;SIMPEX2]                    ;OPERATOR
<pr-simple-expression>
    ::= <pr-term> ;PR-TERM                                   ;TERM
    ::= [<pr-simple-expression> ;SIMPEX
         <pr-adding-operator> ;ADDOP
         <pr-term> ;PR-TERM]                                 ;OPERATOR
    ::= [<pr-sign> ;SIGN <pr-term> ;PR-TERM]                 ;SIGNED
<pr-term>
    ::= <pr-factor> ;FACTOR                                  ;FACTOR
    ::= [<pr-term> ;PR-TERM
         <pr-multiplying-operator> ;MULOP
         <pr-factor> ;FACTOR]                                ;OPERATOR
<pr-factor>
    ::= <pr-constant> ;CONST                                 ;CONSTANT
    ::= ["(" <pr-expression> ;EXP ")"]                       ;EXPRESSION
<pr-adding-operator>
    ::= + | - | OR
<pr-multiplying-operator>
    ::= DIV | MOD | AND | * | //
```

Abbildung 3: Ausschnitt aus der Syntaxdefinition
der PASCAL/R Anfragesprache

Der Ausdruck A * B + C kann nur durch folgende Baumstruktur generiert werden.

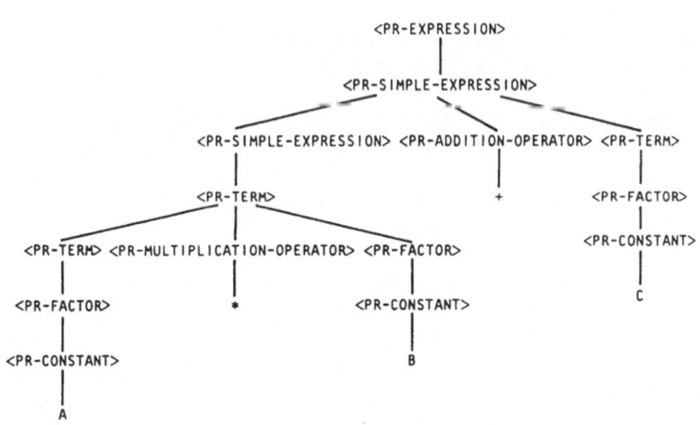

Abbildung 4: Syntaxbaum fuer den Ausdruck A*B+C

Ein Baum, in dem der Additionsoperator Praezedenz hat, wuerde notwendigerweise Klammern um die Operation B + C enthalten (siehe Abb. 5)

Als Seiteneffekt dieser impliziten Praezedenzregeln ergeben sich Ersetzungsregeln, deren rechte Seiten nur aus einem Element bestehen. Um bei einer Folge von Ersetzungsregeln dieser Art die haeufigen rekursiven Konstruktoraufrufe zu vermeiden, wurde das Konstruktorpaket um eine Funktion erweitert, die einen durch zwei nichtterminale Symbole spezifizierten 'Telegraphenmast' erzeugt und die Expansion des letzten nichtterminalen Symbols gemaess der uebergebenen Parameter ausfuehrt (vgl. [19]).

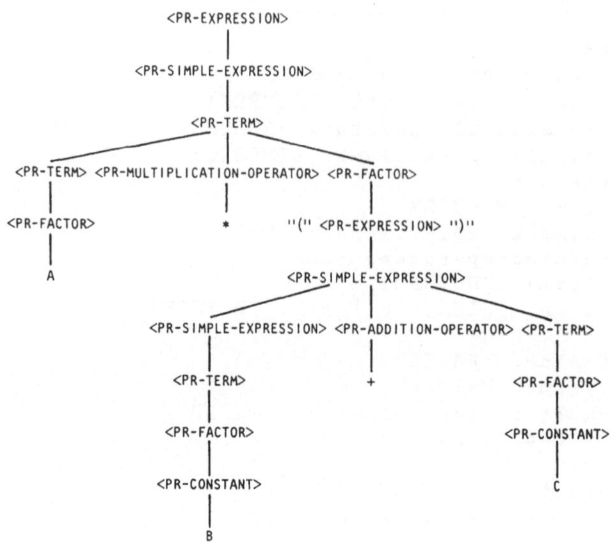

Abbildung 5: Syntaxbaum fuer den Ausdruck A*(B+C)

4.2 Beispiel: Die Behandlung von nl Quantoren.

Nl Anragen wie (A1) und (A2), die nur einen ALL- bzw. Existenzquantor enthalten, koennen relativ effizient in die PASCAL/R Ausdruecke (DB1) und (DB2) uebersetzt werden, deren Auswertung TRUE oder FALSE liefert. Nl Anfragen enthalten aber oft Quantoren (z.B. 'drei', 'fuenf bis sechs', 'genau eine', 'beide'), fuer deren Evaluation kurze Programme in der Anfragesprache erzeugt werden muessen.

    (A1)   Sind alle Fahrten wissenschaftlich?
    (A2)   Gibt es wissenschaftliche Fahrten?

    (DB1) ALL X7 IN FAHRT: X7.ZWECK = WISSENSCHAFTLICH;
    (DB2) SOME X7 IN FAHRT: X7.ZWECK = WISSENSCHAFTLICH;

'Die Behandlung von quantifizierten nl Ausdruecken wird in HAM-ANS daher von folgenden Prinzipien gesteuert.

    P1   Saemtliche Quantoren werden in einer *uniformen* Weise behandelt.
    P2   das System antwortet *kooperativ* in der Weise, dass es auf Entscheidungsfragen nicht nur mit den direkten Antworten 'ja' und 'nein' reagiert, sondern einen praezisen Quantor verwendet.
    P3   der *Dialogkohaerenz* entspricht eine *Auswertungskohaerenz*, so dass der Aufwand fuer die Bearbeitung von Nachfolgefragen moeglichst gering ist.

Der kommentierte Beipieldialog in Abb. 6 gibt die Verwirklichung dieser Prinzipien wieder.

Prinzip P1 wird in der Verarbeitung von Frage 1 dadurch realisiert, dass der Aufbau der DB-Anfrage genau so erfolgt wie in Frage 2. Eine direkte Uebersetzung wuerde fuer Frage 1 die Anfrage (DB3) und fuer Frage 2 die Anfrage (DB4) erzeugen.

    (DB3) SOME X5 IN PROBE : X5.MESSART = AUSGELITERT;
    (DB4) ((SIZE ([EACH P1 IN PROBE : P1.MESSART = GEZAEHLT]) >= 2)
           AND
           (SIZE ([EACH P2 IN PROBE : P2.MESSART = GEZAEHLT]) <= 6));

```
1. Wurde eine Probe ausgelitert?

;;   DEEP-Struktur:
        (f-d: (t-q: (for: (q-qt: E-) x50) (af-a: ISA x50 PROBE))
         (af-a: REF x50 AUSGELITERT))
**   Auswertung von Datenbankanfragen
;;   Die Datenbankanfrage:
        VAR x51 : TYPE OF PROBE ; BEGIN x51 := [ EACH x50 IN PROBE : [ x50.
        MESSART = AUSGELITERT) ] ; SIZE [ x51 ] END ;
;;   Das Ergebnis der Anfrage: 0
;;   Ergebnis der Auswertung:
        (f-d: (t-q: (for: (q-qt: (r: 0 0)) x50) (af-a: ISA x50 PROBE))
         (af-a: REF x50 AUSGELITERT))
;;   Der Z-wert der Antwort ist: 0

NEIN, KEINE.


2. Sind zwei bis sechs Proben gezaehlt?

 ;   DEEP-Struktur:
        (f-d: (t-q: (for: (q-qt: (r: 2 6)) x31) (af-a: ISA x31 PROBE))
         (af-a: REF x31. GEZAEHLT))
**   Auswertung von Datenbankanfragen
;;   Die Datenbankanfrage:
        VAR x32 : TYPE OF PROBE ; BEGIN x32 := [ EACH x31 IN PROBE : [ x31.
        MESSART = GEZAEHLT ] ] ; SIZE [ x32 ] END ;
;;   Das Ergebnis der Anfrage: 7
;;   Ergebnis der Auswertung:
        (f-d: (t-q: (for: (q-qt: (r: 7 7)) x31) (af-a: ISA x31 PROBE))
         (af-a: REF x31 GEZAEHLT))
;;   Der Z-wert der Antwort ist: 0

NEIN, SIEBEN.

3. Welche Proben denn?

;;   DEEP-Struktur:
        (f-d: (t-q: (for: (q-w: WELCH) x36) (af-a: ISA x36 PROBE))
         (af-a: REF x36 GEZAEHLT))
**   Auswertung von Datenbankanfragen
;;   Die Frage wurde bis auf moegliche Quantorunterschiede schon
     einmal gestellt
;;   Die Datenbankanfrage:
        BEGIN SIZE [ x32 ] END ;
;;   Das Ergebnis der Anfrage: 7
GROESSE DER ERGEBNISRELATION: 7
SOLL SIE AUF DEM TERMINAL AUSGEGEBEN WERDEN? >j

                AR81  LFE7 GEZAEHLT              210
                AR81EST6-5 GEZAEHLT               18
                AR81EST6-6 GEZAEHLT               22
                AR81ST10-4 GEZAEHLT               82
                AR81ST12-1 GEZAEHLT               27
                AR81ST13-3 GEZAEHLT              248
                AR81ST25-1 GEZAEHLT              932
```

Abbildung 6: Ausschnitt eines kommentierten Beispieldialogs

Prinzip P2 ist in der Verarbeitung des komplexen Quantors 'zwei bis sechs' in Frage 2 verdeutlicht. In der DB-Anfrage wird eine relationale Variable vom Typ der Relation erzeugt, von der eine Menge von Tupeln ausgewaehlt werden soll. Die Tupel, die dem in der nl Anfrage spezifizierten Praedikat entsprechen, werden auf dieser Variablen gespeichert und die Groesse dieser Hilfsvariablen festgestellt. Da die Menge der ausgewaehlten Tupel nicht dem Quantor der Anfrage genuegt, wird zusaetzlich zur Verneinung die genaue Anzahl der Tupel angegeben.

Waehrend der Auswertung wird ausserdem ein Dialoggedaechtnis gefuehrt, das nl Ausdruecke (repraesentiert in DEEP) mit Variablen assoziiert, die im DBMS deklariert und besetzt werden. Durch dieses Gedaechtnis wird Prinzip P3 realisiert. Die Analysekomponenten von HAM-ANS erkennen die elliptische Aeusserung des Benutzers (Frage 3) und rekonstruieren das Praedikat 'sind gezaehlt' des vorhergehenden Satzes. Die Auswertungskomponente stellt durch Zugriff auf das Dialoggedaechtnis fest, dass die Frage schon einmal, nur nicht mit dem Fragewort 'welch', gestellt wurde. Deshalb reicht ein Zugriff auf die relationale Variable 'x32', in der saemtliche Tupel gespeichert sind, die das Praedikat erfuellen, zur Antwortfindung aus. Die Groesse der Relation wird dem Benutzer mitgeteilt, worauf dieser entscheiden kann, auf welchem Medium die Relation ausgegeben werden soll.

Die vorgestellten Techniken sind derzeitig realisiert fuer fast alle nl Quantoren und fuer nl Ausdruecke, in denen Nomen, die eine Relation in der DB bezeichnen, enthalten sind. Die adjektivischen Praedikate muessen Werte eines Attributs der entsprechenden Relation sein.

5. Die Applikationsebene

Neben der Behandlung der natuerlichsprachlichen Quantoren ist die Zuordnung von natuerlichsprachlichen Kennzeichnungen zu Datenbankentitaeten eine der wichtigsten Aufgaben bei der Verarbeitung von natuerlichsprachlichen Anfragen an Datenbanken. Die dafuer benoetigten Wissensquellen sollten aber nicht nur diese Zuordnung leisten, sondern - um u. a. metakommunikative Dialoge ueber die Datenbankinhalte und den Diskursbereich.zu ermoeglichen - auch Wissen darueber enthalten, wie der Weltausschnitt begrifflich strukturiert ist und welche Sachverhalte in der Datenbank nicht modelliert sind. Die Semantiksubebene auf der Seite des nl Systems (vgl. Abb. 2) gliedert sich deshalb auf in die Beschreibung des Diskursbereichs und die Darstellung der Zuordnung zwischen Diskursbereich und DB-Schema.

Falls der nl Zugang zu einer vorhandenen Datenbank geschaffen werden soll, ist im allgemeinen ein erneuter Prozess des konzeptuellen Designs notwendig, und zwar mit der Perspektive der begrifflichen Strukturierung und der nl Deskription, da diese Forderungen normalerweise beim initialen Datenbankentwurf nicht beachtet werden. Waehrend z.B. das konzeptuelle Modellieren nach dem 'Entity-Relationship' Modell [2] im wesentlichen auf funktionale Dependenzen eingeht, aber sowohl eine Generalisierungshierachie als auch die Beschreibungen der Rollen, die die Attribute bzw. assoziierten Entitaeten einnehmen, ausspart, geht die Designtechnik von Smith & Smith [23] zwar auf die Generalisierung von Konzepten ein, ignoriert aber die fuer nl Systeme wichtige Beschreibung der Rollen (vgl. [24]).

Adaequate und innerhalb der Kuenstlichen Intelligenz gaengige Werkzeuge zur Repraesentation sowohl der begrifflichen Struktur des Weltausschnitts als auch der Darstellung der Zuordnung zwischen Begriffen des Diskursbereichs und Datenbankentitaeten sind u.a. Frames (z.B. FRL [21]), semantische Netze [1] [5] oder auch logikorientierte Repraesentationssprachen [13]. Da in HAM-ANS die Repraesentation des begrifflichen - und

bei Anwendungen ohne externe Datenquellen auch des referentiellen -
Wissens bisher in semantischen Netzen erfolgte, liegt es nahe auch fuer
die Beschreibung des Diskursbereichs bei Datenbankanwendungen diesen
Repraesentationsformalismus zu benutzen.

5.1 Repraesentation des Diskursbereichs

Im begrifflichen Bereich werden Unterbegriffs-/Spezialisierungs-
beziehungen, Eigenschafts-/Attributsbeziehungen und Teilbeziehungen
modelliert. Die nl Deskriptionsmoeglichkeiten ergeben sich durch die in
dem Netz dargestellten Attributsbeziehungen, die je nach Art der
Beziehung natuerlichsprachlich als Adjektiv, als Genitivattribut oder als
Subjekt-Praedikatsstruktur realisiert werden. Als zusaetzliches Repraes-
sentationsmittel werden Kasusrahmen in Anlehnung an die Tiefenkasus-
theorie von Fillmore [4] benutzt, die fuer jedes in dem Weltausschnitt
verwendbare Verb die assoziierten Rollen semantisch spezifizieren.

Zur Demonstration der skizzierten Technik wollen wir fuer einen kleinen
Ausschnitt der Fischerei-DB (s. Abb. 7) den zugehoerigen Netzausschnitt
und einen Kasusrahmen angeben.

```
TYPE
  name30               = PACKED ARRAY [1..30] OF Char;
  string100            = PACKED ARRAY [1..100] OF Char;
  shipname             = name30;
  crname_type          = name30;
  portname             = name30;
  name_type            = name30;
  address_type         = string100;
  vessel_type          = (beam_trawler, ocean_research_vessel, unknown);
  beam_range           = 1..999; (* decimeters *)
  length_range         = 1..9999;(* decimeters *)

  vessel_rec_type =
    RECORD
      vessel_name          : shipname;
      vessel_port_of_reg   : portname;
      vessel_class         : vessel_type;
      owner_name           : name_type;
      owner_address        : address_type;
      length_overall       : length_range;
      beam                 : beam_range
    END;

  cruise_rec_type =
    RECORD
      vessel_name          : shipname;
      cruise_name          : crname_type; (* for internal use *)
      begin_port           : portname;
      end_port             : portname;
      purpose              : purpose_type
    END;

  vessel_rel_type = RELATION <vessel_name> OF vessel_rec_type;
  cruise_rel_type = RELATION <vessel_name, cruise_name> OF cruise_rec_type;

  minidb_type =
    DATABASE
      vessels  : vessel_rel_type;
      cruises  : cruise_rel_type
    END;
```

Abbildung 7: Ausschnitt aus der Fischerei-DB in PASCAL/R Notation

Das semantische Netz benutzt die in HAM-ANS verwendete Netzsprache. Die durch * gekennzeichneten Knoten stehen fuer Konzepte, die nicht verbalisiert werden koennen oder sollen. Die Kanten haben dabei folgende Bedeutung:

    T: Teilbeziehung
    E: Eigenschaftsbeziehung
    V: eine moegliche Auspraegung einer Eigenschaft
    D: typische Auspraegung einer Eigenschaft eines Konzepts
    U: Spezialisierungsbeziehung

Zusaetzlich gibt es zwei 'Superkanten', die Aussagen ueber das Verhaeltnis von Kanten untereinander machen:

    SU: Unterbegriffe, die den Oberbegriff nicht-ueberlappend und erschoepfend beschreiben.
    SE: Zusammenfassung von Eigenschaften, die notwendig zusammengehoeren (wie z.B. Masswert und Masseinheit).

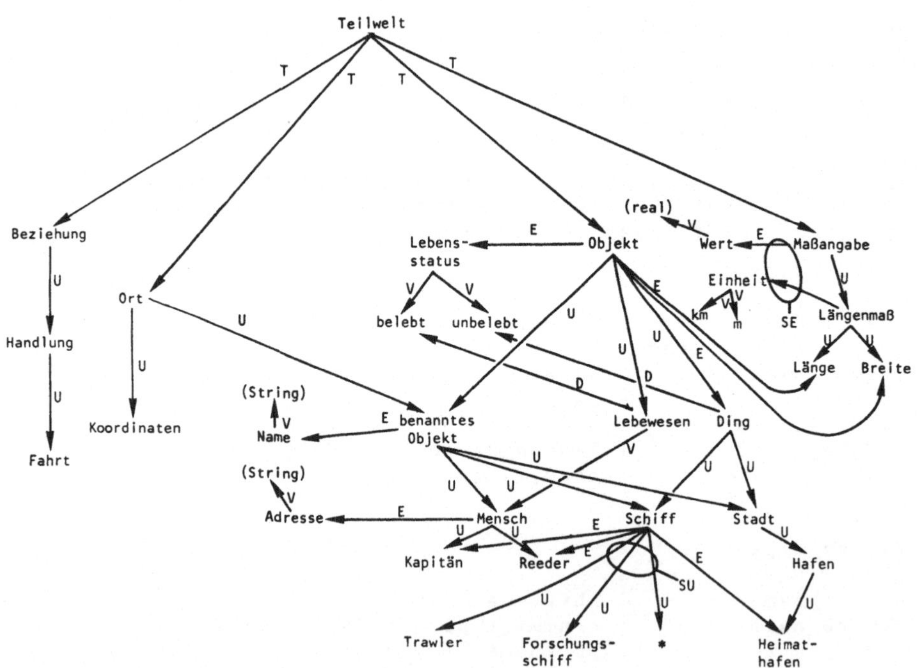

Abbildung 8: Zu dem Schemaausschnitt in Abb. 7
gehoerendes semantisches Netz

Ein Kasusrahmen besteht aus der Nennung des Verbstammes, der Angabe, welche Rollen beteiligt sein koennen, Selektionsbeschraenkungen fuer jede Rolle, bestimmt durch Begriffe der Begriffshierachie, und der Angabe, ob eine Rolle obligatorisch oder fakultativ ist. In unserem Fall wird lediglich ein Kasusrahmen fuer <u>fahren</u> benoetigt, da das die einzige modellierte Taetigkeit im Diskursbereich ist (weitere Moeglichkeiten, die auch aus der Datenbank ableitbar waeren, sind <u>ankommen</u> und <u>abfahren</u>).

```
(CASE-FRAME: fahr-
   (role: AGENT    ISA Objekt [obligat])
   (role: SOURCE   ISA Hafen  [fakultativ])
   (role: GOAL     ISA Hafen  [fakultativ])
   (role: TIME ...
      ...
      ...)
```

Abbildung 9: Kasusrahmenfragment fuer _fahren_

Die Kasusrahmen und der Netzausschnitt ermoeglichen u.a. die Analyse und Generierung der folgenden Konstruktionen:

- ... Name des Schiffes...
- ... Schiffsname ...
- Welches Schiff ...
- Wie oft fuhr die Marion-Dufresne von Rimini aus los?
- Wieviele Fahrten machte die Marion-Dufresne von Rimini aus?

Eine Kante im semantischen Netz bzw. ein Kasusrahmen repraesentieren also nicht nur eine nl Wendung sondern ein ganzes Buendel, wobei die Paraphrasenbeziehung der einzelnen Deskriptionen untereinander entweder vom ATN-Parser (insbesondere im Zusammenhang mit der korrekten Bestimmung der Tiefenkasusrollen einschliesslich der Behandlung von Nominalisierungen), von der Wortbildungskomponente (vgl. [11]), oder auch der Auswertungskomponente durch Anwendung von Inferenzen hergestellt wird.

5.2 Verbindung des Diskursbereichs mit dem Datenbankschema

Das Netz in Abb. 8 und die Kasusrahmen aus Abb. 9 geben zwar Auskunft ueber den Umfang des Diskursbereichs, spezifizieren aber nicht, wie Aussagen anhand der in der Datenbank gespeicherten Fakten geprueft oder Anfragen beantwortet werden koennen.

Eine Moeglichkeit, diesen Zusammenhang darzustellen, besteht darin, mithilfe von Ausdruecken im Praedikatenkalkuel 1. Ordnung Aussagen darueber zu machen, ob und in welcher Weise Information ueber bestimmte Sachverhalte in der Datenbank gespeichert sind [14]. Diese Loesung fuehrt zwar zu einer sehr maechtigen, aber auch sehr aufwendigen Repraesentationssprache.

Da wir fuer die Repraesentation des Diskursbereichs ein semantisches Netz benutzen, soll auch die Zuordnung zwischen Begriffen des Diskursbereichs und Datenbankentitaeten in diesem Formalismus, d.h. durch (spezielle) Kanten, beschrieben werden.

Sind Objekte oder Beziehungen in der Datenbank durch Relationen modelliert, so wird dies durch eine ISA-REL Kante zwischen dem entsprechenden Knoten im semantischen Netz und dem Relationsbezeichner im Datenbankschema dargestellt (z.B. _Schiff_ und _Fahrt_). Dass in der Datenbank Attributfelder Eigenschaften modellieren und ein einzelner Wert eines Aufzaehlungstyps einer Eigenschaftsauspraegung entspricht, wird durch die ISA-ATTR bzw. ISA-VAL Kante repraesentiert. Durch diese Zuordnungskanten kann auch eine Uebersetzung eines englischen Datenbankschemas ins Deutsche geleistet werden, so dass deutschsprachige Anfragen moeglich sind.

Die Ueberpruefbarkeit einer Eigenschaft eines Konzepts anhand der Datenbank ergibt sich aus der Anwesenheit einer E-Kante zwischen dem Konzeptknoten und seinem Eigenschaftsknoten. Um die Auswertung zu vereinfachen, wird jede ueberpruefbare Eigenschaft, die schon bei einem

Oberbegriff genannt wurde, z.B. <u>Name</u> bei <u>benanntes Objekt</u>, auch noch einmal bei dem zu ueberpruefenden Konzept genannt, z.B. der <u>Schiffsname</u> bei Schiff, wobei diese beiden Eigenschaftsknoten dann durch eine U-Kante verbunden sind (vgl. Abb. 10). Bei der Anfrageuebersetzung wird davon ausgegangen, dass die E-Kante im semantischen Netz der Relation-Attribut-Beziehung im Datenbankschema entspricht. Ist das nicht der Fall, muss die E-Kante mit einer JOIN-Bedingung annotiert werden, soweit mehrere JOIN-Moeglichkeiten bestehen.

Damit koennen alle Objekte und atomaren Eigenschaften angesprochen werden, die der Datenbankdesigner modelliert hat. Unmoeglich ist es, Objekte, die nur durch Eigennamenreferenz bekannt sind, anzusprechen, wie in unserem Fall z.B. <u>Hafen</u>. Auch zusammengesetzte Attribute wie z.B. Massangaben (bestehend aus Wert und Einheit) oder komplexe, eingebettete Objekte wie Reeder, bestehend aus Name und Adresse, koennen nicht durch den oben beschriebenen Formalismus modelliert werden. Loesen lassen sich die drei geschilderten Probleme, indem die Projektion ueber die Attribute, die eine eingebettete komplexe Eigenschaft oder ein eingebettetes Objekt konstituieren, also z.B. <u>owner name</u> und <u>owner address</u>, als eigenstaendige Relation angesehen wird.

Die Realisierung dieser Betrachtungsweise kann auf der Seite des DBMS durch Sichten erreicht werden, soweit dies vom DBMS unterstuetzt wird. Ausserdem ist es natuerlich moeglich, eine Sicht innerhalb des Anfragesystems zu realisieren, indem man das Anfragemuster zur Erstellung einer solchen Sicht angibt. Uns schien es angemessener, eine spezielle Kante ISA-PRJ, die auch die zu projizierenden Attribute benennt, zu benutzen. Diese Art der Darstellung hat den Vorteil, dass ein Optimierungsalgorithmus, der die vom nl System erzeute Anfrage vereinfachen soll, JOIN-Operationen zwischen der Ausgangsrelation und der durch Projektion abgeleiteten Relation nicht wieder auf einfache Attributzugriffe zurueckfuehren muss. Ausserdem ist bei dieser Art der Beschreibung eingebetteter Objekte die Annotation der E-Kante durch eine JOIN-Bedingung nicht erforderlich (vgl. Abb. 10).

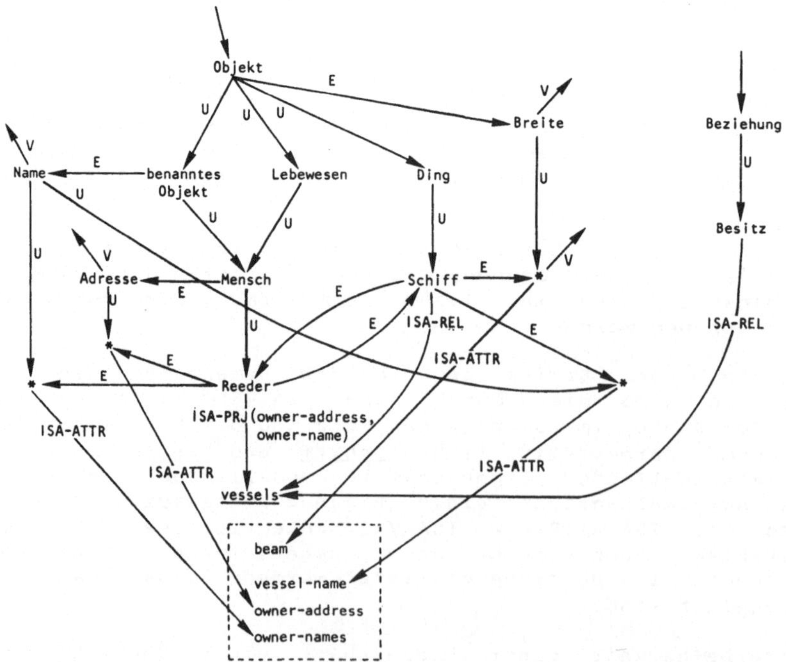

Abbildung 10: Modellierung von Schiff und Reeder

Mithilfe der neuen Kante ist es uns jetzt auch moeglich, in einfacher Weise Besitzverhaeltnisse auszudruecken, ein Aspekt, der beim Datenbankdesign nicht speziell modelliert wurde (s. Abb. 10 und 11). Der Kasusrahmen fuer <u>besitzen</u> verweist auf einen Knoten, der in der Spezialisierungshierachie unter dem Beziehungsknoten steht, und die Rollenbeschreibungen verweisen auf Begriffsknoten innerhalb des Netzes. Die Ueberpruefbarkeit der Beziehung anhand der Datenbank ergibt sich auf gleiche Weise wie im semantischen Netz.

```
(CASE-FRAME: besitz- ISA Besitz
   (role: AGENT      ISA Reeder (obligat))
   (role: OBJECTIVE ISA Schiff (obligat)))
```

Abbildung 11: Kasusrahmen fuer <u>besitzen</u>

Aehnlich lassen sich auch die Probleme loesen, bei denen sich Objekte ueber mehr als eine Relation erstrecken oder nur bestimmte Selektionen einer Relation durch einen Begriff des semantischen Netzes beschrieben wird. Im ersten Fall muss bei der E-Kante das JOIN-Muster angegeben werden. Im zweiten Fall wird ein neuer Kantentyp, die ISA-SEL Kante, erforderlich, die mit der Selektionsbedingung annotiert werden muss. Ein haeufig auftretender Sonderfall, dass naemlich ein Attribut einen durch eine Relation modellierten Begriff subkategorisiert, in unserem Fall <u>vessel class</u> in <u>vessel</u>, wird durch einen Verweis der ISA-ATTR Kante von der SU-Kante auf das Attribut und Verweise durch ISA-VAL Kanten von den Unterbegriffen auf die Werte des Aufzaehlungstyps repraesentiert.

Der geschilderte Ansatz geht erheblich ueber den im System TEAM [6] verfolgten hinaus, da in TEAM zum einen davon ausgegangen wird, dass die Datenbank in der 3. Normalform vorliegt (ein in der Praxis wohl nicht sehr haeufiger Fall), zum anderen koennen nur die in der Datenbank modellierten Entitaeten Gegenstand der Repraesentation sein. Eine Repraesentation kann allerdings nur einen bestimmten Detaillierungsgrad erreichen, z.B. lassen wir <u>Adressen</u> oder auch die Funktion eines <u>Kapitaens</u> unerklaert. Sollte der Benutzer Fragen ueber einen nicht im Weltausschnitt modellierten Aspekt stellen, kann das System einen metakommunikativen Klaerungsdialog fuehren, um ihn ueber den modellierten Weltausschnitt zu informieren.

6. Ausblick

Eine Version des HAM-ANS Systems laeuft auf einem DECsystem 1070 Rechner (KI-10 Prozessor) unter dem Betriebssystem TOPS10. Das System umfasst ca. 900 UCI-LISP/FUZZY-Funktionen [16] [15], die einen Hauptspeicherplatz von ca. 200 KWorten a 36 Bit belegen.

Die Datenbankanwendung ist zur Zeit der Entwicklungsschwerpunkt innerhalb unseres Projekts. Im Moment steht die Implementation des in Abschnitt 5 dargestellten Repraesentationsformalismus und der zugehoerigen Prozesse im Vordergrund. Fuer die Einsetzbarkeit eines nl Systems in der Praxis wird es von erheblicher Bedeutung sein, wie einfach das System an neue Anwendungsumgebungen angepasst werden kann. Die Entwicklung von Werkzeugen zur Wissensakquisition sowohl des Diskursbereichswissens als auch des Wissen ueber die Datenbank, aehnlich den Systemen NANO-KLAUS [7] bzw. TEAM [6], ist daher unumgaenglich.

Die in Abschnitt 3 beschriebene Systemkopplung sowie die in Abschnitt 4 beschriebene Uebersetzung sind voll funktionsfaehig. Auf dem Gebiet der Antwortgenerierung, gerade in Hinsicht auf die Erzeugung deskriptiver, informativer und moeglichst knapper Antworten, sowie der Behandlung von Praesuppositionsverletzungen, ist noch viel Arbeit zu leisten.

Danksagung

Unser besonderer Dank gilt M. O'Leary, der die Komponente PEVAL, die die Ueberfuehrung von DEEP-Ausdruecken nach PASCAL/R leistet, implementiert hat.

Der vorliegende Aufsatz entstand im Rahmen des Projekts HAM-ANS, das mit Mitteln des Bundesministeriums fuer Forschung und Technologie unter der Foerderungsnummer 08IT1503 8 gefoerdert wird.

Literatur

[1] Brachmann, R.J. (1977): What's in a concept: Structural foundations for semantic networks. In: Int. Journal of Man-Machine Studies, Vol. 9, No. 2, pp 127-151

[2] Chen, P.P. (1976): The Entity-Relationship model - towards a unified view of data. In: ACM TODS, Vol 1, No. 1, pp. 9-36

[3] Dreschler, L., Nagel, H.-H. (1981): Volumetric model and 3D-trajectory of a moving car derived from monocular TV-frame sequences of a street scene. In: Proc. 7th IJCAI, Vancouver, pp. 692-697

[4] Fillmore, C.J. (1968): The Case for Case. In: Bach, E., Harms, R. T. (eds.): Universals in linguistic theory. Holt, Rinehart & Winston

[5] Findler, N.V. (ed.) (1979): Associative networks. New York: Academic Press

[6] Grosz, B.J. (1983): TEAM, a transportable natural language interface system. In: Proc. of the Conf. on Applied Natural Language Processing, Santa Monica, pp. 39-45

[7] Haas, N., Hendrix, G.G. (1983):Learning by being told: Acquiring knowledge for information management. In: Michalski, R.S., Carbonell, J.G., Mitchell, T.M. (eds.): Machine Learning - An Artificial Intelligence Approach. Palo Alto: Tioga, pp. 405-428

[8] Hendrix, G.G. (1982): Natural-language interface. In: AJCL, Vol. 8, No. 2, pp. 56-61

[9] Hoeppner, W., Christaller, Th., Marburger, H., Morik, K., Nebel, B., O'Leary, M., Wahlster, W. (1983): Beyond domain-independence: Experience with the development of a German language access system to highly diverse background systems. In: Proc. 8th IJCAI, Karlsruhe

[10] Hoeppner, W., Marburger, H. (1983): Dialogsequenzen mit dem System HAM-ANS: Kommentierte Performanzbeispiele. Univ. Hamburg, Forschungsstelle fuer Informationswissenschaft und KI, Memo ANS-16

[11] Hoeppner, W. (1982): A multilayered approach to the handling of word formation. In: Horecky, J. (ed.): COLING 82 - 9th Int. Conf. on Comp. Linguistics, Prague. Amsterdam: North-Holland, pp. 133-138

[12] King, J.J. (1979): Exploring the use of domain knowledge for query processing efficiency. Stanford Univ., Comp. Sc. Dep., Report No. STAN-CS-79-781

[13] Kolvenbach, M., Loetscher, A., Lutz, H.D. (1979): Kuenstliche Intelligenz und natuerliche Sprache. Sprachverstehen und Problemloesen mit dem Computer. Forschungsberichte des Instituts fuer deutsche Sprache 42, Tuebingen

[14] Konolige, K. (1981): The database as model: A metatheoretic approach. Menlo Park: SRI international, Techn. Note 255

[15] LeFaivre, R.A. (1978): FUZZY reference manual. Rutgers Univ., Comp. Sc. Dep.

[16] Meehan, J.R. (1979): The new UCI-LISP Manual. Hillsdale: Erlbaum

[17] Mylopoulos, J., Bernstein, P.A., Wong, H.K.T. (1980): A language facility for designing database-intensive applications. In: ACM TODS, Vol. 5, No. 2, pp. 185-207

[18] Nebel, B., Marburger, H. (1982): Das natuerlichsprachliche System HAM-ANS: Intelligenter Zugriff auf heterogene Wissens- und Datenbasen. In: Nehmer, J. (ed.): GI-12. Jahrestagung, Heidelberg: Springer, pp. 392-402

[19] O'Leary, M. (1983): PEVAL: Towards an interface between the HAM-ANS
     core system and PASCAL/R databases. Univ. Hamburg,   Forschungsstelle
     fuer Informationswissenschaft und KI, Memo ANS-15
[20] Ritchie, D.M., Thompson, K. (1978): The UNIX time-sharing system.
     In: The Bell System Techn. Journ., Vol. 57, No. 6, pp. 1905-1928
[21] Roberts, R.B., Goldstein, I.P. (1977): The FRL Manual. Cambridge:
     MIT AIM 409,
[22] Schmidt,   J.W., Mall, M. (1980): PASCAL/R   Report.   Univ. Hamburg,
     Fachbereich fuer Informatik, Bericht IFI-HH-B-66/80
[23] Smith, J.M., Smith, D.C.P. (1977):   Database   abstractions: Aggre-
     gation and generalization. In: ACM TODS, Vol. 2, No. 2, pp. 105-133
[24] Sowa, J.F. (1980): A conceptual schema for knowledge-based systems.
     In: Proc. of the Workshop on Data Abstraction, Databases and
     Conceptual Modelling. SIGART No. 74, pp. 193-195
[25] Tennant, H. (1981): Natural language processing. An introduction to
     an emerging technology. New York: Petrocelli
[26] Wahlster, W., Marburger, H., Jameson, A., Busemann, S. (1983): Over-
     answering yes-no questions: Extended responses in a nl interface to
     a vision system. In: Proc. 8th IJCAI, Karlsruhe
[27] Waltz, D.L. (1977): Natural   language   interfaces.   In: SIGART
     Newsletter, No. 61, pp. 16-65
[28] Warren, D.H.D. (1981): Efficient   processing   of   interactive
     relational queries expressed in logic. Univ. of Edinburgh, Dep. of
     AI, DAI Research Paper No. 156
[29] Yao, S.B. (1977): An attribute based model for database Access cost
     analysis. In: ACM TODS, Vol. 2, No. 1, pp. 45-67
[30] Zimmermann, H. (1980): OSI reference model - the ISO model of
     architecture for open system interconnection. In: IEEE Transactions
     on Communication, Vol. Com-28, No. 4, 1980, pp. 425-432

ZUR BEURTEILUNG NATÜRLICHSPRACHLICHER
ENDBENUTZERSCHNITTSTELLEN VON DATENBANKEN

Matthias Jarke
Graduate School of Business Administration
New York University
90 Trinity Place
New York, N.Y. 10006, USA

Zusammenfassung

Natürlichsprachliche Schnittstellen zu Datenbanksystemen dringen aus den Forschungslabors in den Markt vor. Damit stellen sich neue Fragen nach dem Nutzen solcher Systeme im praktischen Einsatz. Dieser Aufsatz fasst einige Ziele und Entwicklungsrichtungen aus Anwendersicht zusammen und diskutiert Kriterien und Methoden zur Bewertung natürlichsprachlicher Anfragesprachen am Beispiel einer Serie von Experimenten, die am Center for Research on Information Systems der New York University durchgeführt wurden. Abschliessend werden kurz einige Probleme der Anwendungsentwicklung dargestellt.

Abstract

Natural language interfaces to database systems are moving from the research labs into the market. New questions about the usefulness of such systems in daily practice become relevant. This paper investigates some goals and development trends from the point of view of the user, and presents criteria and methods for evaluating natural language query languages using the example of a series of experiments conducted at the Center for Research on Information Systems of New York University. Finally, some problems of application development are briefly addressed.

1.0 EINLEITUNG

Natürlichsprachliche Endbenutzerschnittstellen sind für eine Reihe von Anwendungsgebieten mit ganz unterschiedlichen Anforderungen entwickelt worden. Dazu zählen beispielsweise Systeme zur Kommunikation mit Wissens- oder Datenbasen [Nebel und Marburger 1982], zur Übersetzung oder Zusammenfassung von Texten [Schank und Slade 1983] und zur natürlichsprachlichen Programmierung [Miller 1981]. Auch die Zielgruppen unterscheiden sich. Angesprochen sind Manager, Anwendungsspezialisten und naive gelegentliche Systembenutzer. Gemeinsam ist diesen Benutzergruppen lediglich eine geringe Fähigkeit oder Bereitschaft, eine künstliche Rechnersprache zu erlernen.

Will man als Anwender entscheiden, ob es lohnt, eine natürlichsprachliche Schnittstelle zu erwerben oder selbst zu entwickeln, so muss man zunächst über Anwendungs- und Benutzertyp Klarheit gewinnen. Erst daraus lassen sich die Entscheidungskriterien ableiten, welche den Vergleich unter verschiedenen natürlichsprachlichen Alternativen sowie mit nicht-natürlichsprachlichen Schnittstellen gestatten. Dabei stellen sich stets zwei Fragen, welche im vorliegenden Aufsatz für den Anwendungsbereich Datenbankanfragen diskutiert werden sollen:

1. Wie erfolgreich unterstützt die Schnittstelle den vorgegebenen Benutzertyp bei der Lösung seiner Probleme, und wie aufwendig ist die Interaktion mit dem System bezüglich Erlernen und routinemässiger Benutzung?

2. Wie aufwendig ist die Entwicklung einer neuen Anwendung in einem vorhandenen Systemrahmen?

Man beachte, dass die erste Frage bereits unterstellt, dass Ziel die Problemlösung, nicht etwa das erfolgreiche Umgehen syntaktischer Beschränkungen (demonstriert z.B. durch den Anteil akzeptierter an der Gesamtzahl eingegebener Anfragen) ist. Ferner wird angenommen, dass ein gewisser Lernprozess auch für natürlichsprachliche Systeme erforderlich ist. Wir werden auf diese beiden Punkte später noch eingehen.

Die zweite Frage unterstellt, dass die Entwicklung natürlichsprachlicher Schnittstellen über das Stadium hinausgelangt ist, in dem jede neue Schnittstellenimplementation ein gesondertes Forschungsprojekt darstellt. Dies wird durch die kommerzielle Verfügbarkeit generalisierter Schnittstellen [AIC 1982] bzw. standardisierter Entwicklungsmethoden [Schwartz 1983] demonstriert.

Der vorliegende Aufsatz untersucht die obigen Fragen anhand der Erfahrungen aus einem Forschungsprojekt, in dem eine natürlichsprachliche Datenbankschnittstelle mit einer konventionellen Anfragesprache in Bezug auf Erlernbarkeit und langfristige Produktivität verglichen wurde. Daneben wurde auch eine allgemeine Bewertungsmethodik für Datenbankanfragesprachen aus Benutzersicht entworfen.

Der Aufsatz besteht aus drei Teilen. Zunächst werden einige Ziele und Entwurfsalternativen natürlichsprachlicher Anfragesysteme dargestellt. Dann werden Methodik und Ergebnisse von Untersuchungen zur Benutzbarkeit natürlichsprachlicher Datenbankschnittstellen beschrieben. Schliesslich wird die Anwendungsentwicklung unter besonderer Berücksichtigung der Portabilität von Schnittstellen diskutiert.

2.0 ZIELE NATÜRLICHSPRACHLICHER DATENBANKSCHNITTSTELLEN

Das generelle Ziel, durch Anfragen Informationen aus formatierten Datenbanken zu gewinnen, schränkt den Anwendungsbereich noch nicht hinreichend ein, um klare Aussagen über die Nützlichkeit natürlicher Sprache gewinnen zu können. Im Folgenden soll daher ein hypothetisches Profil erarbeitet werden, für das natürliche Sprache besonders geeignet erscheint. Folgende Kriterien erscheinen als bedeutsam.

Bezüglich der <u>Art</u> <u>der</u> <u>Anfragen</u> ist zwischen häufigen, standardisierbaren Anfragen und eher explorativen ad-hoc Anfragen zu unterscheiden. Natürlichsprachliche Systeme bieten sich nur für letztere an, da Standardanfragen effizienter durch Menüauswahl oder Funktionstasten unterstützt werden [Bobrow und Bates 1983].

<u>Benutzertypen</u> [Shneiderman 1980, Vassiliou und Jarke 1983] unterscheiden sich einerseits in ihren Fähigkeiten, mit einem bestimmten System technisch erfolgreich zu interagieren. Diese werden beeinflusst durch allgemeine Vertrautheit mit algorithmischen Konzepten, aber auch durch die Häufigkeit der Systembenutzung. Für ständige Benutzer bietet natürliche Sprache lediglich den Vorteil der meist knapperen Ausdrucksmöglichkeiten (siehe dazu Abschnitt 3), der aber durch den Nachteil mangelnder Präzision oft aufgehoben wird. Es kommen daher vor allem Benutzer mit geringen Programmiererfahrungen und eher unregelmässiger Systembenutzung in Frage.

Zum anderen unterscheiden sich Benutzer auch in ihrem Anwendungs-, insbesondere Datenbankwissen. In [Jarke und Vassiliou 1982] definieren wir gelegentliche Benutzer (casual), parametrische Benutzer (clerical), Anwendungsspezialisten und Manager mittels Breite und Tiefe des für die jeweilige Aufgabenstruktur notwendigen Anwendungswissens. Viele existierende natürlichsprachliche Anfragesprachen verlangen erhebliches Wissen über den Inhalt, wenn auch nicht notwendig über die Struktur der Datenbank, vor allem deshalb, weil sie "am Rande" ihres Anwendungsbereiches oft kein stabiles Verhalten ("graceful degradation") zeigen. Nach [Shneiderman 1980] sind daher Anwendungsspezialisten und nicht etwa naive gelegentliche Benutzer die Hauptzielgruppe natürlichsprachlicher Datenbankschnittstellen. Letzteren sowie den parametrischen Benutzern ist mit systemgeführten Dialogen meist besser gedient.

Auf der anderen Seite fehlen für Manager und Spezialisten höherer Ebenen, die hohe Ansprüche bei gleichzeitig geringer Detailkenntnis stellen, noch weitgehend Schnittstellen, die sie zu direkten Benutzern machen könnten. Hoffnungen werden hier oft eher in graphische als in natürlichsprachliche Systeme gesetzt [Fields und Negroponte 1976].

In der _Anfragebehandlung_ stellt sich vor allem die Frage nach der korrekten Reaktion auf mehrdeutige oder sonst unverständliche Anfragen. Das System kann zunächst versuchen, Ambiguitäten selbst aufzulösen, indem internes semantisches Wissen oder der Kontext der Anfrage herangezogen werden. Darüber hinaus ist entweder ein Klärungsdialog vorzusehen, oder es werden mehrere Lösungen ausgegeben. Ziel sollte es sein, dem Benutzer einerseits das Vertrauen zu geben, dass seine Anfragen so beantwortet werden, wie sie gemeint waren, andererseits ihm aber (aus seiner Sicht) überflüssige Arbeiten zur Klärung der Bedeutung einer Anfrage zu ersparen [Wahlster 1981].

In der _Anfrageanalyse_ können natürlichsprachliche Datenbankschnittstellen auf mindestens zwei Wissensquellen zurückgreifen: Strukturen und Regeln natürlicher Sprache, und die Datenbank selbst. Systeme unterscheiden sich insbesondere darin, inwieweit sie von dem im Datenbanksystem vorhandenen Wissen Gebrauch machen und inwieweit sie zusätzlich anwendungsabhängige Wissensbasen ausserhalb der Datenbank einsetzen.

Im einen Extremfall ist das gesamte Anwendungswissen in der Definition von Datenbanksichten enthalten, die in syntaktische Beziehung zu Wörtern oder Teilsätzen des Anwendungswortschatzes gesetzt werden [Lehmann 1978]. Im anderen Extrem werden zahlreiche datenbankunabhängige Wissensbasen [Nebel und Marburger 1982] geschaffen, die allgemeines Anwendungswissen mit Bezug auf die Datenbank (und eventuell darüber hinaus) enthalten und als eine Art Zwischensprache fungieren. Damit werden auch Deduktionen über Struktur und Inhalt der Datenbank implementierbar.

Zwischen den beiden Extremen steht eine stärkere Ausnutzung des in Datenbankbeschreibung, -struktur und -inhalt enthaltenen Wissens zur Anfrageanalyse. Zum Beispiel greift das kommerziell erhältliche System

INTELLECT [AIC 1982] auf Indexe der zugrundeliegenden Datenbanksysteme zu, um so effizient Wörter identifizieren zu können, die als Datenbankwerte auftreten.

Natürlichsprachliche Systeme sind in der Regel dort erfolgreich, wo ein gut abgrenzbarer Anwendungsbereich eine weitgehende sprachliche Abdeckung zulässt; dies ist bei Datenbanksystemen oft der Fall. Nichtsdestoweniger ist der Erstellungsaufwand solcher Datenbankschnittstellen hoch, wenn nicht auf frühere Erfahrungen zurückgegriffen werden kann. Es kommt damit zu den bisher erörterten Zielen als letztes, aber wesentliches Element noch die Zielsetzung der <u>Portabilität</u> der Systeme oder doch wenigstens der Entwicklungsmethoden hinzu.

3.0 BEWERTUNG DER ANWENDERFREUNDLICHKEIT

Die Benutzbarkeit von Anfragesprachen kann mittels eines abgewandelten Nutzen-Kosten-Schemas beurteilt werden [Jarke und Vassiliou 1982]. Der "Nutzen" liegt in der erfolgreichen Lösung von Benutzerproblemen. Die "Kosten" setzen sich aus zwei Teilen zusammen: dem Lernaufwand und dem Aufwand für die routinemässige Benutzung (Anfrageformulierung, Eingabe, Fehlerbehandlung, Ausgabeverarbeitung). Eine Gesamtbewertung kann als Kombination dieser Grössen ermittelt werden (z.B. Produktivität = Aufwand je erfolgreich gelöster Aufgabe).

Es erscheint kaum möglich, die genannten Grössen absolut zu bestimmen. Sinnvoll ist allein ein Vergleich zwischen Entscheidungsalternativen. Im Falle natürlichsprachlicher Datenbankschnittstellen bietet sich der Vergleich mit formalen Anfragesprachen an, die als benutzerfreundlich für den gleichen Benutzerkreis gelten. Der Vergleich mittels einer einzigen Gesamterfolgsgrösse, wie oben angedeutet, wird allerdings immer dann problematisch, wenn nicht der gleiche Nutzen mit beiden Systemen (wenn auch mit unterschiedlichem Aufwand) erzielbar ist, also die Funktionalität der Systeme wesentlich differiert.

Weitere Probleme, die beim experimentellen Vergleich von natürlichsprachlichen Datenbankschnittstellen auftreten, werden im Folgenden gemeinsam mit den Lösungsvorschlägen erläutert, die im Advanced Language Project der New York University erarbeitet wurden. In diesem Projekt wurde in den Jahren 1981 bis 1983 ein natürlichsprachliches Zugangssystem zu einer relationalen Datenbank [Lehmann et al. 1977, Lehmann 1978, Zoeppritz und Ott 1979] mit der Sprache SQL [Denny 1977] in einer Serie unterschiedlicher Experimente verglichen. Untersucht wurde die englische Version des Systems. Daneben existieren auch Versionen in mehreren anderen Sprachen, u.a. die ursprüngliche deutsche Version, für die einige Feldstudien vorliegen [Krause 1980; Lehmann et al. 1978].

<u>Auswahl der Vergleichssprache</u>: Die zum Vergleich herangezogene Sprache sollte die folgenden Bedingungen erfüllen:

(1) Sie soll potentiell den gleichen Benutzertyp ansprechen.

(2) Ergebnisse früherer Experimente mit Anfragesprachen sollen zur Validierung der Ergebnisse herangezogen werden können (d.h., es sollen möglichst Experimente mit der Vergleichssprache existieren).

(3) Beide Sprachen sollen unter etwa gleichen Systembedingungen arbeiten, also beispielsweise auf dem gleichen Rechner unter gleicher Last, so dass die Effizienz abgesehen von Differenzen in Sprachanalyse und eventuell Anfrageauswertung vergleichbar ist.

Im Advanced Language Project entsprach SQL all diesen Bedingungen, da es auf dem gleichen Datenbanksystem implementiert ist wie das natürlichsprachliche Schnittstellensystem (diesem sogar als Zielsprache der Übersetzung dient), als besonders freundlich für wenig erfahrene Rechnerbenutzer gilt und bereits Gegenstand mehrerer ergonomischer Untersuchungen war [Reisner 1981].

<u>Ausschaltung</u> <u>von</u> <u>Subjektdifferenzen</u>: Bei Experimenten mit Rechnerschnittstellen (Programmiersprachen oder Endbenutzerschnittstellen) tritt häufig das Problem auf, dass individuelle Unterschiede in den Fähigkeiten der Benutzer die Systemunterschiede verdecken. Daher sind die Benutzergruppen der zu vergleichenden Sprachen möglichst ähnlich zu gestalten (beispielsweise bezüglich Alter, Geschlecht, Computererfahrung), und es sollten möglichst alle Benutzer (in jeweils unterschiedlicher Reihenfolge) alle Scnittstellen benutzen, um Inter-Subjekt-Unterschiede und Intra-Subjekt-Unterschiede vergleichen zu können.

<u>Form</u> <u>des</u> <u>Experiments</u>: [Shneiderman 1980] und [Reisner 1981] betonen die Notwendigkeit kontrollierter Laborexperimente, da nur sie statistisch abgesicherte Aussagen ermöglichen. Auf der anderen Seite gestatten die üblichen Laborexperimente meist nur eine Analyse des Lernaufwandes von Anfängern, nicht aber der (eigentlich interessanteren) Produktivität in der späteren Benutzung des Systems, bei der nach [Moran 1981] ganz andere Probleme auftreten können, selbst wenn der Benutzer das System nicht so häufig benutzt, dass er zum Systemspezialisten wird.

Produktivität ist meist nur in (simulierten) Feldstudien zu testen. Das Problem ist hier die Kontrolle der Einflussfaktoren ausserhalb des untersuchenden Bereichs. Eine Lösung, die auch im Advanced Language Project eingesetzt wurde, ist der Einsatz bezahlter, aber ungeübter und nicht allzu häufiger Systembenutzer, die ihre Aufträge vom Endbenutzer erhalten. Diese Konstruktion hat auch den Vorteil, dass der gleiche Auftrag parallel in beiden Sprachen bearbeitet werden kann und damit der Faktor "unterschiedliche Komplexität der Aufträge" weitgehend ausgeschaltet werden kann.

Um die Vorteile von Feld- und Laborstudien zu kombinieren, wurden im Advanced Language Project mit einem solchen teilkontrollierten Feldexperiment zwei Laborstudien zur Klärung des Lernaufwandes sowie von Spezialfragen verbunden.

<u>Auswahl</u> <u>der</u> <u>Anwendung</u>: Die Anwendungswahl ist trivial, wenn ein anwendungsspezifisches System getestet werden soll (z.B. [Woods et al. 1972]). Für ein portables System sollte zunächst eine typische Anwendung erprobt werden, bei der nach dem in Abschnitt 2 dargestellten Profil eine hohe Erfolgswahrscheinlichkeit besteht. Im Advanced Language Project wurde eine entscheidungsunterstützende Anwendung von erheblicher Bedeutung für die Universitätsverwaltung gewählt.

<u>Auswahl</u> <u>der</u> <u>Effizienzkriterien</u>: Für die Ermittlung des Lernaufwandes eignen sich recht gut die üblichen Testaufgaben zur Formulierung oder zum Verstehen von Anfragen [Reisner 1981]. Diese beinhalten normalerweise "Aufträge", die sich mit einer bis maximal zwei Anfragen bearbeiten lassen. Im praktischen Einsatz erfordert dagegen nach unseren Erfahrungen die Erfüllung eines Auftrags eine Vielzahl von Anfragen, oft mit nachgeschalteter Handverarbeitung der Ergebnisse (die Funktionalität der getesteten Datenbanksysteme reicht nicht aus). Dieser Umstand bedingt die Einführung eines mehrstufigen Bewertungsschemas [Jarke et al. 1982].

Auf der obersten ("Auftrags-") Ebene kann der Gesamterfolg und Gesamtaufwand beim Lösen einer Aufgabe gemessen werden. Dieser Erfolg (oder Misserfolg) entsteht in einer Folge von Terminalsitzungen, deren Protokolle nähere Aufschlüsse über die zugrundeliegenden Ursachen geben können (Benutzerfehler, Systemverfügbarkeit, Mängel in der Sprachverarbeitung oder im Datenbanksystem). Auf der untersten Ebene schliesslich kann jede einzelne Anfrage analysiert werden. Es sollte jedoch klar sein, dass eine Massgroesse wie der Anteil erfolgreicher Anfragen nur in Grenzfällen direkten Aufschluss über Erfolg bei der Problemlösung geben kann.

<u>Auswahl</u> <u>der</u> <u>gemessenen</u> <u>Indikatoren</u>: Gemessen werden können auf allen drei genannten Bewertungsstufen objektive Grössen (z.B. Länge der Anfrage, aufgetretene Fehlermeldungen), Benutzermeinungen (z.B. Schwierigkeit des Auftrags, Eignung der Sprache für den Auftrag) und Bewertungen durch die Projektmitarbeiter (z.B. "Schuld"zuweisung für Misserfolg an Benutzer, Sprachschnittstelle oder andere

Systemkomponenten, Lösbarkeit von Aufgaben). Um Erfassungsfehler auszuschalten, wurden im Advanced Language Project alle Daten mehrfach erfasst und erhebliche Redundanz in das Bewertungsschema eingefügt, um Widersprüche bei der Bewertung für Korrekturen ausnutzen zu können. Diese programmierbaren Datenprüfungen erwiesen sich angesichts der zahlreichen Erfassungsfehler im umfangreichen gesammelten Datenmaterial als äusserst nützlich.

4.0 EXPERIMENTELLE ERGEBNISSE

Ohne die Ergebnisse unserer Experimente im Einzelnen wiedergeben zu können, sei hier dennoch ein knapper Überblick über die allgemeinen Schlussfolgerungen gegeben. Einzelergebnisse des ersten Laborexperiments werden in [Turner et al. 1983] und des zweiten Laborexperiments in [Vassiliou et al. 1983] beschrieben. Ein detaillierter Bericht über die Feldstudie ist in [Jarke et al. 1983] enthalten.

Grundsätzliche Eignung: Es erwies sich, dass ein gewisses Training auch in der "natürlichen" Sprache notwendig ist. Insbesondere sind dem Benutzer die Grenzen der Anwendung, aber auch des Sprachverständnisses klarzumachen. Inwieweit dies auch durch das System selbst erfolgen kann, konnte im Rahmen unserer Experimente nicht geprüft werden. Die erforderliche Trainingszeit zum Erreichen eines typischen SQL-Anfängerniveaus (ca. 60-70% im wesentlichen korrekte Anfragen) war aber etwas kürzer als für SQL. Die Vorstellung, dass ein abgrenzbarer und begrenzter Anwendungswortschatz im Prinzip ausreicht, wurde durch eine Analyse der Wortwahl unterstützt. Als weiterer Vorteil der natürlichen Sprache wurde die Knappheit des Ausdrucks, zumindest für nichtprozedurale Anfragen, im Vergleich zu SQL bestätigt. Für komplexere Aufträge wird dieser Vorteil dadurch aufgehoben, dass bei Benutzung der natürlichsprachlichen Schnittstelle mehr Anfragen zur Lösung erforderlich sind.

<u>Praktische</u> <u>Eignung</u>: Während in Laborexperimenten kleinere Fehler toleriert werden, ist dies in Feldstudien naturgemäss nicht der Fall; auf der anderen Seite haben hier die Benutzer die Möglichkeit zur Fehlerkorrektur. Da die Systemumgebung im Advanced Language Project recht unfreundlich war (hohe Rechnerbelastung durch andere Benutzer, wenig komfortable Terminals), war der praktische Gesamterfolg erwartungsgemäss geringer als in den Laborstudien.

Nicht zuletzt aufgrund einiger anfänglicher Mängel im Prototyp war die natürlichsprachliche Schnittstelle diesen Problemen gegenüber wesentlich empfindlicher als SQL. Dies unterstreicht die Bedeutung einer Systemumgebung, die der Ebene der Anfragesprache entspricht, aber auch einer angemessenen Reaktion auf Fehler des Benutzers. Frühere Feldstudien der deutschen Version des untersuchten Systems [Lehmann et al. 1978; Krause 1980], aber auch von anderen Systemen [Damerau 1979], die unter günstigeren Umständen und mit häufigerer Systembenutzung durch die Benutzer (wohl auch mit einfacheren Anwendungen) arbeiteten, erzielten wesentlich bessere Ergebnisse. Soweit überhaupt ein Vergleich versucht wurde, konnte allerdings auch dort eine Überlegenheit gegenüber einer formalen Anfragesprache nicht nachgewiesen werden [Krause 1980].

Die folgenden Tabellen stellen einige quantitative Ergebnisse unserer Untersuchungen einer Reihe früherer Studien gegenüber. Insbesondere beim Vergleich der Feldstudienergebnisse ist die starke Unterschiedlichkeit der verwendeten Messmethoden und Anwendungsbedingungen zu beachten. Im Gegensatz zu allen anderen Studien wurden die Benutzer im Advanced Language Project vom Projektteam nach der Grundausbildung nicht wesentlich unterstützt, und es fanden (im Gegensatz etwa zu [Krause 1980]) nach einer Einführungsphase keine Spracherweiterungen oder Systemanpassungen mehr statt. Wie in Tabelle 2 hervorgehoben, waren einige der zitierten Experimente sehr informell oder sind in der Literatur völlig unzureichend beschrieben (etwa [Harris 1979]). Bei aller Unterschiedlichkeit der Ansätze ist jedoch zu bemerken, dass derzeit keine vergleichenden Feld- oder Laborstudien vorzuliegen scheinen, die eine Überlegenheit natürlichsprachlicher

Datenbankschnittstellen gegenüber "benutzerfreundlichen" formalen Anfragesprachen (wie SQL oder QbE) in Bezug auf Problemlösungserfolg nachweisen. Als abgesichert kann dagegen nunmehr gelten, dass natürliche Sprache eine knappere Ausdrucksweise gestattet und damit potentiell weniger Formulierungs- und Eintippzeit erfordert.

Zusammenfassend kann gesagt werden, dass die Experimente einige potentielle Vorteile natürlichsprachlicher Systeme (Knappheit, kurze Lernzeiten) verdeutlicht haben, dass aber in der praktischen Anwendung noch keine Überlegenheit gegenüber benutzerfreundlich konstruierten formalen Anfragesprachen festgestellt werden konnte. Bezüglich der Methodik sollte klar geworden sein, dass vergleichende Experimente einerseits zwar notwendig sind, andererseits aber sorgfältiger Vorbereitung und eines erheblichen Aufwandes bedürfen.

Referenz	Art des Experiments	Bewertungskriterium	nat.Spr.	SQL
Turner et al. 1983	Laborstudie, langes Training, 8 Subjekte	Anteil essentiell korrekter Anfragen	71.1%	67.3%
Vassiliou et al. 1983	Laborstudie, kurzes Training, 61 Subjekte	s.o., mit Training	44.6%	53.3%
		s.o., ohne Training	4.1%	
		Wörter je Anfrage	21	34
Welty und Stemple 1981	Laborstudie, langes Training, 35 Subjekte	Anteil essentiell korrekter Anfragen		67.0%
	dito, 39 Subjekte	s.o.		59.5%
Reisner 1977	Laborstudie, langes Training, 64 Subjekte	s.o.		71.2%
Tennant 1979	Laborstudie	s.o.		68.4%

<u>Tabelle 1</u>: Vergleich einiger Laborexperimente mit Anfragesprachen

Referenz	Art des Experiments	Bewertungskriterium	nat.Spr.	SQL
Jarke et al. 1983	teilkontrollierte Feldstudie, 8 Subjekte, 87 Aufträge, 1081 Anfragen	Anteil lösbarer Aufträge	73.8%	84.4%
		Anteil gelöster Aufträge	30.0%	50.0%
		Anteil essentiell korrekter Anfragen	22.3%	45.6%
		Wörter je Auftrag	122	342
		Wörter je Anfrage	11	34
		Minuten je Auftrag	120	108
Krause 1980	Feldstudie, 3 Subjekte	Anteil essentiell korrekter Anfragen	70-93%	
	simulierter Vergleich mit ISBL (Labor)	Anteil essentiell korrekter Anfragen	92.2%	94.4%
	Feldstudie, 1 Subjekt, 1 Sitzung	Anteil essentiell korrekter Anfragen	47.3%	
Woods 1977	Benutzung auf einer Fachtagung	Anteil "akzeptierter" Anfragen	78%	
Damerau 1979	praktische Anwendung mit starker Unterstützung durch das Entwicklungsteam	Anteil "akzeptierter" Anfragen	65.1%	
Harris 1979	informelle Experimente mit realen Datenbanken	Anteil "akzeptierter" Anfragen	ca. 80%	

Tabelle 2: Ergebnisse einiger Feldstudien von Anfragesprachen

5.0 ENTWICKLUNGSAUFWAND

Soll eine natürlichsprachliche Schnittstelle einem Datenbanksystem hinzugefügt werden, so ist dies immer noch mit erheblichem Aufwand verbunden. [Woods 1983] warnt eindringlich davor, als Anwender ohne Spezialkenntnisse eine solche Aufgabe in Angriff zu nehmen. Zur Lösung dieses Problems bieten sich derzeit zwei Wege an.

Zum einen werden Beratungsdienste angeboten [Schwartz 1983], deren Spezialisten massgeschneiderte anwendungsspezifische Schnittstellen hoher Qualität mit Hilfe standardisierter Entwicklungsmethoden in relativ kurzer Zeit erstellen. Die Entwicklungszeit wird mit wenigen Mann-Monaten angegeben, jedoch sind praktische Erfolge erst noch nachzuweisen.

Zum anderen wird versucht, portable Systeme zu entwickeln, bei denen der grösste Teil des Systems unabhängig von Datenbanksystem, Anwendung oder gar natürlicher Sprache ist. Dieses Konzept wird von Systemen wie USL [Lehmann 1978], IRUS [Bates und Bobrow 1983] und TEAM [Grosz 1982] verfolgt. Beispielsweise bietet USL ein dreistufiges System, in welchem auf ein Basissystem zunächst Grammatik und Strukturwortschatz einer natürlichen Sprache (deutsch, englisch, usw.) aufgebaut werden. Für jede Anwendung wird dieses sprachspezifische System dann ergänzt um anwendungsspezifische Komponenten wie Wortschatz, semantische Regeln und Definitionen von Datenbanksichten.

Forscher wie [Tennant 1979], [Schwartz 1982] oder [Morik 1982] kritisieren diesen Ansatz mit der Begründung, dass ohne konzeptuelle Modelle der Anwendung ein tiefgehendes Verständnis oder die Akzeptanz grammatisch unvollständiger und fehlerhafter Eingaben kaum möglich sei. Dem gegenüber steht der Vorteil des geringeren Entwicklungsaufwandes beim Einsatz existierender portabler Systeme, die auch prinzipiell - wie INTELLECT [AIC 1982] - den strukturellen Wissensmangel teilweise durch mehr Suche in der Datenbank selbst während der Sprachanalyse ausgleichen können.

Es soll aber nicht der Eindruck erweckt werden, mit diesen Systemen werde die Anwendungsentwicklung trivial. Nach unserer Erfahrung kann die Einführung einer natürlichsprachlichen Datenbankschnittstelle erhebliche Anforderungen an die Qualität des Datenbankentwurfs stellen. Diese Anforderungen entsprechen zwar dem, was man bei einem "guten" Datenbankentwurf sowieso erwarten würde (dritte Normalform, Vermeiden schlecht definierter Attribute, die nichtnormalisierte Relationen simulieren, usw.).

Das hilft einem jedoch wenig, wenn man eine natürlichsprachliche Schnittstelle als eine von vielen an ein bestehendes Datenbanksystem anschliessen möchte, dessen Entwurf diesen Anforderungen nicht entspricht. In vielen Anwendungen werden daher die Daten für eine natürlichsprachliche Schnittstelle in eine gesonderte Datenbank extrahiert; diese Lösung ist aber auch nur in Spezialfällen akzeptabel [Morik 1983].

Insgesamt ist im Bereich der Portabilität natürlichsprachlicher Schnittstellen und deren Integration in bestehende Informationssysteme noch erhebliche Arbeit zu leisten. Für relative einfache Situationen ist dagegen bereits heute mindestens ein System auf dem Markt verfügbar und auch in der Praxis eingesetzt.

Danksagung

Das Advanced Language Project war eine gemeinsame Studie mit der Firma International Business Machines Co. Neben dem Autor haben am Projekt verantwortlich mitgewirkt: Ted Stohr, Jon Turner, Yannis Vassiliou und Norm White.

Literatur

1. Artificial Intelligence Corporation (AIC): Intellect Query System Reference Manual 1982.

2. M.Bates, R.Bobrow: A Transportable Natural Language Interface for Information Retrieval, Proc. 6th SIGIR Conf., Santa Monica 1983.

3. R.Bobrow, M.Bates: Natural Language Interfaces: What's here, What's Coming, and Who Needs it, Proc. NYU Symposium on Artificial Intelligence Applications for Business, New York, Mai 1983.

4. F.J.Damerau: The Transformational Question Answering System (TQA) Operating Statistics, IBM Research Report RC 7739 (1979).

5. G.H.Denny: An Introduction to SQL, a Structured Query Language, IBM Research Report RA93, San Jose 1977.

6. C.Fields, N.Negroponte: Using New Clues to Find Data, Proc. VLDB 1976.

7. B.Grosz et al.: TEAM: A Transportable Natural Language System, Technical Report 263, SRI AI Center, April 1982.

8. L.R.Harris: User Oriented Database Query with the ROBOT Natural Language Query System, International Journal of Man-Machine Studies 9 (1979).

9. L.R.Harris: Using the Database as a Semantic Component to Aid in the Parsing of Natural Language Database Queries, Journal of Cybernetics 10 (1980), 77-96.

10. M.Jarke, Y.Vassiliou: Choosing a Database Query Language, zur Veröffentlichung eingereicht, November 1982.

11. M.Jarke, E.A.Stohr, J.A.Turner, Y.Vassiliou, N.H.White: Coding Schemes for the Field Experiment, Advanced Language Project Technical Report No. 4, New York University, November 1982.

12. M.Jarke, E.A.Stohr, J.A.Turner, Y.Vassiliou, N.H.White: The ALP Field
     Study, Advanced Language Project Technical Report No. 9, New York
     University, Juli 1983.

13. J.Krause: Die natürliche Sprache als Abfragesprache von
     Fakteninformationssystemen, Habilitationsschrift, Universität
     Regensburg, Juni 1980.

14. H.Lehmann: Interpretation of Natural Language in an Information
     System, IBM Journal of Res. and Dev. 22, 5 (1978).

15. H.Lehmann, N.Ott, M.Zoeppritz: Language Facilities of USL/German, TN
     77.04, IBM Heidelberg 1977.

16. H.Lehmann, N.Ott, M.Zoeppritz: User Experiments with Natural Language
     for Data Base Access, Proc. 7th Int. Conf. Computational Linguistics,
     Bergen 1978.

17. L.A.Miller: Natural Language Programming: Styles, Strategies, and
     Contrasts, IBM Systems Journal 20, 2 (1981).

18. T.P.Moran: An Applied Psychology of the User, ACM Computing Surveys
     13 (1981), 1-12.

19. K.Morik: Differenztudie zu früheren sprachverarbeitenden Systeme der
     Bundesrepublik Deutschland, Report ANS-6, Forschungsstelle für
     Informationswissenschaft und Künstliche Intelligenz, Hamburg 1982.

20. K.Morik: Marktstudie zu natürlichsprachlichen Zugangssystemen,
     Bericht ANS-14, Forschungsstelle für Informationswissenschaft und
     künstliche Intelligenz, Hamburg 1983.

21. B.Nebel, H.Marburger: Das natürlichsprachliche System HAM-ANS:
     Intelligenter Zugriff auf heterogene Wissens- und Datenbasen, Proc.
     12. GI-Jahrestagung 1982.

22. P.Reisner: Human Factors Studies of Database Query Languages: A Survey and Assessment, ACM Computing Surveys 13 (1981), 13-32.

23. R.Schank, S.Slade: Advisory Systems, Proc. NYU Symposium on Artificial Intelligence Applications for Business, New York, Mai 1983.

24. S.P.Schwartz: Problems with Domain-Independent Natural Language Database Access Systems, Proc. 20th Annual Meeting of the ACL, Toronto, Juni 1982.

25. S.P.Schwartz: Natural Language in th Commercial World, Proc. NYU Symposium on Artificial Intelligence Applications for Business, New York, Mai 1983.

26. B.Shneiderman: Software Psychology, Winthrop, Cambridge/Mass. 1980.

27. H.R.Tennant: Evaluation of Natural Language Processors, Ph.D. Diss., University of Illinois, Urbana 1979.

28. J.A.Turner, M.Jarke, E.A.Stohr, Y.Vassiliou, N.H.White: Using Restricted Natural Language for Data Retrieval - A Plan for Field Evaluation, Proc. NYU Symposium on User Interfaces, New York 1982, Ablex Publ. Co., erscheint 1983.

29. Y.Vassiliou, M. Jarke: Query Languages - A Taxonomy, Proc. NYU Symposium on User Interfaces, New York 1982, Ablex Publ. Co., erscheint 1983.

30. Y.Vassiliou, M.Jarke, E.A.Stohr, J.A.Turner, N.H.White: Natural Language for Database Queries - A Laboratory Study, erscheint in Management Information Systems Quarterly, 1983.

31. W.Wahlster: Natürlichsprachliche KI-Systeme: Entwicklungsstand und
Forschungsperspektive, in J.Siekmann (Hrsg.): GWAI 81, Springer 1981.

32. W.Woods, R.M.Kaplan, B.Nash-Webber: The Lunar Sciences Natural
Language Information System, BBN, Cambridge/Mass. 1972.

33. W.Woods: Lunar Rocks in Natural English: Explorations in Natural
Language Question Answering, in Zampolli (ed.), Linguistic Structures
Processing, North-Holland 1977.

34. W.Woods: Natural Language Communication with Machines: An Ongoing
Goal, Proc. NYU Symposium on Artificial Intelligence Applications for
Business, New York, Mai 1983.

LAND-INFORMATIONS-SYSTEME UND IHRE ANFORDERUNGEN
AN DATENBANK-SCHNITTSTELLEN

Lothar Gründig
Institut für Anwendungen der Geodäsie im Bauwesen
Universität Stuttgart

Peter Pistor
Wissenschaftliches Zentrum der IBM
Heidelberg

1. Einleitung

In der Vergangenheit wurden rechnergestützte Land-Informations-Systeme vielfach als Anwendungspakete realisiert, welche neben anderen Aufgaben auch solche Aufgaben zu lösen hatten, deren Bewältigung man heute von einem allgemeinen Datenbanksystem (DBMS) erwartet, wie Datenüberwachung, Datenwiedergewinnung und Zugriffspfadunterstützung.

Es ist deshalb zu fragen, wie tragfähig für solche Anwendungen Datenbankkonzepte sind, wie sie sich zum Teil bereits in kommerziell eingesetzten DBMS realisiert finden, zum Teil hingegen erst als Entwicklungstendenz abzeichnen.

Der vorliegende Aufsatz will dieser Frage anhand eines exemplarischen Land-Informations-Systems nachgehen, und zwar des Liegenschaftskatasters (Kap. 2). In Kapitel 3 wird untersucht, ob die Datenstrukturen klassischer und erweiterter relationaler Konzepte den Datenstrukturen der Anwendung angemessen sind (Kap. 3.1), und ob die - weitgehend strukturbezogenen - Operationen der jeweiligen Datenmodelle ausreichen, um für das Liegenschaftskataster typische Suchaufgaben (z. B. geometrisch orientierte Suche) formulieren zu können (Kap. 3.2). Die Untersuchung kommt zu dem Schluß, daß die Verallgemeinerung relationaler Konzepte noch weiter getrieben werden müßte (Kap. 3.3), zum einen, um die vielfältigen, durch die Geometrie bedingten Beziehungen besser zu erfassen, zum anderen, um auch die Zeitaspekte (Versionenkontrolle, zeitlich orientierte Abfragen) stärker in das Datenmodell einzubinden.

Des weiteren sind anwendungsnahe Operationen als Bestandteil der Datenbankschnittstelle erforderlich (Kap. 3.3, Kap. 4). Einerseits vergrößern sie die Datenauswahlmöglichkeiten, andererseits schaffen sie die Voraussetzungen für anwendungsbezogene Zugriffsverfahren. Darüberhinaus bieten erst anwendungsnahe Operationen die Ausdrucksmöglichkeiten, mit deren Hilfe konsistenzerhaltende Maßnahmen (Trigger) sowie bestimmte Konsistenzbedingungen formuliert werden können, die vom DBMS auch dann garantiert werden sollen, wenn sie nicht durch das verwendete Datenmodell allein zu gewährleisten sind.

2. Liegenschaftskataster als Anwendungsbeispiel

2.1 Einführende Beschreibung der Daten des Liegenschaftskatasters

Liegenschaftskataster stellen Datensammlungen dar, die zu den Land-Informationssystemen gezählt werden. Sie bestehen aus einer Reihe von Tabellen, Kartenwerken und anderen Verzeichnissen, z. B.

      Grundbuch
      Liegenschaftsbuch
      Veränderungsnachweise
      Koordinatenverzeichnisse
      Flurkarten (Rahmenpläne).

Am bekanntesten sind wohl das Liegenschaftsbuch und das Grundbuch. Diese Register haben den Zweck, Grundstücke nachzuweisen und zu beschreiben, wie es die Bedürfnisse von Recht, Verwaltung und Wirtschaft erfordern.

Abb. 1 zeigt in stark vereinfachter Form den Aufbau des Liegenschaftsbuches (Tabelle "FLURSTÜCKSVERZEICHNIS") und des Grundbuches (Tabelle "GRUNDBUCHHEFT."). Während das Grundbuch in erster Linie Eigentumsverhältnisse festhalten soll, werden im Liegenschaftsbuch einzelne Flurstücke beschrieben. Zu diesem Zweck werden Informationen festgehalten wie

>   Nutzungsart
>   Gebäude auf Flurstücken
>   Lage an Straßen
>   Zuordnung zu einer Flurkarte
>   Baulasten
>   Gemarkung
>   Grundbuch
>   :
>   :
>   :

(man beachte, daß Abb. 1 die entsprechenden Spalten nur teilweise wiedergibt).

Eine Besonderheit der Grund- und Liegenschaftsbücher ist die Speicherung der Flurstücks- und Eigentumsgeschichte. Dies geschieht bei beschreibenden Daten durch die sogenannte Fortführung. So ist beispielsweise in Abb. 1 a die alte Nutzungsart ("BAULAND") durch Unterstreichen als ungültig gekennzeichnet. Mit der neuen Nutzungsart ("BEBAUT") wird auch der Beginn der Gültigkeit vermerkt.

Werden Grundstücke geteilt (Zellteilung) oder zusammengelegt (Zellverschmelzung), dann bedient man sich nicht der Fortführungstechnik, sondern vermerkt diesen Vorgang mittels Verweisen (z. B. VORGÄNGER in Abb. 1 a).

Die Geometrie der Flurstücke wird primär in Flurkarten (Abb. 2) festgehalten. Diese stellt die Flurstücke als geschlossene Polygone dar, die sich zusammensetzen aus Geraden oder Kreisbögen (im folgenden der Einfachheit halber ausgeschlossen). Da sich die Punkt-Koordinaten nicht mit der erforderlichen Genauigkeit den Plänen entnehmen lassen, werden sie in eigenen Registern (Koordinatenverzeichnisse) geführt. Punkt-Kennungen stellen die Verbindung zwischen diesen Tabellenwerken und den Planwerken her.

2.2 Besonderheiten des Informations-Systems "Liegenschaftskataster"

2.2.1 Bemerkungen zu den Tabellenwerken

Um den Aufwand für die manuelle Verwaltung der Liegenschaftsdaten klein zu halten, versucht man, die Zahl der Tabellenwerke klein zu halten und logisch zusammengehörende Daten an einer Stelle zu führen. Daher erklärt sich die häufige Verwendung von Wiederholungsgruppen (z. B. EIGENTÜMER in Abb. 1 b; auch: Fortführung von Einträgen).

Andererseits versucht man, der Mehrfachführung von Daten durch Normalisierung entgegenzuwirken. Die Koordinatenverzeichnisse sind dafür ein Beispiel. Aber nicht nur pragmatische Gründe bestimmen die Zahl der eigenständigen Tabellen, sondern auch historische Gründe. Die Aufteilung in Grundbuch und Liegenschaftsbuch ist dafür ein Beispiel.

Infolgedessen stehen Objekte einer Tabelle nicht beziehungslos neben Objekten anderer Tabellen. Das gleiche gilt sogar für Objekte innerhalb einer Tabelle (z. B. Nachbarschaft von Flurstücken). Vielfach werden diese Beziehungen explizit durch Speicherung von Verweisen (Schlüssel) geführt, oft sind sie aber auch nur implizit in den Daten enthalten (vgl. Kapitel 2.2.3) und müssen im Bedarfsfall algorithmisch erschlossen werden.

2.2.2 Historie der Liegenschaftsdaten und ihre Führung

2.2.2.1 Klassifizierung historischer Daten

In Kapitel 2.1 sind uns zwei Typen von Daten begegnet, die sich wesentlich bezüglich ihrer historischen Dimension unterscheiden:

Nichtselbständige Objekte: Diese existieren nur als Bestandteil eines umfassenderen Objektes. Beispiele sind einfache beschreibende Daten wie "NUTZUNG", aber auch ganze Wiederholungsgruppen (z. B. EIGENTÜMER in Abb. 1b).

Objekte dieser Gruppe haben sozusagen einen linearen historischen Verlauf, gegeben durch ein Liste veralteter Werte, die vom aktuellen Wert gefolgt ist.

Selbständige Objekte: Diese Objekte bestehen als Ganzes, oder haben einmal als Ganzes bestanden. Mit dem Ende ihrer Existenz verschwinden sie nicht aus der Datensammlung, eine Fortführung ihrer Komponenten (z. B. Änderung der "NUTZUNG") ist jedoch nicht mehr möglich.

Im Falle des Liegenschaftsbuches tritt zusätzlich eine Besonderheit auf: Mit dem Vergehen von Flurstücken ist das Entstehen neuer Flurstücke verbunden, und umgekehrt. Diese historische Beziehung haben wir als m:n-Beziehung zu sehen.

2.2.2.2 Beispiele für historisch orientierte Suchaufgaben

Für spätere Diskussionen seien hier einige Typen historisch orientierter Suchaufgaben zusammengestellt.

Abfrage zu einem genau definierten Zeitpunkt:

A1:   "Zeige die Eigentumsverhältnisse am Flurstück 528 am 01.01.82."
A2:   "Zeige die Eigentumsverhältnisse in der Gemarkung xyz am 05.06.80."

Historischer Verlauf beschreibender Daten:

A3:   "Zeige die Geschichte der Nutzungsart für Flurstück 528."
A4:   "Zeige die Geschichte der Eigentumsverhältnisse für Flurstück 528."

Vorgänger/Nachfolger-Beziehung selbständiger Objekte:

A5:   "Zeige die Vorgänger-Flurstücke zu Flurstück 528."

Abfragen bei zeitlich unscharf definiertem Zustand des Katasters:

A6:   "Zeige alle gelöschten Flurstücke."

2.2.3 Geometrische Daten

Land-Informations-Systeme verwalten Objekte, bei denen Lage, Form und Größe wesentliche Kennzeichen sind. Deshalb kommt in diesen Systemen geometrischen Daten eine besondere Bedeutung zu. Im klassischen Liegenschaftskataster werden sie, wie wir gesehen haben, im wesentlichen in Flurkarten und Koordinatenverzeichnissen geführt.

Über die Geometrie lassen sich vielfältige Beziehungen zwischen Flurstücken herstellen, wie dies einige Beispiele illustrieren.

A7: "Nachbarflurstücke zum Flurstück 528."
A8: "Abstand des Flurstücks 508 vom Quellweg."
A9: "Abstand des Flurstücks 528 von der nächsten Bundesstraße."
A10: "Nachweis der Flurstücke, die durch eine geplante Freileitung betroffen sind"
     (Linienschnittproblem).

Derartige Fragen lassen sich anhand einer Karte recht einfach beantworten. Sollen
jedoch solche Aufgaben automatisch bearbeitet werden, oder können sie in grafischer
Form nicht in der geforderten Präzision durchgeführt werden (z. B.
Flächenermittlung), muß man sich geeigneter Grund-Operationen der analytischen
Geometrie bedienen. Mit ihrer Hilfe können mehr oder weniger anwendungsspezifische
"höhere" Operationen (z. B. Feststellung von "Flächenüberdeckung", "Linienschnitt")
definiert werden.

Es ist ein wesentliches Kennzeichen geometrischer Daten, daß sie Verknüpfungen zu
anderen Land-Informations-Systemen herstellen, beispielsweise:

A11: "Nachweis aller Leitungen im Flurstück 522."
A12: "Nachweis aller Objekte, die innerhalb des Flurstücks 528 liegen."

Problematisch werden solche Abfragen, wenn sie nicht mehr allein aus den Kartenwerken eines Land-Informations-Systems beantwortet werden können. Dann nämlich ist
nicht mehr von vornherein klar, in welchen Tabellenwerken die Informationen aufgesucht werden können. Dies ist typisch für einen Sachverhalt, für den wir im
folgenden den Begriff "allgemeine geometrische Verknüpfung" verwenden wollen.

2.2.4 Konsistenzbedingungen

An die Daten des Liegenschaftskatasters werden hohe Anforderungen bezüglich ihrer
Richtigkeit gestellt. Dies gilt insbesondere für die vielen gegenseitigen
Abhängigkeiten, die sich ergeben aus dem Zusammenwirken rechtlicher Bestimmungen,
Datenorganisation, geometrischen Gegebenheiten, und aus der Notwendigkeit, histo-
rische Daten zu pflegen. Beispiele:

K1: "Sind im Grundbuch (vgl. Abb. 1) zu einem Flurstück mehrere Eigentümer
     verzeichnet, dann müssen sich alle Anteilsflächen zur Gesamtfläche des
     Flurstücks aufsummieren".
K2: "Jeder Grenzabschnitt gehört zum Rand von genau zwei Flurstücken".
K3: "Benachbarte Flurstücke besitzen gemeinsame Grenzpunkte".
K4: "Jeder Grenzabschnitt besitzt zwei Grenzpunkte".

Die Komplexität der Konsistenzanforderungen wird besonders deutlich bei der
Verschmelzung oder Teilung von Flurstücken. Dies sei anhand der wichtigsten Einzel-
schritte des Vorgangs "Flurstücksteilung" verdeutlicht:

1. Ermittlung der Grenzpunktkoordinaten des zu teilenden Flurstücks und seiner
   Nachbarflurstücke.
2. Berechnung der Absteckmaße (Hilfsgrößen) für die neuen Grenzpunkte. Dies ge-
   schieht unter Berücksichtigung von Faktoren wie:
   - Vorgaben (Teilflächengröße, Grenzverläufe)
   - Lage alter Grenzpunkte
   - Örtlichen Gegebenheiten.
3. Vermessen und Setzen der Grenzzeichen.
4. Rechnerische Überprüfung. Hier ist u. A. nachzuweisen:
   - Die neuen Grenzen verlaufen innerhalb der Grenzen des zu teilenden Flurstückes
     ("Schnittprüfung").
   - Im Rahmen der erlaubten Toleranzen entsprechen die tatsächlichen Teil-Flächen
     den Vorgaben und summieren sich zur Gesamtfläche des zu teilenden Grundstücks
     auf.
   Der rechnerische Nachweis hat Dokumentcharakter und wird Bestandteil des
   Liegenschaftkatasters.

5. Aktualisierung der Pläne.
6. Entsprechende Aktualisierung der Koordinatenverzeichnisse. Wegfallende Grenzpunkte sind als historisch zu kennzeichnen.
7. Aktualisierung des Liegenschaftsbuches, z. B.:
   - Dokumentation der Vorgänger-Nachfolger-Beziehung zwischen altem Flurstück und
     Teilflurstücken.
   - Aufnahme der Flächengrößen in Übereinstimmung mit Schritt 4.
8. Aktualisierung der Eigentumsverhältnisse im Grundbuch.

Der beschriebene Vorgang erstreckt sich im allgemeinen über mehrere Wochen. Das
führt natürlich nicht dazu, daß während dieser Zeit im Liegenschaftskataster keine
Veränderungen bezüglich der betroffenen Flurstücke vorgenommen werden dürfen. So
kann im Verlauf der Flurstücksteilung durchaus eine Änderung in den
Eigentumsverhältnissen oder in der Nutzungsart eingebracht werden.

3. Liegenschaftskataster im Rahmen klassischer und erweiterter Relationen

In diesem Kapitel soll die These begründet werden, daß Anwendungen wie das
Liegenschaftskataster möglichst nicht mittels Datenbanksystemen automatisiert
werden sollten, die am klassischen relationalen Modell orientiert sind (z. B.
SEQUEL2 /CAE76/, SQL/DS / IBM /). Stattdessen sind Datenbankschnittstellen erforderlich, die zumindest generalisierte Relationen unterstützen. Wir werden dies an
ausgewählten Aufgabenstellungen demonstrieren, die wir einerseits mit SEQUEL2
formulieren, andererseits in einer sequelartigen Sprache /PHH 83/, die für die
Manipulation sogenannter NF2-Tabellen entworfen wurde.

3.1 Angemessenheit der Datenstrukturen

Im Kapitel 2.2 hatten wir gesehen, daß die Tabellen des Liegenschaftskatasters
durch Wiederholungsgruppen gekennzeichnet sind. Eine besondere Rolle spielen dabei
die Wiederholungsgruppen, die durch Fortführung einfacher oder zusammengesetzter
Feldwerte entstehen.

Das NF2-Modell ist auf Datenstrukturen dieser Art zugeschnitten, Tabellen wie
Grundbuch und Liegenschaftsbuch (Abb. 1,4) sind also unmittelbar darstellbar. Im
Gegensatz dazu sind bei klassischen relationalen Modellen die Daten derartiger
Tabellen bekanntlich über viele Einzeltabellen zu verteilen. So wird etwa zur
Fortführung der Nutzung eine zusätzliche Tabelle

FORTFÜHRUNG_NUTZUNG(FNR,DATUM,NUTZUNG)

erforderlich. Eine Änderung der Nutzungsart für Flurstück 528 ist bei dieser
Aufteilung wie folgt zu vermerken:

1. Übernahme der derzeitigen Nutzungsart mit deren Eintrags-Datum und
   Flurstücksnummer in die Tabelle FORTFÜHRUNG_NUTZUNG.
2. Eintragung der neuen Nutzungsart mit Änderungsdatum in die Basistabelle.

Beim NF2-Modell hingegen ist es möglich, die erforderliche Änderung als eine Operation zu formulieren, nämlich das Zufügen eines neuen Elementes zu einer bestehenden
Liste von Nutzungsarten (s. (1.3-1.4)):

```
(1.1) FOR ALL X IN FLURSTÜCKE
(1.2) WHERE   X.FNR = 528
(1.3) DO (EXTEND X.NUTZUNG
(1.4)     WITH ⊬'BAULAND','01/02/83'⊬ BEFORE 1)
```

Wir wollen den Vergleich der beiden Datenmodelle weiter vertiefen, indem wir die
Möglichkeiten untersuchen, die Flurstücksgeometrie tabellarisch zu erfassen.

Abb. 3 zeigt eine der Möglichkeiten (vgl. auch /Gr83/), die Flurstücksgeometrie mit Hilfe flacher Tabellen darzustellen. Hierbei entspricht die Tabelle PUNKT dem Koordinatenverzeichnis des klassischen Liegenschaftskatasters, die Tabelle FLURSTÜCK enthält Teile der Liegenschaftabelle in Abb. 1. Die Geometrie eines Flurstückes wird in einer Vielzahl von Tupeln der Tabellen GRENZABSCHNITT und PUNKT festgehalten, wie dies die beiden SEQUEL-Abfragen (2) (Grenzabschnitte eines Flurstücks) und (3) (Grenzpunkte eines Flurstücks) illustrieren:

    (2)   SELECT *
           FROM GRENZABSCHNITT
           WHERE LI_FNR = 528 OR RE_FNR = 528
                 .
                 .
    (3)   SELECT PUNKT.*
           FROM PUNKT, GRENZABSCHNITT
           WHERE (KENNUNG = VON_NR OR KENNUNG = NACH_NR)
                             AND
                 (LI_FNR = 528 OR RE_FNR = 528)

In der Flurkarte treten uns die einzelnen Flurstücke als geometrische Einheit entgegen. Diese Eigenschaft geht verloren, wenn die Flurstücksgeometrie über diverse Zeilen zweier Tabellen (vgl. (2) und (3)) beschrieben wird. Das gilt insbesondere für die Abfolgen der Grenzpunkte/Grenzabschnitte, die in den Tabellen nur versteckt ihren Niederschlag finden (s. auch 3.2.2).

Noch einige Bemerkungen zum Entwurf der Tabelle GRENZABSCHNITT. Hier spiegeln sich die im Kapitel 2.2.4 angegebenen Konsistenzbedingungen K2, K3 und K4 wieder. Soll das Datenbanksystem die Konsistenz der Tabelle FLUR, PUNKT und GRENZABSCHNITT überwachen, sind darüberhinaus weitere Konsistenzbedingungen festzulegen, etwa

K5: "In einem GRENZABSCHNITT-Tupel muß gelten: LI_FNR ¬= RE_FNR
                                                VON_NR ¬= NACH_NR
     Undefinierte Werte bei LI_FNR oder RE_FNR sind zulässig".
K6: "In LI_FNR und RE_FNR sind nur solche definierten Werte zugelassen, die in FNR
     (Tabelle FLUR) vorkommen".
K7: "In VON_NR und NACH_NR sind nur solche Werte zugelassen, die auch in KENNUNG
     der Tabelle PUNKT vorkommen".

K6 und K7 sind als Fremdschlüsselbedingungen modellinhärente Konsistenzbedingungen, die eigentlich jedes relationale DBMS überwachen müßte.

Welche Vorteile bietet nun ein Datenbank-Modell, das geeignete Datenaggregate als Feldwerte zuläßt? Zunächst einmal belassen wir es auch im Fall der NF2-Strukturen bei der gesonderten Koordinatentabelle PUNKT (keine Mehrfachführung der Daten). Die restliche Information zur Flurstücksgeometrie läßt sich direkt in die Tabelle FLURSTÜCKSVERZEICHNIS einbringen, und zwar in Form einer Liste von Punktverweisen, welche die Grenzpunkte zu einem gegebenen Flurstück in einem festen Umlaufsinn benennt. Tabelle FLURSTÜCK (Abb. 4) gibt diese Erweiterung ausschnitthaft wieder. Gegenüber der relationalen Darstellung beobachten wir im Falle der Flurstücksgeometrie folgende Vorteile:

1. Das Flurstück als geometrische Einheit tritt deutlicher in Erscheinung.
2. Die Anordnungsbeziehung (Randumlauf) kann strukturell erfaßt werden.
3. Durch Verteilung der Geometrieinformation auf 2 statt 3 Tabellen entfällt die
   Notwendigkeit, bestimmte Konsistenzbedingungen (K5, K6, K7) explizit zu formulieren. Es verbleiben im wesentlichen anwendungsspezifische Konsistenzbedingungen wie K2, K3 und K4.

3.2 Wertung der sprachlichen Ausdrucksmöglichkeiten

3.2.1 JOIN-Operationen

Wie wir am Beispiel der Flurstücksgeometrie gesehen haben, besteht im klassischen wie im erweiterten relationalen Modell die Notwendigkeit, Daten aus mehreren Tabellen zusammenzuführen. Die dafür übliche Technik des JOINS (vgl. Formel (3)) ist im Fall der häufig anzutreffenden 1:n Beziehungen unnötig umständlich und sollte durch gesonderte Abfrage-Techniken ergänzt werden. Im NF2-Modell wird zu diesem Zwecke eine Funktion MAT angeboten, welche zu einem sogenannten Objektidentifizierer den zugehörigen Objektwert - etwa ein Tupel - ermittelt. Mit ihrer Hilfe können die Grenzpunkt zu einem Flurstück wie folgt ermittelt werden:

```
(4.1) SELECT (DIVE(MAT,X.GRENZE))
(4.2) FROM X IN FLURSTÜCKE WHERE X.FNR = 528
```

(Hinweis: "DIVE" ist eine zweistellige Funktion, die einstellige Funktionen (hier MAT) auf jedes einzelne Element einer Liste oder Menge anwendet).

Um zu demonstrieren, wie ein Zusammenwirken von Faktoren wie

> Alternativ-Konstrukte zum JOIN
> Sprachelemente zur Blockstrukturierung
> Geeignete Datenstrukturen

eine Abfrage durchsichtiger machen kann, sei die Frage A9 ("Abstand eines Flurstückes zur nächsten Bundesstraße") ausformuliert. Die SEQUEL2-Lösung

```
(5) SELECT X.FNR, MIN((P1.X_KOORD-P2.X_Koord)*(P1.X_KOORD-P2.X-KOORD)+
                 (P1.Y_KOORD-P2.Y_Koord)*(P1.Y_KOORD-P2.Y-KOORD))
    FROM FLUR X,GRENZABSCHNITT Z1,GRENZABSCHNITT Z2,PUNKT P1,PUNKT P2
    WHERE     (Z1.LI_FNR = 528 OR Z1.RE_FNR = 528) AND
              (Z1.VON_NR = P1.KENNUNG OR Z1.NACH_NR = P1_KENNUNG) AND
              (X.NUTZUNG = 'BUNDESSTRASSE') AND
              (Z2.LI_FNR = X.FNR OR Z2.RE_FNR = X.FNR) AND
              (Z2.VON_NR = P2.KENNUNG OR Z2.NACH_NR = P2_KENNUNG)
    GROUP BY X.FNR ORDER BY 2 ASC
```

entspricht nicht exakt der gestellten Aufgabe: Das Ergebnis ist eine Abfolge von Tupeln, deren erstes die gewünschte Antwort darstellt. Die entsprechende NF2-Lösung (6) soll hier nicht in ihren Einzelheiten erläutert werden. Wesentlich ist, daß statt des fünffachen JOINS in (5) (3. Formelzeile) nur ein in SQL-Manier formulierter JOIN (6.8 und 6.9) auftritt.

Es soll nicht verschwiegen werden, daß die verbesserten Join-Techniken allein die Komplexität der Abfrage nicht aufheben können: Für jede Bundesstraße wird aus den Abständen aller ihrer Grenzpunkte zu den Grenzpunkten des Flurstücks 528 der kleinste Abstand ermittelt. Durch eine zweite Minimumsbildung wird das gesuchte Ergebnis ermittelt. Um diese Komplexität besser zu bewältigen, bedient sich Formel (6) solcher Techniken wie der vorgezogenen Berechnung einer Hilfsvariablen (Grenzpunktfolge von 528 in (6.5 - 6.6)) oder der Definition einer temporären Hilfsfunktion (Entfernungsquadrat in (6.1-6.4)). Solche Möglichkeiten sind übrigens nicht an das NF2-Modell gebunden und würden die Benutzbarkeit klassischer relationaler Sprachen entscheidend verbessern.

```
(6.1)   USE ENTF_QUADRAT(Z1,Z2) =
(6.2)       (USE (X1 = MAT(Z1).X_KOORD, Y1 = MAT(Z1).Y_KOORD,
(6.3)             X2 = MAT(Z2).X_KOORD, Y2 = MAT(Z2).Y_KOORD)
(6.4)        IN (X1 - X2) * (X1 - X2) + (Y1 - Y2) * (Y1 - Y2)),
(6.5)       (VEKTOR = STRIP(SELECT Z.GRENZE FROM Z IN FLURSTÜCKE
(6.6)                    WHERE Z.FNR = 528)
(6.7)    IN MIN (SELECT MIN (
(6.8)                    SELECT ENTF_QUADRAT (Z1,Z2)
(6.9)                    FROM Z1 IN VEKTOR, Z2 in X.GRENZE)
(6.10)            FROM X IN FLURSTÜCK
(6.11)            WHERE X.NUTZUNG = 'BUNDESSTRASSE')
```

3.2.2 Anordnungsbeziehungen

Die Reihenfolge von Punkten und Linienelementen spielt in der Beschreibung geometrischer Objekte eine wichtige Rolle. Will man z. B. die Fläche eines Flurstücks ermitteln, so benötigt man Grenzpunkte - oder hilfsweise die Grenzabschnitte - in einer Randumlauffolge. Die SEQUEL-Beispiele (2) und (3) liefern stattdessen nur Mengen von Genzabschnitten bzw. Punkten, im Gegensatz zur NF2-Lösung (4). Interessanterweise ist es jedoch möglich, die Ergebnismenge von (2) durch Ausnutzung impliziter Beziehungen wie K4 in die Randumlauffolge zu bringen. Das erfordert jedoch programmiersprachliche Fähigkeiten, welche die Möglichkeiten von Datenbankschnittstellen üblicherweise übertreffen. In unserem Beispiel bedeutet dies, daß man schon vorhandene Information (vgl. Attribute VON_NR, NACH_NR in Abb. 3b) durch Führung eines herkömmlichen Sortierbegriffes duplizieren muß, etwa mittels einer der beiden folgenden Tabellen.

        RANDUMLAUF(FNR, ABSCHNITTS_KENNUNG, FOLGE_NR)

oder

        RANDUMLAUF'(FNR, PKT_KENNUNG, FOLGE_NR)

3.3 Zur Notwendigkeit zusätzlicher Erweiterungen tabellenorientierter Datenmodelle

Das vorangegangene Kapitel 3.2 sollte aufgezeigt haben, daß für Anwendungen wie das Liegenschaftskataster verallgemeinerte Relationen gegenüber klassischen relationalen Konzepten einen großen Fortschritt bedeuten. Trotzdem sollen die Beschränkungen nicht verschwiegen werden, die uns bei der Analyse der Möglichkeiten des gegenwärtigen NF2-Vorschlages aufgefallen sind. Die Verbesserungsvorschläge, die daraus abgeleitet werden können (vgl. auch Kap. 5), passen z. T. sogar in den Rahmen des klassischen Relationen-Modells.

3.3.1 Anwendungsnahe Operationen

Über die Brauchbarkeit eines Datenmodells in einem bestimmten Anwendungsbereich entscheiden nicht nur die Datenstrukturen und ihre strukturinhärenten Operationen, sondern auch die zusätzlich angebotenen "modellfernen" Operationen.

Betrachten wir noch einmal die Lösungen (5) und (6). Die Umständlichkeit der Lösung wird zum Teil dadurch verursacht (z. B. Zeile (6.4)), daß die Quadratbildung als Primitiv-Operationen nicht angeboten wird. Darüberhinaus ist die Lösung (6) insofern unkorrekt, daß statt der geforderten Entfernung deren Quadrat ausgegeben wird. Das Fehlen der Wurzeloperation konnte zwar bei der Datenwahl durch entsprechende Modifikation der Suchbedingung umgangen werden, nicht jedoch bei der Berechnung der Ausgabe-Werte. Aus diesem Grunde ist auch die wesentlich einfachere Abfrage A8 ("Abstand vom Quellweg") genau genommen nicht beantwortbar.

Da man aller Voraussicht nach bei einem noch so weiten Vorrat an Standardoperationen an Grenzen stoßen wird, scheinen sich folgende Lösungen anzubieten:

- Bedarfsweiser Rückgriff auf Möglichkeiten der Wirtssprache

- Erweiterbarkeit der Datenbankschnittstelle durch benutzerdefinierte Operationen

Wir werden auf diesen Punkt weiter unten (Kap. 4.2) noch einmal zurückkommen.

3.3.2 Zeitaspekte im NF2-Modell

Was die Behandlung von Zeitaspekten betrifft, läßt das NF2-Modell auf den ersten Blick keinen Wunsch offen. So wird etwa die Geschichte von Feldwerten durch Wiederholungsgruppen erfaßt, die als "innere" geordnete Relationen behandelt werden (s. a. Beispiel (1)). Verlaufsabfragen wie A3 (Geschichte der Nutzungsart) lassen sich in diesem Rahmen einfach beantworten:

```
(7)   SELECT  GRUNDSTÜCK.NUTZUNG
      FROM    GRUNDSTÜCK IN FLURSTÜCKE
      WHERE   GRUNDSTÜCK.FNR = 528
```

Ähnlich einfach liegen die Verhältnisse bei A5 (Vorgängerflurstücke), insbesondere durch die Vermeidung der allgemeinen JOIN-Operation (vgl. auch (4)).

Für andere Fragetypen (A1,A2,A6) gilt dies nicht mehr. Zwar können diese Fragen - was hier nicht weiter belegt werden soll - mit den NF2-Möglichkeiten bewältigt werden, aber bei weitem nicht so bequem wie etwa A3. Eine Integration der Zeitaspekte in Datenbank-Modelle scheint uns deswegen angebracht. Das NF2-Modell bietet hierfür gute Voraussetzungen. Das klassische Relationenmodell hingegen ist wegen des Zwangs zur 1. Normalform hierfür weniger geeignet.

3.3.3 Allgemeine geometrische Verknüpfung

Typisch nicht nur für Land-Informations-Systeme, sondern auch für CAD/CAM-Systeme sind Fragen vom Typ

A12: "Ermittle alle Objekte innerhalb des Flurstückes 528".

Diese Frage ist nur dann beantwortbar, wenn die betroffenen Tabellen von vornherein bekannt sind und darüber hinaus in ihrer Anzahl so klein, daß sie in einer Abfrage explizit angesprochen werden können. Bei 3000 Tabellen, wie sie in einem Leitungskataster auftreten können /Sch82/, stellt sich das Problem von A12 jedoch in anderer Form:

1. Welche Tabellen haben geometrische Attribute?
2. Welche Tupel der in Schritt 1 nachgewiesenen Tabellen fallen in das vorgegebene Suchpolygon?
3. Sind die in 2. nachgewiesenen Tupel bereits die gesuchten Objekte, oder nur Teilobjekte von diesen? Im letzteren Fall: In welchen Tabellen finden sich weitere Informationen?

Typisch für diesen Ablauf ist das Springen zwischen Benutzer-Daten und Meta-Daten (Katalogdaten), eine Erscheinung, auf die auch im Rahmen anderer "non-standard DB-applications" hingewiesen wurde (z. B. /Loh83/, /McC83/).

Mit Hilfe der Wirtssprache bietet sich aber prinzipiell die Möglichkeit, derartige Probleme anzugehen, sofern (vgl. SEQUEL2 oder SQL) in Programmen der Wirtssprache "queries" dynamisch aufgebaut und ausgeführt werden können. Einfacher zu handhabende Konstrukte (z. B. /SS77, Loh83/), für die (8) /Loh83/ ein Beispiel bietet, sind recht problematisch, da man im allgemeinen nicht mehr für Ergebnis-Tabellen garantieren kann, die in den Rahmen des vorgegebenen Datenmodells (1NF, NF2) passen.

```
(8) SELECT MEASURED_VALUE
    FROM X WHERE X IN (SELECT OBS_TAB_NAME FROM DATA_SETS
          WHERE DAY = 78183 AND SENSOR = 109 AND PARAMTER = 'WIND*')
    AND TIME = 140000
```

In der Praxis versucht man, das obige Problem durch Reduktion der Tabellen-Zahl
wenigstens zu entschärfen. Man verwendet dazu Techniken, die man als Simulation
varianter Records (PASCAL) charakterisieren kann. Es stellt sich die Frage, ob
derartige Ideen nicht in kontrollierter Weise an Datenbankschnittstellen verfügbar
gemacht werden sollten, und zwar unabhängig davon, ob flache oder genestete Tabellen unterstützt werden.

Darüberhinaus ist das Problem der allgemeinen geometrischen Verknüpfung ein Hinweis
darauf, daß Datenbankschnittstellen benötigt werden, die benutzerdefinierte Datentypen unterstützen. Wir sehen hier Berührungspunkte zu Anforderungen, die im
anschließenden Kapitel behandelt werden.

4. Transaktionsverwaltung und Zugriffspfadunterstützung

4.1 Zur Transaktionsverwaltung

Gegenüber kommerziell orientierten DBMS zeichnen sich die Nicht-Standard-Anwen-
dungen dadurch aus, daß sie völlig neuartige Anforderungen an die Transaktionsver-
waltung stellen (vgl. z. B. /HR82, Hask82/). Die typischen Merkmale wie

- Transaktionsdauer
- Komplexität der Konsistenzbedingungen
- Komplexes Geflecht von auslösenden Operationen und Folgeoperationen

kennzeichnen auch Vorgänge im Liegenschaftskataster, wie man am Beispiel der
Flurstücksteilung (Kap. 2.2.4) nachlesen kann.

Wenn wir einmal Fragen bezüglich geeigenter Transaktions-Modelle außer acht lassen,
dann sind folgende Forderungen zu stellen, wenn ein DBMS die Datenbankkonsistenz in
derartigen Anwendungen wirkungsvoll überwachen soll:

1. Ausreichendes Repertoire an Datenstrukturen, welche anwendungsspezifische Konsistenzbedingungen bereits implizit erfassen (Beispiel: Anordnungsbeziehung). Die
   Unterstützung modellinhärenter Konsistenzbedingungen sollten selbstverständlich
   sein (z. B. Fremdschlüsselbedingung), ihre Formulierung nur mininalen Aufwand
   erfordern.
2. Die Datenbankschnittstelle sollte alle Datenoperationen unterstützen, die erforderlich sind, um die für die Anwendung wesentlichen Konsistenzbedingungen formulieren zu können.
3. Zur automatischen Abwicklung von Folgeoperationen ist ein Trigger-Subsystem
   erforderlich, wie es z. B. im Rahmen von SEQUEL2 konzipiert wurde.
4. Datenstrukturen und Operationen, die es erlauben, Objekte für Sperrzwecke
   präzise zu bezeichnen.

Wie die Diskussionen des Kapitels 3 gezeigt haben, stellen verallgemeinerte
relationale Konzepte bereits eine Antwort auf die Forderungen 1 und 4 dar.

4.2 Zugriffspfadunterstützung für anwendungsnahe Operationen

Der Mangel anwendungsnaher Operationen in Datenbankschnittstellen wird gewöhnlich
damit gerechtfertigt, daß sie in der Wirtssprache ohnehin leicht bereitgestellt
werden können. Die Argumentation übersieht aber zwei nachteilige Folgen:

- Für die Programme der Wirtssprache leistet die Datenbank lediglich eine Daten-
  vorauswahl. Je geringer die Ausdrucksmöglichkeiten, um so geringer der Wert der

Vorauswahl. Dies gilt insbesondere für geometrische Operationen. A10 ("Grundstücke, die durch eine Freileitung betroffen sind") diene als Illustration.

- Je geringer die Trefferquote bei der Vorauswahl, um so größer die Systemkosten, die der Benutzer in kauf nehmen muß.

Aus diesem Grunde wird - speziell für geometrische Objekte - vielfach versucht, Zugriffspfadinformationen in den Benutzerdaten zu führen und dadurch die Vorauswahl zu verbessern. Auf die Konsequenzen bezüglich Datenunabhängigkeit und Datenkonsistenz braucht hier nicht weiter eingegangen zu werden.

Die Folgerungen für Datenbanksysteme zur Verwaltung geometrischer Objekte scheinen auf der Hand zu liegen:

- Bereitstellung eines Basis-Satzes geometrischer Operationen
- Bereitstellung der entsprechenden Zugriffspfadunterstützung.

Die beiden Forderungen scheinen sich sogar gegenseitig zu bedingen: Aus der Existenz vorhandener Suchstrategien (z. B. /Tam82/) leitet man die Forderung nach adäquaten Benutzeroperationen ab und umgekehrt.

Leider liegen die Dinge nicht so einfach. Wie die Beispiel (5) und (6) vermuten lassen, sind bei anspruchsvollen Suchaufgaben verwickelte Ausdrücke zu erwarten, deren Optimierung erhebliche Schwierigkeiten erwarten läßt. Erschwerend kommen Fakten hinzu wie:

- Koordinaten-Information wird vielfach nur bei Punktobjekten geführt. Höhere Objekte beziehen sich nur indirekt auf diese Information (Beispiel: Abb. 4).
- Mit neuen Aufgaben entsteht auch die Notwendigkeit, neue Zugriffsmethoden zu entwickeln.

Aus diesen Beobachtungen kann man eine ähnliche Forderung ableiten wie im Kapitel 3.3.2 bzgl. historischer Daten, nämlich das Datenmodell durch geometrische Datentypen und ihre Operationen zu erweitern. Im Sinne abstrakter Datentypen ist es darüberhinaus wünschensewrt, daß Datenbanken nicht nur in ihrem Operationsvorrat (Kap. 3.3.1) erweiterbar sind, sondern auch bezüglich ihrer Zugriffspfadmechanismen.

5. Zusammenfassung

Anwendungen wie das Liegenschaftskataster stellen bezüglich der Speicherung, Verarbeitung und Überwachung der Daten Anforderungen an DBMS, die von herkömmlichen kommerziellen Systemen nicht erfüllt werden. Ausgehend von der zentralen Forderung nach Überwachung der Datenkonsistenz läßt sich das Anforderungsprofil für alternative DBMS wie folgt zusammenfassen:

Es sind Datenmodelle erforderlich, welche die anwendungsspezifische Konsistenzbedingungen weitestgehend mit Mitteln der Datenstrukturen erfassen können. Daraus ergibt sich für die betrachtete Anwendung die Notwendigkeit von Listen, hierarchisch strukturierter Tabellen, sowie spezieller Datentypen zur Erfassung historischer und geometrischer Sachverhalte. Darüberhinaus sollte das Tabellenkonzept dahingehend erweitert werden, daß semantisch gleichartige, aber strukturell verschiedenartige Objekte in einer Tabelle zusammengefaßt werden können ("variante Tupel").

Für die Überwachung von Konsistenzbedingungen, die nicht unmittelbar durch entsprechende Datenstrukturen gewährleistet werden können, ist ein Konsistenz- und Trigger-Substystem erforderlich. Das verfügbare Datenmodell muß ausdrucksfähig genug sein, um derartige Konsistenzbedingungen formulieren zu können. Zu diesem Zweck sind zunächst einmal geeignete strukturnahe Operationen bereitzustellen, welche die Formulierung optimierungsfreundlicher Datenbankanweisungen ermöglichen. Zusätzlich aber werden in wesentlich stärkerem Maße als bisher datenmodell-ferne Operationen benötigt. Ihr Spektrum reicht von den numerischen Operationen, wie sie in Programmiersprachen gängig sind, bis hin zu geometrischen Basisoperationen.

Die erwähnten Operationen erhöhen natürlich auch die Auswahlfähigkeit der Datenbankschnittstelle. Sinnvoll wird dies aber erst, wenn die verfügbaren Operationen (etwa für historische oder geometrische Daten) durch geeignete Zugrifsspfade unterstützt werden.

Die genannten Forderungen scheinen sich in einer Weise gegenseitig zu bedingen, die in letzter Konsequenz dazu führt, Datenbankschnittstellen zu fordern, die erweiterbar im Sinne abstrakter Datentypen sind.

6. Literaturverzeichnis

/CAE76/   D. D. Chamberlin et al: SEQUEL2: A Unified Approach to Data Definition, Manipulation and Control, IBM Journal of Research and Development 20 (1976), S. 560 - 575.

/Fr82/   A. Frank: Map-Query: Data base query language for retrieval of geometric data and their graphical representation, Computer Grafics, Vol. 16, Juli 1982.

/Gr83/   L. Gründig: Data Models for Geographically Orientated Problems and CAD Applications, IBM Wissenschaftliches Zentrum Heidelberg, Technischer Bericht (in Druck).

/HR82/   T. Härder, A. Reuter: Database Systems for Non-Standard Applications, Universität Kaiserslautern, Fachbereich Informatik, Interner Bericht 54/82 (1982).

/Hask82/   R. L. Haskin, R. A. Lorie: Using a Relational Data Base Systems for Circuit Design, Database Engineering, Vol. 5, No. 2, Juni 1982, S. 10-14.

/ IBM /   SQL/Data System, Concepts and Facilities, IBM Corporation, GH 24-5013, Jan. 1981.

/Loh83/   G. M. Lohmann, J. C. Stolzfus et al: Remotely Sensed Geophysical Databases: Experience and Implications for Generalized DBMS, SIGMOD 83, SIGMOD Record Vl. 13 (4), pp. 146 - 160 (1983).

/McC83/   J. L. McCartley: Metadata Management for Large Statistical Databases, Proc. 8. Intern. Conference on Very Large Data Bases, Mexico City, September 1982, S. 234-243.

/Mei82/   A. Meier: Semantisches Datenmodell für flächenbezogene Daten, Diss. ETH Zürich Nr. 7043, 1982.

/MZ80/   A. Meier, C. A. Zehnder: Flächenmodell-Register - Die Strukturen wichtiger geografischer Datensammlungen der Schweiz. Bericht Nr. 39 des Instituts für Informatik ETH Zürich 1980.

/PHH83/   P. Pistor, B. Hansen, M. Hansen: Eine sequelartige Sprachschnittstelle für das NF2-Modell, GI - 13. Jahrestagung, 1983.

/Sch82/   K. Schüller: Graphisch/alpha-numerische Informationssysteme: Design und Verwendung in der Leitungsdokumentation, Technische Akdademie Eßlingen, 1982.

/SS77/ D. C. P. Smith, J. M. Smith: Data base abstractions: aggregation and generalization. ACM TODS Vol. 2 Nr. 2, 1977, S. 105-133.

/TAM82/ M. Tamminen: Efficient Spatical Access to a Data Base, Proc. Intern. Conf. on Management of Data, SIGMOD-ACM, Orlando (Florida), 2. - 4. Juni (1982), S. 200 - 206.

Abbildungen:

FLURSTÜCKSVERZEICHNIS								
FNR	VORGÄNGER	GEMARKUNG	NUTZUNG		BAULAST		FLÄCHE [a]	GBNR
			ART	DATUM	NAME	DATUM		
528/1	528	BRÜHL	BAULAND BEBAUT	28.2.81 1·3·83	keine		430	G 2780

Abb. 1a: Fiktiver Ausschnitt aus einem Liegenschaftsbuch. Unterstrichene Einträge (z. B. Bauland) sind durch Fortführung ungültig geworden.

GRUNDBUCHHEFT						
GBNR	FLURSTÜCKE		EIGENTÜMER		FINANZAMT	ETC
	LFD NR	NAME	ARTIKEL NAME	ART DES EIGENT.		
G 2780	528/1 528/2	HALDENWEG 27 HALDENWEG 25	MEIER	100 %	B-STADT	
G 2795	528/3	HALDENWEG 23	MÜLLER SCHULZ	50 % 50 %	B-STADT	

Abb. 1b: Fiktiver Ausschnitt aus einem Grundbuch

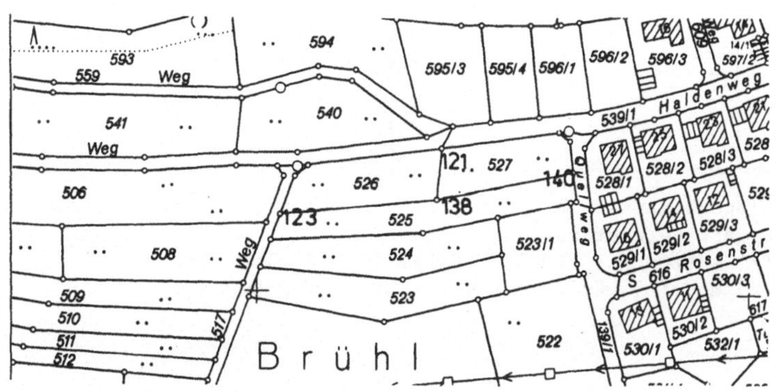

Abb. 2: Ausschnitt aus einer fiktiven Flurkarte

(a)

FLURSTÜCK							
FNR	GEMARKUNG	NUTZUNG	DATUM	BAULAST	DATUM	FLÄCHE [a]	GBNR
528/1	BRÜHL	BEBAUT	1.3.83	keine		4.30	G 2780

(b)

GRENZABSCHNITT					
KENNUNG	LI-FNR	RE-FNR	VON-NR	NACH-NR	LÄNGE
	526	525	123	138	
	526	527	138	121	
	525	527	140	138	

(c)

PUNKT				
KENNUNG	X-KOORD.	Y-KOORD.	BEZUGS-SYSTEM	WEITERE ATTRIBUTE
123				
140				
138				

Abb. 3:   Liegenschaftsbuch und Flurstücksgeometrie in relationaler Darstellung (stark vereinfacht)
(a) Auszug aus FLURSTÜCKSVERZEICHNIS (Abb. 1a)
(b) und (c): Erfassung der Flurstücksgeometrie

FLURSTÜCKE		
FNR	GRENZE	WEITERE ATTRIBUTE
526	<"123", "138", "121" ··· >	

Abb. 4: Vereinfachte Darstellung ("weitere Attribute") der Tabelle 1a, ergänzt durch Informationen über die Flurstücksgeometrie (Attribut GRENZE). (Anm.: "123" symbolisiert den Objektidentifizierer mit der Kennung 123).

Eine Sprachschnittstelle zur Versionenkontrolle in CAM – Datenbanken

Th. Müller, D. Steinbauer
Universität Erlangen-Nürnberg,
Informatik 6,

Martensstrasse 3, 8520 Erlangen

Überblick

Eine wesentliche Rolle im Fertigungsbereich spielt der Begriff der
Version. Bedingt durch häufige technische Änderungen sind die Eigenschaften gängiger Objekte wie z.B. "Teil" oder "Arbeitsplan"
zeitabhängig. In einer CAM-Datenbank ist deshalb die Bereitstellung
geeigneter Datenstrukturen und adäquater Operationen erforderlich. Das
im folgenden vorgestellte System zur Handhabung versionsbehafteter
Objekte wurde für den Prototyp einer CAM-Datenbank entwickelt.

1. Die CAM-Anwendung

Die Objekte des Fertigungsbereichs werden durch Einträge in einer
relationalen Datenbank repräsentiert. Die im Konzeptionellen Schema
definierten Datenstrukturen wurden auf einem Relationalen Daten-
bankverwaltungssytem implementiert. Die Wahl des Relationalen Modells
begründet sich zum einen aus den uns zur Verfügung stehenden Methoden
zur Konstruktion von Objekttypen, zum anderen aus der installierten
Softwareumgebung. Die hier vorgeschlagene Lösung auf der Basis des
Relationalen Modells kann in ähnlicher Weise auf andere Datenmodelle
übertragen werden.

1.1 CAM-Datenbank

Betrachtet man die Datenbank zunächst in einem versionsfreien Zustand,
so wird ein Objekt oder in vielen Fällen der Repräsentant einer Menge
gleicher Objekte, z.B. ein "Teil" das in mehreren Ausprägungen
existiert, durch einen Tupeleintrag in einer Relation der CAM-Datenbank repräsentiert.

Beispiel:
   Es existiert eine Relation für die Objekte vom Typ "Arbeitsgang":
   ARBEITSGANG(AG-ID, BESCHREIBUNG, DAUER)

   "ARBEITSGANG" ist der Name der Relation, AG-ID, BESCHREIBUNG und
   DAUER sind Attribute.
   Der Wert des Attributs AG-ID identifiziert ein Tupel der Relation.

   Beispiel eines Tupeleintrags dieser Relation:
       (4711, DRILL HSS/3541-00002,0010).

Umfassende Informationen über Datenstrukturen im Fertigungsbereich
finden sich in <2>, <11>, spezielle Objekte werden in <9>, <13>, <14>
beschrieben.

Allgemein notieren wir eine Relation als REL(OBJECT-ID,...) wobei REL
der Name der Relation ist und OBJECT-ID für den Primärschlüssel steht,
der auch komplex sein kann. Die Punkte deuten die weiteren Attribute
an.

1.2 Die Bedeutung von Versionen

In der Welt der CAM-Anwendung ändern sich, z.B. durch fertigungs-
technische oder konstruktive Modifikationen, die Eigenschaften von
Objekten über die Zeit.

Die folgende Aufzählung zeigt die wesentlichen Aspekte der zeitlichen
Änderung von Objekten in der betrachteten CAM-Anwendung:

- Ein modifiziertes Objekt wird nicht als neues Objekt behandelt, es
  wird lediglich als neue Version des Objekts bezeichnet. Die Iden-
  tifikation OBJECT-ID bleibt deshalb unverändert. Dies bedeutet, daß
  mehrere Versionen eines Objekts in der Datenbank existieren können.

- Die Änderung an einem Objekt wird zu einem bestimmten Zeitpunkt für wirksam erklärt. Dies muß keineswegs der Zeitpunkt des Eintrags sein, es kann sich auch um einen beliebigen Zeitpunkt in der Zukunft handeln. Änderungen an Objekten in der Vergangenheit sind aus pragmatischen Gründen unzulässig, dies gilt auch für das Erzeugen und Löschen von Objekten.

- Falls ein Objekt zu einem bestimmten Zeitpunkt existiert, so ist in diesem Zeitpunkt genau eine Version des Objekts gültig. Es dürfen nicht mehrere Versionen des gleichen Objekts zur gleichen Zeit existieren. Im gleichen Zeitpunkt mehrfach existierende Ausführungen eines Objekts bezeichnen wir als Varianten.

- Während der Lebenszeit eines Objekts hat eine Version unmittelbar auf eine andere Version zu folgen - in der Existenz eines Objekt sind keine Lücken zulässig.

- Nicht nur die neueste oder aktuelle Version eines Objekts ist von Interesse. So werden etwa alte Versionen für den Ersatzteildienst und zukünftige Versionen für die Planung benötigt.

Zur Handhabung der Versionen sind eine Repräsentationsform für versionsbehaftete Objekte in der Datenbank und geeignete Operationen zur Datenmanipulation bereitzustellen. Das Problem der Versionen ist aus betriebswirtschaftlichen Anwendungen bekannt, Beachtung gefunden hat es insbesondere im Zusammenhang mit "update in place" (<8>, S. 147-148).

2. Versionsbehaftete CAM-Datenbank

2.1 Repräsentation von Versionen in der Datenbank

Ein relationales Datenbank-Schema kann auf verschiedene Weise zur Darstellung versionsbehafteter Objekte erweitert werden.

Eine Lösung ist das Einbringen eines Versionsattributes "valid-date", das die Gültigkeit einer Version "von" oder "bis" zu einem bestimmten Zeitpunkt anzeigt. Die Angabe der Zeit hängt hierbei von der Anwendung ab, im allgemeinen von dem zugrunde liegenden Werkskalender.

```
(1) REL(OBJECT-ID, VALID-FROM, <weitere Attribute>).
(2) REL(OBJECT-ID, VALID-TO,  <weitere Attribute>).
```

Beide Lösungen erlauben keine zufriedenstellende Versionskontrolle. Durch (1) kann der Tod eines Objekts nicht dargestellt werden, mit (2) nicht der Zeitpunkt der Geburt eines Objekts. Für eine hinreichende Lösung werden deshalb zwei Versionsattribute benötigt:

```
(3) REL(OBJECT-ID, VALID-FROM, VALID-TO, <weitere Attribute>)
```

Die unter (3) vorgeschlagene Lösung bedingt einen Mechanismus zur Kontrolle der direkten Aufeinerfolge der einzelnen Versionen.

```
(4) REL(OBJECT-ID, VALID-FROM, ALIVE,   <weitere Attribute>)
    wobei ALIVE entweder .true., d.h. das Objekt existiert,
    oder .false. ist, d.h. das Objekt lebt nicht mehr.
(5) REL(OBJECT-ID, VALID-TO, ALIVE,     <weitere Attribute>)
    wobei ALIVE entweder .true., d.h. das Objekt existiert,
    oder .false. ist, d.h. das Objekt ist noch nicht geboren.
```

Beide Lösungen erlauben die Darstellung von Geburt und Tod eines Objekts und implizieren die direkte Aufeinanderfolge der einzelnen Versionen. Wir wählen die zu (5) äquivalente Alternative (4).

Die Relationen, die versionsbehaftete Objekte beschreiben, werden also durch die Versionsattribute VALID-FROM und ALIVE erweitert. Das Attribut VALID-FROM zeigt an, wann die Version gültig wird. Es bildet zusammen mit dem eigentlichen OBJECT-ID der zugrundeliegenden versionsfreien Relation den Primärschlüssel. ALIVE markiert, bzeogen auf den durch VALID-FROM bestimmten Zeitpunkt, den Zustand des Objekts, lebend oder tot. Die Version mit ALIVE = .false. markiert somit das Ende der Lebensperiode eines Objekts. Diese Version ist eine Pseudoversion, die nur zu diesem Zweck eingetragen wird. Um zu kontrollieren, daß die Version mit ALIVE = .false. die letzte Version eines Objekts ist, wird ein Kontrollmechanismus bereitgestellt.

Beispiel:
```
Die Relation "ARBEITSGANG" wird nun verändert in
ARBEITSGANG(AG-ID,VALID-FROM,ALIVE,BESCHREIBUNG,DAUER)
Zwei Versionen des Objekts 4711 sind etwa:
```

(1) REL(<u>OBJECT-ID, VALID-FROM</u>, <weitere Attribute>).
(2) REL(<u>OBJECT-ID, VALID-TO</u>,   <weitere Attribute>).

Beide Lösungen erlauben keine zufriedenstellende Versionskontrolle. Durch (1) kann der Tod eines Objekts nicht dargestellt werden, mit (2) nicht der Zeitpunkt der Geburt eines Objekts. Für eine hinreichende Lösung werden deshalb zwei Versionsattribute benötigt:

(3) REL(<u>OBJECT-ID, VALID-FROM</u>, VALID-TO, <weitere Attribute>)

Die unter (3) vorgeschlagene Lösung bedingt einen Mechanismus zur Kontrolle der direkten Aufeinderfolge der einzelnen Versionen.

(4) REL(<u>OBJECT-ID, VALID-FROM</u>, ALIVE,   <weitere Attribute>)
    wobei ALIVE entweder .true., d.h. das Objekt existiert,
    oder .false. ist, d.h. das Objekt lebt nicht mehr.
(5) REL(<u>OBJECT-ID, VALID-TO</u>, ALIVE,   <weitere Attribute>)
    wobei ALIVE entweder .true., d.h. das Objekt existiert,
    oder .false. ist, d.h. das Objekt ist noch nicht geboren.

Beide Lösungen erlauben die Darstellung von Geburt und Tod eines Objekts und implizieren die direkte Aufeinanderfolge der einzelnen Versionen. Wir wählen die zu (5) äquivalente Alternative (4).

Die Relationen, die versionsbehaftete Objekte beschreiben, werden also durch die Versionsattribute VALID-FROM und ALIVE erweitert. Das Attribut VALID-FROM zeigt an, wann die Version gültig wird. Es bildet zusammen mit dem eigentlichen OBJECT-ID der zugrundeliegenden versionsfreien Relation den Primärschlüssel. ALIVE markiert, bezogen auf den durch VALID-FROM bestimmten Zeitpunkt, den Zustand des Objekts, lebend oder tot. Die Version mit ALIVE = .false. markiert somit das Ende der Lebensperiode eines Objekts. Diese Version ist eine Pseudoversion, die nur zu diesem Zweck eingetragen wird. Um zu kontrollieren, daß die Version mit ALIVE = .false. die letzte Version eines Objekts ist, wird ein Kontrollmechanismus bereitgestellt.

Beispiel:
    Die Relation "ARBEITSGANG" wird nun verändert in
    ARBEITSGANG(<u>AG-ID,VALID-FROM</u>,ALIVE,BESCHREIBUNG,DAUER)
    Zwei Versionen des Objekts 4711 sind etwa:

$$(4711, 01.01.83, .true., \text{DRILL HSS/3541-00002}, 0010)$$
$$(4711, 15.11.83, .true., \text{DRILL HSS/3541-00002}, 0008).$$

Steht das Objekt ab 20.01.84 nicht mehr zur Verfügung, so wird unter diesem Zeitpunkt die den Tod des Objekts anzeigende Pseudo-version eingetragen:

$$(4711, 20.01.84, .false., \qquad \text{nil} \qquad , \text{nil}).$$

Um die Attributwerte einer Version eines Objekts zu referenzieren schreiben wir "ver.attributname", wobei "ver" eine Tupelvariable ist und "attributname" die Spalte in der Relation kennzeichnet. So gilt für die Version mit OBJECT-ID = "4711" und VALID-FROM = "15.11.83" die Angabe ver.DAUER = "0008".

2.2 Zeitabhängige Gültigkeit von Versionen

Wie bereits erörtert, existiert zum jedem Zeitpunkt höchstens jeweils eine gültige Version eines bestimmten Objekts. Diese gültige Version eines Objekt zum Zeitpunkt t-i wird bestimmt durch die Bedingung

$$\text{ver.VALID-FROM} = \text{MAX}(\text{ver.VALID-FROM} \leqslant t\text{-}i) \text{ AND ver.ALIVE} = .true.$$

Im folgenden steht "ver(t-i)" oder kurz "ver" für die gültige Version eines bestimmten Objekts zum Zeitpunkt t-i.

Die Menge aller zu einem Zeitpunkt t-i gültigen Versionen gibt den Zustand der Objekte und damit des betrachteten Anwendungsbereiches in diesem Zeitpunkt. Wir definieren

STATE(t-i):
Zustand der Objekte zum Zeitpunkt t-i, d.h. die Menge aller Objekte in ihrer zum Zeitpunkt t-i gültigen Version
>> STATE(t-i) := { ver(t-i) | Objekt ist in der Datenbank und
                              ver ist die gültige Version
                              zum Zeitpunkt t-i } .

Durch einen vom Benutzer spezifizierten Zeitpunkt t-interest kann STATE(t-interest) erzeugt werden. STATE(t-interest) wollen wir als "State of Interest" bezeichnen. Den durch den aktuellen Zeitpunkt t-actual gegeben STATE(t-actual) bezeichnen wir als "Actual State".

Die folgende Abbildung verdeutlicht einen "State of Interest". Mit "*"
sind die gültigen Versionen der Objekte zum Zeitpunkt t-i markiert,
andere Versionen sind durch "o", die den Tod markierenden
Pseudoversionen durch "+" dargestellt.

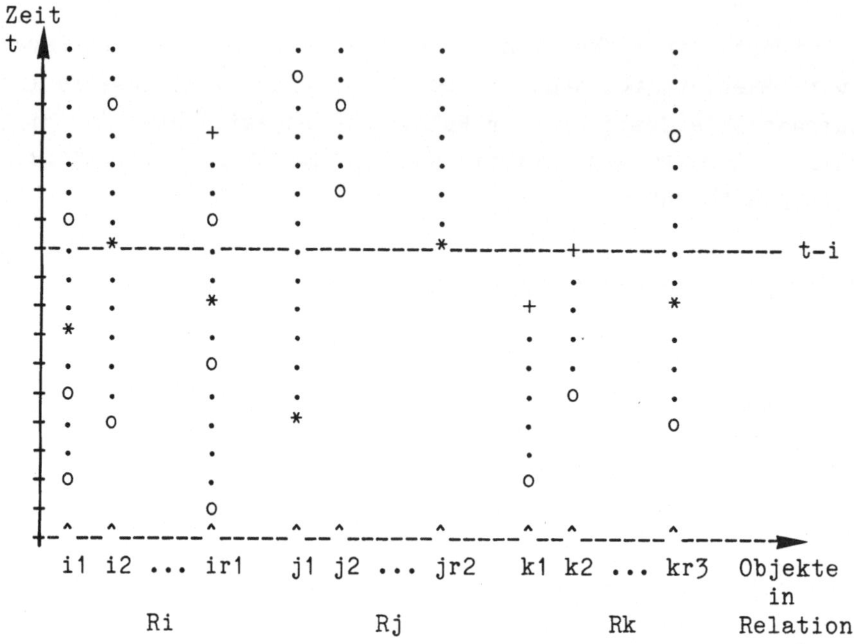

Abb. 1: Objektversionen und STATE(t-i).

Wir definieren noch die Menge aller Objektzustände als

DB-STATES:
>>   DB-STATES = { STATE(t-i) | t-i ist ein Zeitpunkt }

Hierbei sind nicht alle Zeitpunkte auf der diskreten Zeitachse
relevant. Zur Mengenbildung tragen nur solche Zeitpunkte bei, zu
denen neue Versionen eingeführt werden. Deshalb gilt

DB-States = { STATE(t-i) | t-i ist ein Zeitpunkt zu dem
              eine Änderung an einem Objekt wirksam wird}.

3. Versionsfreie und versionsbehaftete Sicht der Datenbank

Prinzipiell sehen wir zwei Möglichkeiten des Arbeitens mit einer versionsbehafteten Datenbank:

- die Objekte können in einem bestimmten vom Benutzer zu spezifizierenden Zeitpunkt betrachtet werden , d.h. in ihren zu diesem Zeitpunkt jeweils gültigen Versionen;

- die Objekte können in ihrem zeitabhängigen Verhalten in der Vergangenheit, Gegenwart oder Zukunft betrachtet werden.

Nicht allein für die CAM-Anwendung scheint es günstig zu sein, diese beiden Möglichkeiten strikt zu trennen.

3.1 Die versionsfreie Sicht

Der Benutzer der CAM-Datenbank arbeitet im allgemeinen mit einem fixierten Zeitpunkt. Dies bedeutet, er betrachtet die Fertigungsumgebung wie sie sich zu diesem Zeitpunkt darstellt. Der Zeitpunkt kann in der Vergangenheit, Gegenwart oder Zukunft liegen. Nach dem Festsetzen dieses Zeitpunkts ist der Benutzer nicht weiter mit Zeitabhängigkeiten befaßt. Das Ansprechen eines bestimmten Objekts bedeutet das Ansprechen der zu diesem Zeitpunkt gültigen Version des Objekts. Dazu wird die versionsbehaftete Datenbank in eine versionsfreie Sicht abgebildet. Die Abbildung selbst ist dabei zeitabhängig.

Die Wirkung ist die Erzeugung eines Objektzustandes zum Zeipunkt $t-i$, $STATE(t-i)$, wobei die abgeleiteten Relationen durch Projektion entstehen und nur die nicht zur Versionenkontrolle beitragenden Attribute enthalten. Die Versionsattribute VALID-FROM und ALIVE bleiben verborgen. Der Mechanismus zur Bildung der abgeleiteten Relationen ist einfach zu beschreiben durch:

```
FOR ALL RELATIONS OF THE DATABASE
DEFINE DERIVED RELATION ver.<all non version attributes>
WHERE ver.VALID-FROM = MAX(ver.VALID-FROM < t-i)
      AND ver.ALIVE = .true.
```

Zur Sichtbildung und zu auftretenden Anomalien vgl. <1>,<3>,<10>,<12>.

3.2 Die versionsbehaftete Sicht

Zur gezielten Behandlung des zeitabhängigen Verhaltens der Objekte ist eine Sicht auf die Datenbank notwendig, die die Versionsattribute VALID-FROM and ALIVE beinhaltet. Die in dieser Sicht zulässigen Änderungsoperationen sind auf die Versionsattribute zu beschränken.

Die Sicht für die Änderungsoperationen besteht aus den Attributen OBJECT-ID, VALID-FROM and ALIVE.

4. Version Controller

Der Version Controller ist ein Subsystem zur Kontrolle der Operationen auf den beiden vorgenannten Sichten und zur Transformation der Änderungsoperationen auf den Sichten in Operationen auf der Datenbank. Alle Attribute die nicht von der Versionenkontrolle betroffen sind, werden unverändert zum Datenbanksystem weitergeleitet.

Die Entscheidung, die Versionenkontrolle mittels eines Subsystems zu realisieren, ist bedingt durch die uns zur Verfügung stehende Umgebung; zweifelsohne würde eine Integration des Version Controllers im DBMS die effizientere Lösung darstellen.

Um die operationalen Bedingungen angeben zu können, werden zwei boolsche Funktionen PRE(ver) und SUC(ver) eingeführt. Sie geben an, ob ein Vorgänger beziehungsweise ein Nachfolger existiert, d.h. ob es eine frühere bzw. spätere Version der durch OBJECT-ID und VALID-FROM bestimmten Version "ver" gibt. Wenn eine solche Version existiert, ist der Funktionswert .true. andernfalls .false.. Es ist zu bemerken, daß auch SUC(ver) = .true. gilt, wenn der Nachfolger die den Tod kennzeichnende Pseudoversion ist. Der Vorgänger bzw. der Nachfolger selbst werden durch PRE-V(ver) beziehungsweise SUC-V(ver) angegeben.

4.1 Operationskontrolle auf der versionsfreien Sicht

Der Benutzer definiert zunächst den ihn interessierten Zeitpunkt "time of interest" (t-interest). Dieser Zeitpunkt ist eine Eingabe für den Version Controller, er bewirkt die Erzeugung einer versionsfreien Sicht auf dem "State of Interest".

Alle nachfolgenden Operationen auf der versionsfreien Sicht bewirken

eine Operation auf dem zugrunde liegenden "State of Interest" der
Datenbank.

Im folgenden werden Operationen auf der Sicht durch das Suffix -OBJECT
gekennzeichnet, solche auf der Datenbank durch -ON-DB. Die Operationen
auf der Datenbank werden als verständlich vorausgesetzt und deshalb
nicht weiter erläutert.

    RETRIEVE-OBJECT

Die Transformation von RETRIEVE-OBJECT zu RETRIEVE-ON-DB ist problemlos. Es handelt sich um eine normale Erweiterung der Operation
durch die sichtbildende Bedingung (vgl. <12>).

Schwierigkeiten treten bei der Transformation der Änderungsoperation
auf. Einige praktikable Lösungen werden in <10> aufgezeigt.

Generell gilt für die Änderungsoperationen auf einer versionsfreien
Sicht folgende pragmatische Bedingung:

    Änderungsoperationen sind beschränkt auf die Gegenwart und die
    Zukunft, d.h. Änderungen auf Objekten in der Vergangenheit sind
    nicht erlaubt:
    >> t-interest > t-actual

(1) INSERT-OBJECT(object-id, <weitere Attribute>)

Einfügen einer ersten Version eines Objekts.

Bedingung:
    Es existiert noch keine Version des Objekts in der Datenbank. Dies
    sichert, daß OBJECT-IDs die irgendwann bereits vergeben wurden
    nicht wiederverwendet werden dürfen. Ein Objekt lebt demzufolge nur
    einmal.
    >> Nach dem Einfügen gilt:
        PRE(ver) = .false. AND SUC(ver) = .false.

Die Voraussetzung "Das Objekt darf nicht in dem State of Interest
vorhanden sein" betrachten wir als nicht hinreichend, da vermieden
werden soll, daß der identische OBJECT-IDs zu unterschiedlichen
Zeitpunkten völlig verschiedene Objekte bezeichnen. In der Fertigungsumgebung steht der OBJECT-ID eines Objekts für alle Zeit defi-

nitiv fest.

Transformation von INSERT-OBJECT in
    INSERT-ON-DB erweitert um ver.VALID-FROM := t-interest und
    ver.ALIVE := .true.

(2) REPLACE-OBJECT(object-id, <weitere Attribute>)

Einfügen oder Ändern einer Version eines existierenden Objekts.

Bedingung:
    >> Das Objekt, bestimmt durch OBJECT-ID, ist mit der Version "ver"
    in der Sicht vorhanden.

Erster Fall:
    >> ver.VALID-FROM < t-interest
    Dies ist wohl der Normalfall, es wird eine neue Version "ver-new"
    eingeführt:

Transformation von REPLACE-OBJECT in
    INSERT-ON-DB erweitert um ver-new.VALID-FROM := t-interest und
    ver-new.ALIVE := .true.

Zweiter Fall:
    >> ver.VALID-FROM = t-interest

Transformation von REPLACE-OBJECT in
    REPLACE-ON-DB (ver.VALID-FROM und ver.ALIVE bleiben
    unverändert). Dies entspricht einer normalen REPLACE-Operation
    in der Datenbank.

Bemerkung: Im ersten Fall wird, falls bereits eine Nachfolgeversion
    SUC-V(ver) existiert, eine neue Version in die Reihenfolge der Ver-
    sionen des Objekts eingefügt. Die Versionen werden also nicht wie
    ein Stack behandelt. Im Falle unserer Anwendung ist dies sinnvoll,
    denn die Konsistenz der Datenbank wird über semantische Integri-
    tätsbedingungen bzw. über ein getriggertes Message-System ge-
    sichert.

```
DELETE-OBJECT(object-id)
```
Sterben des Objekts.

Bedingung:
>> Das Objekt, bestimmt durch OBJECT-ID, ist mit der Version "ver"
in der Sicht vorhanden.
>> SUC(ver) = .false., d.h. ein Objekt kann nicht sterben falls
eine nachfolgende Version existiert.

Erster Fall:
>> ver.VALID-FROM < t-interest

Transformation von DELETE-OBJECT in
INSERT-ON-DB mit ver-new.VALID-FROM := t-interest und
ver-new.ALIVE := .false.

Zweiter Fall:
>> ver.VALID-FROM = t-interest AND PRE(ver) = .true.

Transformation von DELETE-OBJECT in
UPDATE-ON-DB mit ver.ALIVE := .false.

Dritter Fall:
>> ver.VALID-FROM = t-interest AND PRE(ver) = .false.
Dies ist der Fall, daß die erste und einzige Version des Objekts
eliminiert werden soll:
Transformation von DELETE-OBJECT in
DELETE-ON-DB

4.2 Operationskontrolle auf der versionsbehafteten Sicht

Die Operationen auf der versionsfreien Sicht werden nun ergänzt durch
Operationen zur Manipulation der Versionen. Auch diese Operationen
werden durch den Version Controller in Operationen auf die Datenbank
umgesetzt. Operationen auf der versionsbehafteten Sicht werden durch
das Suffix -VERSION gekennzeichnet.

RETRIEVE-VERSION
Die RETRIEVE-Operation auf Versionen gestattet Informationen über die
zeitliche Entwicklung eines Objekts in Vergangenheit, Gegenwart und

Zukunft zu erhalten. Die Umsetzung in RETRIEVE-ON-DB ist problemlos und wird hier nicht weiter behandelt.

Eine Operation INSERT-VERSION ist nicht vorgesehen, da alle Modifikationen der nicht zur Versionenkontrolle dienenden Attribute durch die Operation UPDATE-OBJECT auf der versionsfreien Sicht erfolgen.

Die Änderungsoperationen auf der versionsbehafteten Sicht sind beschränkt auf die Versionsattribute VALID-FROM und ALIVE sowie den OBJECT-ID. Für Änderungsoperationen gelten generell zwei Bedingungen:
>> Die durch OBJECT-ID und VALID-FROM bestimmte Version "ver" ist in der Datenbank.
>> ver.VALID-FROM $\geqslant$ t-actual, d.h. Änderungen an Versionen in der Vergangenheit sind nicht erlaubt.

(1) MOVE-VERSION (object-id, valid-from, t-new)

Verschieben einer Version in der Zeit, im allgemeinen durch Update des Attributwertes VALID-FROM. "object-id" und "valid-from" bestimmen die Version "ver", "t-new" den neuen Zeitpunkt, zu dem diese Version gültig werden soll.

Bedingungen:
>> PRE(ver) = .true.
       --> t-new $\geqslant$ MAX(t-actual,PRE-V(ver).VALID-FROM)
>> PRE(ver) = .false. --> t-new $\geqslant$ t-actual.
Diese Bedingungen geben die untere zeitliche Grenze für die MOVE-Operation an: die untere Grenze ist entweder durch den Eintrag einer Vorgängerversion oder den aktuellen Zeitpunkt t-actual gegeben.
>> SUC(ver) = .true. --> t-new $\leqslant$ SUC-V(ver).VALID-FROM.
Diese Bedingung gibt die obere Grenze für die MOVE-Operation an, entweder ist die Verschiebung durch den Eintrag einer Nachfolgerversion begrenzt oder es gibt keine Beschränkung.

Die Bedingungen legen das Zeitintervall fest, in denen die Versionen verschoben werden können. Der Bereich wurde beschränkt, um sicher zu stellen, daß durch Ausführen einer MOVE-Operation nicht mehr als eine Version gelöscht wird.

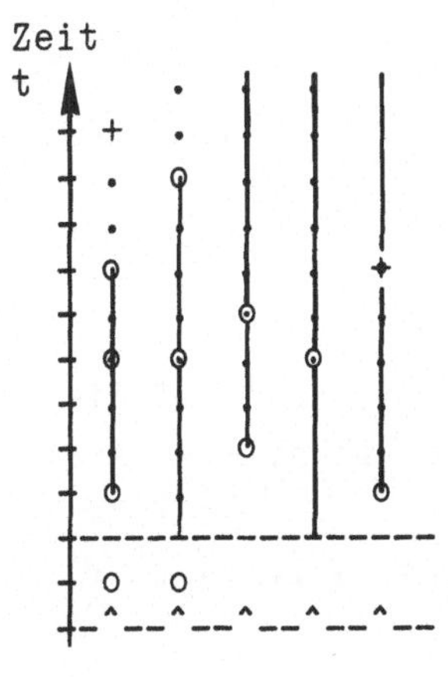

Abb. 2: Intervalle
fuer MOVE.

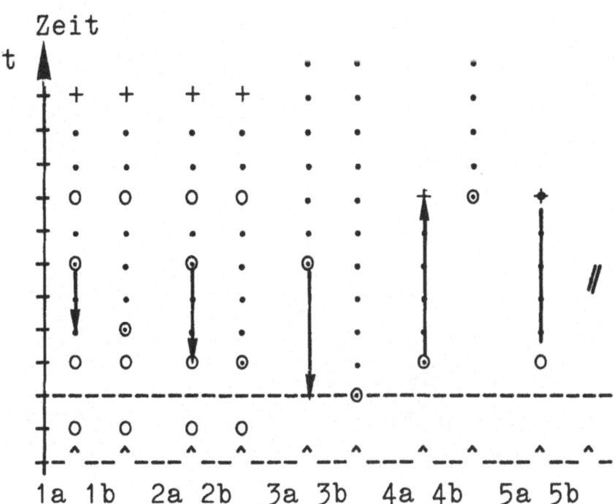

Abb. 3: Ergebnisse von
MOVE-Operationen.

Abbildung 2 zeigt die Zeitintervalle der MOVE-Operation für einige
Versionen. Abbildung 3 illustriert fünf Fälle von MOVE-Operationen.
Fall a) zeigt jeweils die Versionen eines Objekts vor Ausführung der
MOVE-Operation sowie die Version und den Zeitpunkt auf den die Version
verschoben werden soll. Fall b) zeigt die Versionen der Objekte nach
Ausführung der MOVE-Operation. Zu beachten ist, daß die in 5 gezeigte
MOVE-Operation ein Löschen des Objekts ergibt.

Erster Fall:
    Die Version wird innerhalb des Intervalls oder auf die Grenze
    t-actual verschoben, d.h. Vorgänger oder Nachfolger werden nicht
    berührt.
    >> PRE(ver) = .true.   -->   t-new $\neq$ PRE-V(ver).VALID-FROM
    >> SUC(ver) = .true.   -->   t-new $\neq$ SUC-V(ver).VALID-FROM

    Transformation von MOVE-VERSION in
        UPDATE-ON-DB mit ver.VALID-FROM := t-new

Zweiter Fall:
    Die Version wird auf eine Grenze des Intervalls verschoben,
    d.h. auf den Vorgänger oder Nachfolger. Eine Ausnahme bildet Fall
    drei.
    >> PRE-V(ver).VALID-FROM = t-new OR SUC-V(ver).VALID-FROM = t-new
    >> PRE-V(ver).VALID-FROM = t-new AND PRE(PRE-V(ver)) = .false.
        --> ver.ALIVE = .true.
        Die letzte Bedingung schließt den Fall drei aus.

Transformation von MOVE-VERSION in
   1. DELETE-ON-DB für den Vorgänger PRE-V(ver)
                 bzw. den Nachfolger SUC-V(ver);
   2. UPDATE-ON-DB mit ver.VALID-FROM := t-new.

Dritter Fall:
   Die Pseudoversion, die den Tod eines Objekts anzeigt, wird auf die
   erste Version des Objekts verschoben. Damit verbleibt keine Version
   des Objekts in der Datenbank.
   >> PRE-V(ver).VALID-FROM = t-new AND PRE(PRE-V(ver)) = .false.
   AND ver.ALIVE = .false.

Transformation von MOVE-VERSION in
   1. DELETE-ON-DB für den Vorgänger PRE-V(ver);
   2. DELETE-ON-DB für die verschobene Version "ver" des Objekts.

(2) DELETE-VERSION(object-id,valid-from)

Löschen einer Version, in besonderen Fällen Löschen eines Objekts.

Erster Fall:
   >> PRE(ver) = .false.
            --> SUC(ver) = .false. OR SUC-V(ver).ALIVE = .true.
   Diese Bedingung schließt den zweiten Fall aus.

   Transformation von DELETE-VERSION in
   DELETE-ON-DB.

Zweiter Fall:
   Die den Tod eines Objekts anzeigende Pseudoversion wäre die
   einzige in der Datenbank verbleibende Version des Objekts.
   >> SUC(ver).ALIVE = .false. AND PRE(ver) = .false.

   Transformation von DELETE-VERSION in
   1. DELETE-ON-DB der Version "ver";
   2. DELETE-ON-DB der den Tod des Objekts markierenden Version.

Bemerkung: Wenn PRE(ver) = .true. wird dieser Vorgänger auch gültig
   für für die Gültigkeitsdauer der gelöschten Version. Wenn PRE(ver)
   = .false. und SUC(ver) = .true. mit SUC-V(ver).ALIVE = .true. wird

das Objekt zu einem späteren Zeitpunkt gültig. Wenn die angesprochene Version die einzige Version des Objekts ist (PRE(ver) = .false. und SUC(ver) = .false.), wird das Objekt eliminiert. Wenn nur eine zweite, den Tod des Objekts anzeigende Version (PRE(ver) = .false. and SUC-V(ver).ALIVE = .false.) existiert, wird das Objekt ebenfalls eliminiert.

5. Integrität der Datenbank

Integritätsbedingungen (insbesondere semantische Bedingungen) legen Beziehungen zwischen den Objekten der Anwendung fest (vgl. <5>). Durch Integritätsbedingungen definieren wir einen konsistenten Zustand. Die Unterscheidung von versionsfreien und versionsbehafteten Sichten einer CAM-Datenbank beeinflußt die Formulierung und die Kontrolle der Datenbank-Integrität.

5.1 Integritätsbedingungen

Die Abhängigkeiten zwischen den Attributen können als Bool'sche Funktionen beschrieben werden:

$$\text{int-j}(Rj1,\ldots,Rjm) \longrightarrow \{ \text{.true., .false.} \}$$
ist eine Integritätbedingung beschrieben als eine Bool'sche Funktion. Die betroffenen Attribute sind $Rj1,\ldots,Rjm$.

$$\text{INT(DB)} = \text{.true.} \longleftrightarrow \text{für alle } j : \text{int-j} = \text{.true.}$$
legt die Integrität der Datenbank fest.

Im folgenden sollen die besonderen Eigenschaften der Integritätsbedingungen und die Konsequenzen für die Integritätskontrolle bei Vorliegen einer versionsbehafteten Datenbank diskutiert werden.

Beispiel:
Wir notieren informal eine einfache referentielle Integritätsbedingung.

a) In einer versionsfreien Datenbank lautet eine Bedingung:
   "Jede AKTION gehört zu einem ARBEITSPLAN".

b) In einer Datenbank mit Versionen ist die inhaltlich gleiche Bedingung wesentlich komplexer:

"Zu jeder gültigen Version einer AKTION hat eine gültige
Version eines ARBEITSPLANS zu existieren."

Die Integritätsbedingungen in einer versionsbehafteten Datenbank sind
wesentlich komplexer und ihre Kontrolle entsprechend aufwendiger. Die
hierbei auftretenden Schwierigkeiten sind allein bedingt durch die
Einführung der zeitlichen Versionen. Unser Ziel war deshalb, die Integritätsbedingungen versionsfrei zu beschreiben und einen Mechanismus
bereitzustellen, der die Prüfung dieser versionsfreien Bedingungen in
der versionsbehafteten Datenbank ermöglicht.

Falls ausschließlich versionsfreie Integritätsbedingungen int-j
existieren, so gilt:

    INT(DB) = .true. <---> für alle Zeitpunkte t-i gilt:
                        für alle j : int-j = .true.
    legt die Integrität der Datenbank fest.

Bemerkung: Es gibt durchaus Integritätsbedingungen die nicht zeitfrei
    sind. So etwa die Bedingung "Aufeinanderfolgende Versionen eines
    Objekts vom Typ ARBEITSGANG dürfen sich im Attribut DAUER um nicht
    mehr als 30% unterscheiden".

5.2. Integritätskontrolle

Wir wollen nun zeigen, wie man die Einhaltung der Integrität in einer
versionsbehafteten Datenbank gewährleisten kann und worin die Unterschiede zu den gängigen Integritätskontrollmechanismen (z.B. <7>,
<12>) bestehen.

Während der Ausführung von Transaktionen <8> sind in der Regel die
Integritätsbedingungen verletzt. Die Integritätsbedingungen müssen
spätestens am Ende der Transaktion überprüft werden, falls sie dann
nicht erfüllt sind, ist die Transaktion zurückzusetzen.

Die Überprüfung der versionsfreien Integritätsbedingungen kann auf
fixierten, versionsfreien Sichten der Datenbank erfolgen. Eine Änderungsoperation auf der Datenbank in einem bestimmten "State of
Interest" zum Zeitpunkt "t-interest" bedingt die Überprüfung aller
zukünftigen Zustände (STATEs). Die Menge dieser Zustände wird als
"States of Control" bezüglich t-interest bezeichnet.

$$\text{STATES-C(t-interest)} := \{ \text{STATE(t-i)} \mid \text{mit t-i} \geqslant \text{t-interest} \}.$$

Die Zustände in STATES-C(t-interest) umfassen alle Versionen, für die gilt: ver-i.VALID-FROM $\geqslant$ ver(t-interest).VALID-FROM.

Günstigerweise müssen nicht alle Integritätsbedingungen geprüft werden. Die Kontrolle kann einmal beschränkt werden auf die Integritätskontrollsphäre <6>. Dies schränkt die Überprüfung auf jene Attribute ein, die zum Definitions- und Wertebereich der Operation oder der Integritätsbedingung gehören.

Eine zweite Einschränkung des Kontrollbereichs leitet sich von der Gültigkeitsdauer der Versionen ab. Falls zu einer geänderten Version "ver" eines Objekts eine nachfolgende Version SUC(ver) mit SUC-V(ver).VALID-FROM = t-n existiert, so gilt, daß alle dieses Objekt betreffenden Integritätsbedingungen für alle nach t-n liegenden Zeitpunkte erfüllt sind, d.h. für STATES-C(SUC-V(ver).VALID-FROM) sind die Bedingungen erfüllt.

Der Kontrollmechanismus ist implementiert in Form einer Schleife über die STATEs in zeitlicher Reihenfolge. Das Anfangskriterium ergibt sich aus dem Gültigkeitszeitpunkt der geänderten oder eingefügten Versionen bzw. der Vorgänger dieser Versionen. Das Endekriterium bestimmt sich aus dem Gültigkeitszeitpunkt der nachfolgenden Versionen der modifizierten Objekte.

Die Endekriterien bei der Integritätskontrolle für die versionsfreien Operationen (vgl. 4.1) sind:
- Wenn SUC(ver) = .true. dann limitiert SUC-V(ver).VALID-FROM die Prüfung, denn die Zustände aus STATES-C(SUC-V(ver).VALID-FROM) wurden bereits beim Anlegen von SUC-V(ver) überprüft.
- Wenn SUC(ver) = .false. dann begrenzt die letzte Version eines Objekts aus der Integritätskontrollsphäre die Prüfung.

Die zeitlichen Grenzen für die Integritätskontrolle der versionsbehafteten Operationen (vgl. 4.2) ergeben sich wie folgt:
- bei MOVE-VERSION:
    alle überstrichenen Zustände sind zu überprüfen,
    d.h. alle Zustände STATE(t-i) für die
    ver.VALID-FROM $\leqslant$ t-i $\leqslant$ t-new bzw. t-new $\leqslant$ t-i $\leqslant$ ver.VALID-FROM;

- bei DELETE-VERSION:

    falls PRE(ver) = .true. wird PRE-V(ver) gültig für die
Gültigkeitsdauer der gelöschten Version, deshalb ist diese
Periode zu prüfen;

    falls PRE(ver) = .false. müssen die Integritätsbedingungen
ohne das gelöschte Objekt gültig sein, deshalb ist die
Periode der Gültigkeitsdauer des gelöschten Objekts zu über-
prüfen.

6. Ausblick

Der Prototyp einer CAM-Datenbankanwendung mit Versionen wurde auf dem
Datenbanksystem ADABAS-M implementiert, eine Realisierung unter INGRES
ist geplant. Die Versionenkontrolle wird durch ein Subsystem realisiert, das die versionsfreien und -abhängigen Operationen zur Verfügung stellt. Unseren ersten Erfahrungen nach wird durch die Trennung
von versionsfreien und versionsbehafteten Sichten das Arbeiten mit der
CAM-Datenbank wesentlich erleichtert. Für die Realisierung der auf-
gezeigten Mechanismen zur Integritätskontrolle ist ein weiteres Subsystem notwendig, das die Bedingungen und die Kontrollsphären überwacht. Ein solches befindet sich z.Z. in Bearbeitung.

Schlußbemerkung

Für die geleistete Arbeit bei der Implementierung der prototypischen
CAM-Anwendung und insbesondere des Version-Controllers danken wir
unseren Studenten. Herrn Prof. Dr. H. Wedekind danken wir für seine
begleitende Unterstützung und die gegebenen Anregungen.

Literatur

<1>   Adiba, M.:
Derived Relations: A Unified Mechanismen for Views, Snapshots
and Distributed Data,
Proc. 7th Intern. Conf. on Very Large Databases,
Cannes, France, Sept. 1981, pp. 293 - 305

<2>   Brankamp, K. (ed.):
Handbuch der modernen Fertigung und Montage,
Verlag Moderne Industrie, München, 1975

<3>   Chamberlin, D.D.; Gray, J.N.; Traiger, I.L.:
       Views, Authorization and Locking in a Relational Data Base
       System,
       Proc. National Computer Conference (NCC), Anaheim, CA, USA,
       pp. 425 - 430, May 1975,
       AFIPS Press, Montvale, NJ, USA, Vol. 44

<4>   Date, C.J.:
       An Introduction to Database Systems (3.Aufl.),
       Addison - Wesley Publ. Comp., Reading, MA, USA, 1981

<5>   Date, C.J.:
       Referential Integrity,
       Proc. 7th Intern. Conf. on Very Large Databases,
       Cannes, France, Sept. 1981, pp. 2 - 12

<6>   Davies, C.T.:
       Data Processing Spheres of Control,
       IBM System Journal, Vol. 17 (1978), No. 2, pp. 179 - 198

<7>   Eswaran, K.P.; Chamberlin, D.D.:
       Functional Specification of a Subsystem for Data Base Integrity,
       IBM Research Report, RJ 1601, San Jose, CA, 1975

<8>   Gray, J.N.:
       The Transaction Concept: Virtues and Limitations,
       Proc. 7th Intern. Conf. on Very Large Databases,
       Cannes, France, Sept. 1981, pp. 144 - 154

<9>   Grupp, B.:
       Elektronische Stücklistenorganisation in der Praxis,
       Forkel-Verlag, Stuttgart - Wiesbaden, 1976

<10>   Keller, A.M.:
       Update to Relational Databases Through Views Involving Joins,
       IBM Research Report, RJ 3282, San Jose, CA, 1981

<11>   Scheer, A.-W.:
       Datenverwaltung im Fertigungsbereich,
       Veröffentlichungen des Instituts für Wirtschaftsinformatik,
       A.-W. Scheer <ed.>, Saarbrücken, Nr. 20, Januar 1980

<12>   Stonebraker, M.:
       Implementation of Integrity Constraints and Views by Query
       Modification,
       W.F. King (ed.) Proc. Intern. Conf. on Management of Data,
       May 1975, pp. 65 - 78., San Francisco, CA, USA

<13>   Vazsonyi, Andrew:
       Scientific Programming in Business and Industry,
       John Wiley & Sons Inc., New York, 1958

<14>   Wedekind, H.; Müller, Th.:
       Stücklistenorganisation bei einer grossen Variantenzahl,
       Angewandte Informatik, (1981) Heft 9, S. 377 - 383

**Erweiterung einer Datenbank-Anfragesprache
zur Unterstützung des Versionenkonzepts**

Horst Kinzinger
Universität Kaiserslautern
FB Informatik
Postfach 3049
6750 Kaiserslautern

1. Einführung

Mit dem "Versionenkonzept" ist in den letzten Jahren ein neues Schlagwort in der
Datenbank-Szene aufgetaucht, das schon kurz nach seinem Erscheinen mit dem Makel
vieler anderer Schlagwörter behaftet war, u.a. dem der Mehrdeutigkeit. Die noch
relativ wenigen Veröffentlichungen zum Thema lassen erkennen, daß in mindestens
fünf verschiedenen Zusammenhängen von "Versionen" die Rede ist. Die fünf Bereiche
können folgendermaßen kurz charakterisiert werden:

a) Es gibt Anwendungen, bei denen die Zustandsänderungen von Objekten in der Zeit
   ebenso wichtig sind, wie der jeweils aktuelle Objektzustand. Dies wird z.T. so
   dargestellt, daß ein Entity der realen Welt nacheinander in verschiedenen
   Versionen in der DB abgebildet ist, wobei jede Version über ein bestimmtes
   Zeitintervall hinweg die aktuell gültige Entity-Darstellung war (/MS83/).
b) Einige Synchronisierungsprotokolle versuchen eine Erhöhung der nutzbaren
   Parallelität von Lese- und Änderungstransaktionen auf der DB dadurch zu
   erreichen, daß von den in Änderung befindlichen Objekten der alte Zustand
   bereitgehalten wird, solange der neue noch nicht endgültig freigegeben ist.
   Hierbei handelt es sich um temporäre, vom Benutzer aus nicht sichtbare
   Objektversionen für DBMS-interne Zwecke. (/BHR80/, /CF82/)
c) Die logische bzw. physische Schemabeschreibung einer DB-Anwendung kann sich
   durch Änderungen in der Miniwelt bzw. der Transaktionslast ebenfalls ändern.
   Falls die bis dahin angefallenen Daten nicht reorganisiert werden sollen oder
   können (z.B. aus Gründen des Aufwandes), müssen die einzelnen Schemaversionen
   über die Zeit hinweg vorrätig gehalten und DB-Zugriffe mit dem jew. gültigen
   Schema bzw. unter Anwendung von Schema-Transformationen ausgeführt werden.
d) Bei CAD-Anwendungen ergibt sich häufig die Notwendigkeit, dasselbe Objekt
   gleichzeitig auf verschiedene Arten in der DB zu repräsentieren. So kann ein
   Schaltkreis dargestellt werden als Programm in einer Register-Transfer-Sprache,
   als Schaltdiagramm, als Chip-Layout usw. Diese voneinander auf vielfältige Art
   und Weise abhängigen Repräsentationstypen werden bisweilen auch als Versionen
   (/NH82/) bezeichnet.
e) Ebenfalls im CAD-Bereich findet man die Notwendigkeit, zu einer
   Repräsentationsart eines Objektes mehrere Entwurfsvarianten zu führen. Zu einem

bestimmten Schaltkreis können z.B. mehrere (funktionell gleiche) Schaltdiagramm-Entwürfe existieren. Auch hier, wo eigentlich die "Variante" gemeint ist, wurde schon die "Version" bemüht. (/HL82/)

Bei der Sichtung dieser Liste wird klar, daß es sich bei den Punkten d und e lediglich um terminologische Unschärfen handelt, so daß wir diese Aspekte aus der weiteren Diskussion ausschließen können. In den Fällen a-c handelt es sich dagegen um durchaus verschiedene, eigenständige Konzepte, die alle mit einer gewissen Berechtigung den Versionenbegriff benutzen - freilich jedes in anderer Bedeutung. Somit bleiben zu betrachten:

- Implizite temporäre Objektversionen als Mittel zur Erhöhung der Parallelität im Mehrbenutzerbetrieb;
- Explizite statische Objektversionen zur Realisierung von Datenmodellen mit zeitlicher Dimension.

Beide Ansätze sind, wohlverstanden, unabhängig. Man kann alte Objektzustände an der Benutzerschnittstelle zur Verfügung stellen, ohne Objektversionen zur Synchronisierung zu verwenden, (/La82/) und umgekehrt. Man kann auch beide Ideen in einem System kombinieren, wird dann freilich feststellen, daß mit Versionen gem. Punkt a etwas gänzlich anderes realisiert werden muß als mit denen für Punkt b.

Im folgenden betrachten wir nur noch explizite statische Objektversionen. In einigen Arbeiten wurden bereits die Auswirkungen (/KL82/) auf die Speicherungsstrukturen, sowie mögliche Implementierungen (/Re78/, /Sv80/) vorgestellt. Auf den Einsatz der Bildplatte zur Bewältigung der entstehenden Datenmengen wurde bereits in /Cop80/ und /Ma82/ hingewiesen. Jedoch ist bislang wenig über die Anforderungen auf der Ebene der Benutzer und der Transaktionsprogramme bekannt (/MS83/). In /SK80/ und /OS82/ wird die Integration eines Zeitexperten in das DBS vorgeschlagen, wobei jedoch nicht auf Objektversionen abgezielt wird.

Wir werden im folgenden die Anforderungen auf der Ebene der Transaktionsprogramme an ein Versionendatenbanksystem vorstellen und Vorschläge für die Integration der Zeitdimension in die Abfragesprache unterbreiten. Hierbei wird eine deskriptive Sprache und die daraus resultierenden Probleme betrachtet. An dieser Stelle sollte man darauf hinweisen, daß auch die Möglichkeit besteht, die Zeitdimension im DBS nicht zu unterstützen und es dem Benutzer zu überlassen, die mit der Zeitdimension zusammenhängenden Daten geeignet zu behandeln. Diese Variante kann in keiner Weise befriedigen, da die Zeitdimension eine wichtige, mit den vorhandenen Mitteln nicht hinreichend zu bewältigende Rolle spielt.

2. Objektversionen auf der Ebene des Datenmodelles

Die Behandlung der Zeit als eine eigenständige Dimension der Veränderung von Fakten
in der Miniwelt ist mit den existierenden Datenbanksystemen nicht oder nur auf sehr
umständliche Weise möglich. Zwar ist in den meisten Ansätzen zur
Informationsmodellierung das Konzept "Zeit" vorhanden, doch dient es dort nur dazu,
Abhängigkeiten und Reihenfolgen zwischen Prozessen, Ereignissen usw. darstellen zu
können, vgl. /BA82/. Es handelt sich hier also um eine Modellierung von
zeitabhängigen Ereignissen auf der Ebene des konzeptionellen Schemas. Wir
betrachten hingegen die Auswirkungen der Zeit auf die Daten und somit deren
Veränderungen. Die Datenmodelle zur Beschreibung von DB-Schemata gehen durchweg
implizit davon aus, daß jedes Objekt, jede Beziehung der Miniwelt nur in ihrer
aktuell gültigen Fassung dargestellt wird. Frühere Objektzustände werden im Moment
der Änderung überschrieben, gehen also für die DB (und damit für ihre Benutzer)
verloren. Diese aktuelle Momentaufnahme der Welt ist nicht für alle Anwendungen
angemessen. Der Bedarf nach "historischen" Informationen kann von sehr einfacher
Art sein, wie etwa bei Kontoführungssystemen, die alle Buchungen über einen
gewissen Zeitraum hinweg verfügbar halten müssen, und eben nicht nur den aktuellen
Kontostand. Wesentlich komplexere Anfragen "in die Vergangenheit" müssen von
Informationssystemen zur Entscheidungshilfe auf strategischer Ebene behandelt
werden; dort können Auskünfte der Art verlangt werden: "Wie hat sich der Umsatz der
Produktgruppen 410 und 923 in den letzten 2 Jahren entwickelt?". Da alle gängigen
Datenmodelle kein explizites Konstrukt zur Behandlung der Zeit vorsehen, müssen
historische Daten bislang vom Benutzer selbst verwaltet werden. Die Zeitangabe ist
dann nur ein weiteres Attribut, und das DBS hat keine Kontrolle darüber, daß es
seinen speziellen Integritätsbedingungen gemäß benutzt und geändert wird. Ein
erster Vorschlag zur Einbeziehung der Zeitdimension in allgemeine
Datenverwaltungsmethoden wurde in (Bj72) skizziert, doch kam dieser Ansatz
offensichtlich zu früh, als daß er in der Entwicklung der DB-Technik irgendwelche
Spuren hätte hinterlassen können.

Für die folgende Diskussion wird ein einfaches Modell von Zustandsänderungen in der
Zeit zugrunde gelegt, wie es die Abbildung 2-1 veranschaulicht. Ein Objekt A hat
den Anfangszustand A^0, der vom Zeitpunkt t_0 bis t_1 gültig ist; in diesem Moment
nimmt es einen neuen Zustand A^1 an, usw. Jeder zwischen zwei Änderungszeitpunkten
konstante Zustand wird auch Objektversion genannt.

Der Zeitraum der Gültigkeit der Version A^K ist somit das Intervall $[t_K,
t_{K+1})$, wobei für die <u>aktuelle</u> Version noch keine Intervall-Obergrenze festliegt.
Bei der Interpretation des Begriffes "Objekt", so wie er hier gebraucht wird, ist
Vorsicht geboten. Es liegt nahe, ihn mit Ausprägungen von Entities, Relationships,
Satztypen usw. zu assoziieren, doch wird dieses der oben skizzierten einfachen
Vorstellung nicht ganz gerecht. Denken wir an eine Ausprägung des Satzyps KONTO mit
den Attributen KONTO-NR, KONTO-INHABER, UEBERZIEHUNGSGRENZE, STAND. Dann wird sich
das Attribut STAND für diese eine Entity-Repräsentation am häufigsten ändern, die
UEBERZIEHUNGS-GRENZE seltener, der KONTO-INHABER sehr selten, die KONTO-NR nie. Es
sind also eigentlich die Attribute der Objekte (im Sinne des Datenmodelles), die

ihre Wert-Zustände ändern. Die oben eingeführte einfache Sichtweise macht daraus
einen insgesamt neuen Objektzustand, unabhängig davon, durch welches Attribut er
ausgelöst wurde. Zum generellen Verständnis der Probleme ist das einfache Modell
hinreichend; für eine angemessene Behandlung der Zeit auf der Ebene der DDL und DML
muß allerdings die exaktere, auf die Attribute bezogene Darstellung benutzt werden.

Es existieren bereits Arbeiten, die Implementierungsvorschläge zur Unterstützung
von Objektversionen unterbreiten (/MS83/). Hierbei wird davon ausgegangen, daß nur
Versionen von Objekten existieren. Jede Objektversion ist für ein bestimmtes
Zeitintervall gültig und für jeden Zeitpunkt läßt sich genau eine Objektversion
zuordnen. Dieser Sachverhalt wird an Bild 2-1 verdeutlicht:

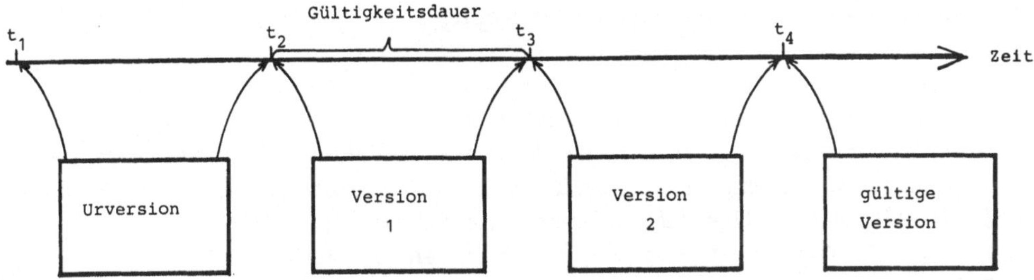

Abbildung 2-1: Gültigkeit der Objektversionen

Wir werden uns im folgenden mit den Erweiterungen, die auf der Ebene der
Benutzerschnittstelle und der Datenbank-Anfragesprache auftreten, beschäftigen.
Hierzu wird die relationale Sprache SQL (/Ch76/) verwendet. In /Cod79/ wurde
bereits auf die Erweiterung des Relationenmodells zur Integration der Dimension
Zeit hinwiesen.

Bevor man eine Erweiterung eines Datenmodells vorschlagen kann, muß deren
Zielrichtung, sowie die Umgebung der Modellierung betrachtet werden. Im folgenden
werden die Grundannahmen aufgelistet.

1.) Ziel ist die Modellierung der zeitlichen Veränderung von Werten. Das
    Datenbanksystem unterstützt die Setzung von Zeitmarken, doch sind auch
    Modifikationen in der Vergangenheit vom Benutzer möglich, sie bilden jedoch die
    Ausnahme. Sie werden zum Beispiel notwendig, wenn die Veränderung eines Wertes
    nicht mit der realen Welt übereinstimmt. Man denke zum Beispiel an
    Wertveränderungen, die heute erst bekannt werden und vergangene Werte betreffen
    (z.B. rückwirkende Lohnerhöhung).
2.) Das Löschen von vergangenen Werten ist nicht erlaubt, wenn dadurch innerhalb
    der Gültigkeit eines Objektes zeitliche Lücken entstehen.
3.) Zu jedem Zeitpunkt nach der Entstehung des Objektes existiert genau eine
    gültige Version eines Objektes (vgl. /MS83/). Dies impliziert, daß es eine
    kleinste Zeiteinheit Δt gibt. Der Endzeitpunkt der Gültigkeit einer Version
    plus Δt gibt den Beginnzeitpunkt der nachfolgenden Version. Die Bedingung, daß

keine Zeitlücken auftreten kann vom DBS überwacht werden, wenn auch die Zeitstempel vom DBS gesetzt werden.

4.) Wenn eine Operation keinen expliziten Zeitbezug enthält, so wird auf den aktuellen Objektversionen gearbeitet.

5.) Es existiert eine kleinste Zeiteinheit, welche gewährleistet, daß innerhalb dieses Zeitabschnitts keine 2 Versionen erzeugt werden können. Wenn diese Zeiteinheit nicht klein genug ist, können Versionen verloren gehen, weil nun mehrere Versionen in eine Zeiteinheit abgebildet werden.

6.) Aus Konsistenzgründen ist es unbedingt erforderlich, daß innerhalb einer Transaktion nur ein Zeitstempel vergeben werden kann.

2.1 Anforderungen an die Benutzer-Schnittstelle

Um flexibel und konsistent mit den Zustandsänderungen von Objekten in der Zeit hantieren zu können, müssen eine ganze Reihe von Operationen bereitgestellt werden, die in herkömmlichen DMLs nicht verfügbar sind. Die folgende (nicht vollständige) Liste von Beispielen soll einen Eindruck davon vermitteln:

1. Erfragen des Objektzustandes zu einem früheren Zeitpunkt
2. Erfragen aller bisherigen Objektzustände
3. Änderung einer alten Version
4. Erfragen aller Werte eines zeitabhängigen Attributes über ein Zeitintervall
5. Löschen einer alten Objektversion
6. Löschen aller Objektversionen bis zu einem bestimmten Zeitpunkt
7. Suche nach dem Wert relativ zu einem Zeitpunkt (Wer war vor dem 24.12.80 Lieferant des Teils?)
8. Erfragen von Metainformation:
   - Wieviele Objektversionen gibt es in einem Zeitintervall?
   - Wieviele Objektversionen gibt es überhaupt?
   - Wie groß ist die Gültigkeitsdauer einer Objektversion im Mittel?
9. Ändern des Zeitpunkts des Übergangs von einer zur nächsten Objektversion

Anhand der Beispiele sehen wir, daß die Zeitangabe durch Spezifikation eines Zeitraumes oder eines Zeitpunktes erfolgen kann. Die Zeitangabe kann unterschiedliche Bedeutung besitzen. Wir stellen hier nun die einzelnen Fälle vor.

a) Operationen mit präziser Zeitangabe

   Aufgrund der Zeitangabe und zwar Zeitpunkt oder Zeitraum werden die Objekte ausgewählt.

b) Operationen mit unpräzisen Zeitangaben

   Wir geben zwar eine Zeit an, interessieren uns aber für den Zustand, der vor oder nach dem sich aufgrund der Zeitangabe qualifizierenden Zustand liegt.

c) Operationen mit unbestimmten Zeitraum

   Typisch ist hier, daß der Zeitraum nur durch eine Angabe beschrieben ist und die andere Zeitgrenze offen bleibt. Man interessiert sich beispielsweise für alle Informationen bis zu oder nach einem Zeitpunkt.

Außer dieser Erweiterung der Manipulationssprache sind Ergänzungen für die Datendefinition notwendig, die hier anhand von SQL dargestellt werden.

2.2 Tupelversionen im Relationenmodell

Das Konzept des gemeinsamen Wertebereiches besitzt eine zentrale Bedeutung im Relationenmodell. So werden Beziehungen zwischen Tupeln durch Attributwerte aus einem gemeinsamen Wertebereich dargestellt. Daß Informationen explizit durch die Attributwerte der Tupeln ausgedrückt werden, ist eine wesentliche Eigenschaft des Relationenmodells. Allgemein läßt sich die Zugehörigkeit eines Wertes zu einer Wert-Menge beispielsweise anhand eines Prädikats definieren.

z.B.

$\qquad$ x ϵ Farbe <=> x = blau oder x = grün oder ...

Die Einführung des Attributs Zeit bringt eine dritte Dimension in die Relation ein. So haben wir jetzt mehrere Ausprägungen eines Tupels. Diese Tupelausprägungen (TUA) verkörpern die zeitlichen Veränderungen eines Tupels. Für jedes Tupel existiert nun eine homogene Ausprägungsmenge und wir betrachten nicht mehr eine Menge von Tupeln, sondern eine Menge von Tupelmengen. Wir sprechen im Relationenmodell nicht mehr von Objektversionen sondern von Tupelversionen. Diese Tupelausprägungen müssen auch einen Identifiator vorweisen und zwar besteht folgende Funktion. Jedem Zeitpunkt kann genau eine oder keine Tupelausprägung zugeordnet werden. Die Umkehrung der Abbildung führt dazu, daß jede Tupelausprägung einem bestimmten Zeitintervall zugeordnet werden kann, nämlich seinem Gültigkeitszeitraum, dies kann durch die Zeitpunkte Beginn und Ende der Gültigkeit dargestellt werden. Sehr wichtig ist auch, daß die Anzahl der Tupelausprägungen von Tupel zu Tupel variiert, was wiederum unmittelbar von der Änderungshäufigkeit des Tupels abhängt. Diese Auswirkungen auf das Relationenmodell sind in Bild 2.2-1 veranschaulicht.

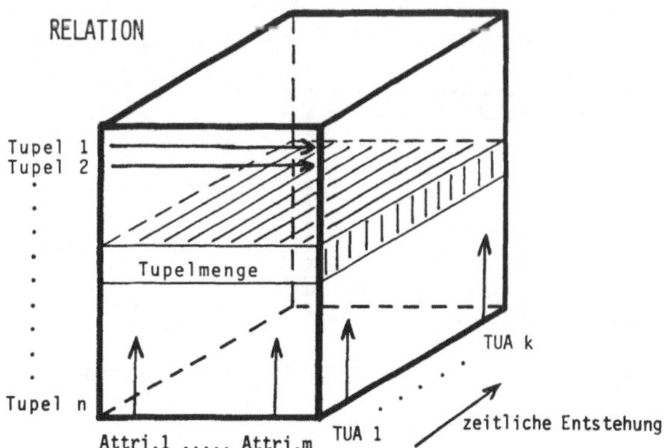

Abbildung 2.2-1: Die Relation in Versionendatenbanksystemen

Es gibt verschiedene Möglichkeiten das Relationenmodell für die Modellierung der Zeit zu erweitern. Es bietet sich an, zusätzliche Attribute beim Entwurf mitzuführen, welche die Gültigkeit der jeweiligen Version beschreiben (/MS83/). Ob nun eine attribut- oder objektorientierte Erweiterung vorliegt kann auf der Ebene der Transaktionsprogramme verborgen bleiben. Das folgende Beispiel zeigt, daß einige Attribute nicht zeitabhängigen Veränderungen unterliegen. So sind beispielsweise der Primärschlüssel und alle Primärschlüsselkandidaten keinen zeitlichen Veränderungen unterworfen.

Relation   Pers

PNR	NAME	GEHALT	ABT	MANAGER
701	MAYR	4000	K55	M3
701	MAYR	4200	K55	M3
701	MAYR	4300	K53	M3
701	MAYR	4300	K53	M2
701	MAYR	5000	K51	M1

Die unterstrichenen Werte des obigen Beispiels zeigen die Veränderungen, die jeweils zu einer neuen Version des Tupels MAYR mit der Personalnummer 701 führen.

Die Darstellung dieser Veränderungen kann auf verschiedene Arten erfolgen:

1. Alle Tupelausprägungen werden gespeichert (entspricht obigem Beispiel).
2. Es werden nur die zeitabhängigen Attribute pro Tupelausprägung geführt.

PNR	NAME	GEHALT	ABT	MANAGER
701	MAYR	4000	K55	M3
		4200	K55	M3
		4300	K53	M3
		4300	K53	M2
		5000	K51	M1

3. Nur die geänderten Attribute werden für jede neue Tupelausprägung geführt.

PNR	NAME	GEHALT	ABT	MANAGER
701	MAYR	4000	K55	M3
		4200		
		4300	K53	
				M2
		5000	K51	M1

Jeder Tupelausprägung können bestimmte Attribute zugeordnet werden, die ihre Entstehung auslösten.

Auf der Ebene der Abfragesprache sehen wir nur die 1. Darstellung; wie die Speicherung letztlich erfolgt, sollte dem Transaktionsprogramm verborgen bleiben. Wenn wir die Abbildung 2.2-2 zur Darstellung der zeitlichen Relevanz einer Tupelausprägung betrachten, so kann die Gültigkeit einer Tupelversion durch 2 Attribute (vgl. /MS83/) beschrieben werden.

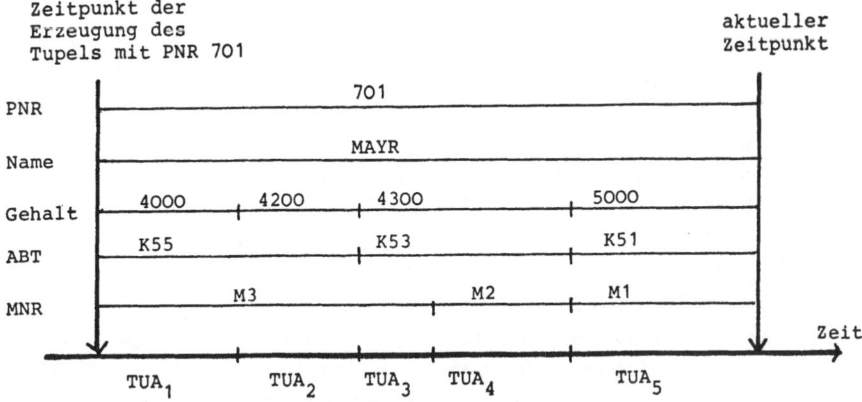

Abbildung 2.2-2: Die Ausprägungen eines Tupels

VALID-FROM: Zeitpunkt des Beginns der Gültigkeit
VALID-TO : Zeitpunkt der Ungültigkeit

Außer der Beschreibung der Gültigkeit der Tupelausprägungen kann man noch den
Zeitpunkt des Speicherns des Tupels und den Zeitpunkt des Löschens betrachten.
Innerhalb der Gültigkeitsdauer eines Tupels muß zu jedem Zeitpunkt genau eine
Tupelausprägung existieren. Die zeitliche Differenz zwischen zwei
aufeinanderfolgenden Versionen entspricht genau der kleinsten Zeiteinheit. Das DBS
hat Sorge dafür zu tragen. Man kann vom Zeitpunkt der Ungültigkeit einer Version
auf den Zeitpunkt der Entstehung der nächsten Version schließen. Wenn wir auf der
Ebene der Anfragesprache von einer Erweiterung des Relationenmodells um die
Attribute VALID-FROM und VALID-TO ausgehen, so ist damit nicht unmittelbar die
Speicherung beider Attribute verbunden, vielmehr können hier Algorithmen eingesetzt
werden, die die Werte dieser Attribute bei Anforderung ermitteln.

In /CW83/ wurden bereits algebraische Operationen für ein um die Zeitdimension
erweitertes Relationenmodell vorgestellt. Wir wollen hier für die Sprache SQL
zusätzliche Klauseln vorschlagen, die einerseits einfache Operatoren für die
Zeitattribute erlauben und zum anderen die spezielle Semantik der Zeit unterstützen. Ziel ist eine gewisse Natürlichkeit der Sprache zu erhalten.

2.2.1 Anfragemöglichkeiten

Das Ziel des Versionenkonzepts ist es, ältere bzw. vergangene Zustände verfügbar zu
machen. Das bedeutet in erster Linie, daß ältere Zustände erfragt werden können.
Die Manipulation vergangener Werte sollte die Ausnahme sein. Aus der Sicht der
Revision (/Bj75/, /Schä80/) ist es sogar notwendig, Änderungsoperationen zu
verbieten, die alte Zustände modifizieren. Um eine Frage zu stellen, welche die
Vergangenheit betrifft, ist es notwendig, einen bestimmten Zeitraum oder Zeitpunkt
zu spezifizieren. Hierzu führen wir die DATE-Klausel ein.

$$DATE = \begin{cases} date \\ date1 \ TO \ date2 \end{cases}$$

Die Zeitspezifikation kann auf verschiedene Genauigkeitsgrade (Jahre, Monate...)
erfolgen und auch durch 2 Zeitangaben beschrieben werden (z.B. Januar 1971 bis
November 1982 dargestellt durch ˝01.1971 TO 11.1982˝). Die Syntax für DATE findet
man im Anhang.

Eine besondere Stellung nimmt die Pseudokonstante <u>ACT-DATE</u>, die die momentan
aktuelle Zeit enthält, ein. Sie kann nur gelesen werden. Bei Angaben, die sich auf
die aktuelle Zeit beziehen (z.B. von heute genau ein Jahr zurück) muß man
Zeitangaben von folgendem Typ erlauben. Man erkennt auch an diesem Ausdruck, daß
sich die üblichen Operationen wie Addition, Subtraktion usw. auf die Zeitattribute
anwenden lassen.

        DATE = ACT-DATE - (1 * YEAR)

Die Frage: Wie hoch war das Gehalt der Person ˝701˝ im Januar 1981?, lautet in SQL:

        SELECT GEHALT
        FROM   PERS
        WHERE   PNR = ˝701˝ AND DATE = 01.1981

Hierbei können sich durchaus mehrere Tupelausprägungen qualifizieren. Wird
beispielsweise das Gehalt am 15.1.1981 geändert, so werden alle Gehälter geliefert,
die im angegebenen Zeitraum gültig waren (Januar 1981). Wenn mehrere
Tupelausprägungen in diesem Zeitraum existieren, so interessieren uns nur die
Tupelausprägungen, bei denen unterschiedliche Werte für das Attribut Gehalt
vorliegen.

Anfragen, die sich auf die Vergangenheit beziehen sind typischerweise unpräzise,
d.h. wir beziehen uns auf einen Zeitpunkt und interessieren uns für den Zustand,
der vor dem Zustand liegt, der durch die Zeitangabe ausgewählt wurde.

Beispiel: Wir informieren uns über die Abteilung, in der Herr MAYR gearbeitet hat,
           bevor er in die Abteilung kam, in der er zum 24.6.1981 gearbeitet hat.

Wir benötigen hier ein Sprachkonstrukt, das uns anzeigt, daß wir uns für eine
vorhergehende (oder auch nachfolgende) Version interessieren, wobei das Attribut
(oder die Attribute) angegeben werden müssen, die einen anderen Wert vorweisen
sollen. Am Bild 2.2.1-1 erkennen wir, daß sich die Tupelausprägung 4 aufgrund der
Zeitangabe qualifiziert. Jedoch liegt in der Tupelausprägung 3 keine andere
Abteilung als in TUA4 vor. Wir interessieren uns für die nächstliegende
Tupelausprägung, die einen anderen Wert für das Attribut ABT als in Tupelausprägung
4 aufweist.

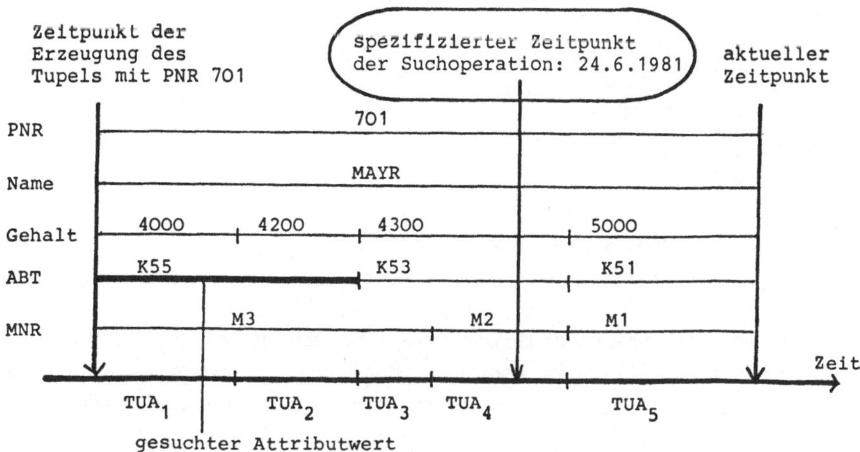

Abbildung 2.2.1-1: Graphische Darstellung einer unpräzisen Suchoperation

Es wird nun folgende zusätzliche Klausel vorgeschlagen:

$$\left[\left\{\begin{array}{l}\textbf{OLD VALUE}\\ \textbf{NEW VALUE}\end{array}\right\}\right]\quad [\textbf{OF}\ \text{attribute}]$$

Die Angabe OLD VALUE besagt, daß man sich auf den Zustand bezieht, der vor dem Zustand liegt, der sich aufgrund der Zeitangabe qualifiziert. Wenn ein Attribut spezifiziert wurde, so interessieren wir uns für die nächstliegende Tupelausprägung, die einen anderen Attributwert vorweist.

Die ursprünglich gestellte Frage besitzt dann folgende Form:

```
SELECT ABT
FROM PERS
WHERE PNR = ´701´ AND DATE = 24.06.1981
      OLD VALUE OF ABT
```

Wenn die OF-Klausel weggelassen wird, so interessiert man sich nur für die zeitlich nächste Tupelausprägung. Anfragen, die sich nur auf den aktuellen Zustand der Datenbank beziehen, werden wie bislang formuliert.
Bei geschachtelten Angaben kann in jeder SELECT-Klausel eine Zeitangabe erfolgen.
Die Frage: Suche die Namen der Angestellten, die 1982 in Abteilungen in Frankfurt arbeiteten und heute mehr als 4000 DM verdienen:

```
SELECT NAME
FROM PERS
WHERE GEHALT > ´4000´ AND
      DATE = ACT-DATE AND
      ANR IN
      SELECT ABTNR
      FROM ABT
      WHERE ORT  = ´FRANKFURT´ AND
            DATE = 1982
```

Die Einführung der Zeitdimension in die Datenbank ermöglicht es nicht nur ältere Zustände zu erfragen, vielmehr kann man auch die Gültigkeitszeiträume der jeweiligen Tupelausprägungen oder bestimmter Attributwerte (Metadaten) ermitteln. Hierbei müssen nun die impliziten Attribute VALID-FROM und VALID-TO angegeben werden.

Beispiel: Ab wann war Herr MAYR in Abteilung K51?

```
SELECT VALID-FROM
FROM    PERS
WHERE   PNR = ´701´ AND ANR = ´K51´
```

Wenn Herr MAYR mehrmals in Abteilung K51 gearbeitet hat, werden mehrere Zeitpunkte geliefert.

2.2.2 Einfügen von Tupeln

Ausgehend von der bisherigen INSERT-Operation ist keine Erweiterung dieses Befehls notwendig. Es handelt sich um das Erzeugen eines neuen Tupels, wobei sich das Einfügen immer auf den aktuellen Zeitpunkt bezieht. Die Tupelausprägung wird also vom DBS mit dem aktuellen Zeitstempel versehen. Dieser Zeitstempel der Tupelausprägung kann verschieden vom relevanten Zeitpunkt der Miniwelt sein. Die Zeit würde also in diesem Falle nicht richtig in der Datenbank repräsentiert. Daher ist es unter Umständen notwendig den Beginnzeitpunkt der Gültigkeit einer Tupelausprägung vom Benutzer her zu bestimmen.

```
INSERT INTO PERS (PNR, NAME, ANR, VALID-FROM)
      <´701´, ´MAYR´, ´K51´, ´01.01.1982´>
```

Das Einfügen von einzelnen Tupelausprägungen in die Historie ist nicht erlaubt, da keine zeitlichen Lücken vorliegen dürfen.

2.2.3 Löschen von Tupeln und Tupelausprägungen

Um Tupeln zu löschen muß die WHERE-Klausel benutzt werden. Sie ist identisch zur WHERE-Klausel von Anfragen und besitzt das gleiche Auswahlvermögen. Bislang wurde die DELETE-Operation zum Löschen eines Tupels verwendet, jedoch führt die Haltung von Tupelausprägungen zu 3 verschiedenen Löschoperationen.

1. Alle Tupelausprägungen werden gelöscht.
2. Die Gültigkeit eines Tupels wird beendet ("eigentlich gelöscht"), jedoch bleiben alle bisherigen Tupelausprägungen (alte Zustände) erhalten. Es existiert keine aktuelle Version dieses Tupels.
3. Alle Tupelausprägungen ab oder bis zu einem bestimmten Zeitpunkt werden gelöscht.

Zu 1.) Keine Historie eines Tupels soll mehr verfügbar sein, daher sind alle Tupelausprägungen zu löschen. Durch den Zusatz <u>ALL</u> werden alle Tupelausprägungen gelöscht.

        DELETE ALL PERS
        WHERE PNR = ´701´

Zu 2.) Nach dem Löschen des Tupels kann zwar kein aktueller Wert des Tupels erfragt werden, jedoch existieren alle vorhergehenden Tupelversionen. Dieser Fall wird also durch das bislang übliche Statement

        DELETE PERS
        WHERE PNR = ´701´

abgedeckt. Hierbei handelt es sich um kein Löschen, sondern um das Setzen des Endzeitpunktes der momentan aktuellen Version. Dieser Sachverhalt wird durch Abbildung 2.2.3-1 veranschaulicht:

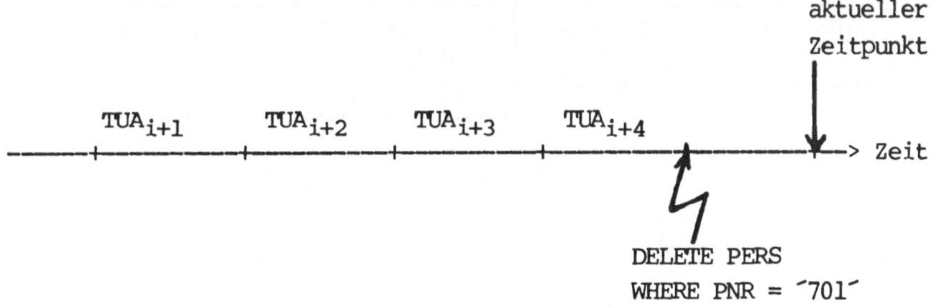

Abbildung 2.2.3-1: Löschen eines Tupels

Zu 3.) Wenn alle Tupelausprägungen ab oder bis zu einem bestimmten Zeitpunkt gelöscht werden sollen, dann ist die Zeitangabe entsprechend **BEFORE** oder **AFTER** anzugeben. Z.B. Lösche alle Werte vor 1983:

        DELETE PERS
        WHERE PNR = ´301´ AND BEFORE DATE = 1983

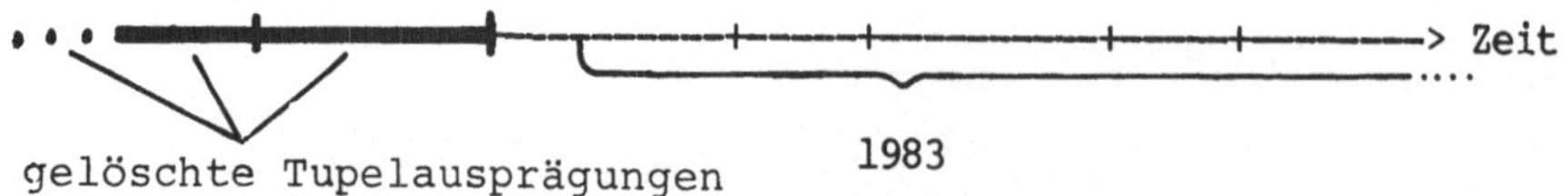

In diesem Fall bleibt die Tupelausprägung, die an der Grenze zum Zeitintervall liegt, erhalten. Sonst würde im Beispiel kein Wert für den Beginn des Jahres 1983 vorliegen. Das gleiche gilt für die AFTER-Option.

2.2.4 Änderungen in der Datenbank

Das Ändern eines Tupels führt zu einer neuen Tupelausprägung. Für jede Tupelausprägung sind bestimmte auslösende Attribute, nämlich die, die geändert wurden, verantwortlich. Es kann sich dabei auch um mengenorientierte Änderungen, deren Auswahl durch die WHERE-Klausel erfolgt, handeln. Üblicherweise sollten keine Änderungen in der Vergangenheit möglich sein, da die Auswirkungen dieser Änderung nicht vollständig nachvollzogen werden können. Es kann sich also nur um lokale Änderungen handeln, die keine weiteren impliziten Folgeoperationen erfordern. Als Beispiel sei hier die rückwirkende Erhöhung des Gehalts um 100 DM für die 3 letzten Monate genannt:

```
UPDATE PERS
SET     GEHALT = GEHALT + 100
WHERE   PNR = ´701´ AND DATE = 01.1983 TO 03.1983
```

Vor der Änderung

VALID-FROM	VALID-TO	PNR	GEHALT
01.01.1981	14.02.1983	701	4500
15.02.1981		701	4800

Nach der Änderung

VALID-FROM	VALID-TO	PNR	GEHALT
01.01.1981	31.12.1982	701	4500
01.01.1983	14.02.1983	701	4600
15.02.1983		701	4900

Man erkennt, daß die Update-Operation zu neuen Versionen führen kann, wenn der festgelegte Zeitraum nicht genau von den Gültigkeitszeiträumen der bisherigen Tupelausprägungen abgedeckt wird.

Besitzt man Anwendungen, die den Zeitaspekt der Realität modellieren, so kann der Zeitpunkt der Speicherung verschieden vom Zeitpunkt des zu modellierenden Ereignisses sein (vgl. 2.2.2). Es muß daher auch gefordert werden, den Zeitraum der Gültigkeit zu verändern. Wir setzen voraus, daß die Veränderung der Zeitgrenze nicht zur Löschung einer Tupelausprägung führen kann. Das DBS besitzt hier die Aufgabe zu kontrollieren, daß die Gültigkeitsgrenzen der zeitlich benachbarten Tupeln nicht überschritten werden. Das folgende Beispiel zeigt, daß auch Mengen von Tupelausprägungen geändert werden können.

Alle Versionen des Jahres 1982 sind erst einen Tag später gültig.

```
UPDATE PERS
SET    VALID-FROM = VALID-FROM + (1 * DAY)
WHERE  PNR = ´701´ AND DATE = 1982
```

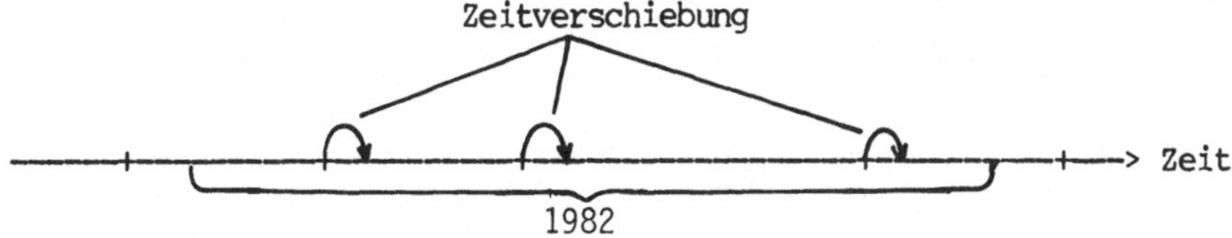

Für die Konsistenz der Zeitmarken (keine Lücken) ist das DBS verantwortlich.

2.2.5 Datendefinition

Die Datendefinition muß eine Erweiterung erfahren, so daß angegeben werden kann,
welche Attribute zeitabhängig sind und deren Änderungen zur Erzeugung einer neuen
Objektversion führen. So kann es zwar Attribute geben, die Änderungen unterliegen,
jedoch wird von diesem Attribut nur der aktuelle Wert gespeichert. Die Einführung
des Datentyps TD (time-dependent) wird für SQL vorgeschlagen. Die Definition der
Relation PERS sieht dann wie folgt aus:

```
CREATE TABLE PERS
   (PNR    (CHAR(4)),
    NAME   (CHAR(20)),
    ABT    (CHAR(3), TD),
    GEHALT (CHAR(6), TD))
```

Alle Veränderungen der Attribute ABT und GEHALT führen zu neuen Objektversionen.
Die Änderung des Namens (z.B. durch Heirat) wird nicht festgehalten. Es ist also
immer nur der aktuelle Name vorhanden. Die Möglichkeit, von bestimmten Attributen
keine Versionen zu halten, ist auch ein wesentliches Mittel zur Reduktion des
Speicherbedarfs. Wenn kein Attribut als TD gekennzeichnet ist, ist die Relation
identisch zu der im bisherigen Relationenmodell.

Das Datenmodell forderte bislang, daß einem Primärschlüssel genau ein Entity
zugeordnet werden konnte. Wenn wir den Primärschlüssel Personalnummer betrachten,
so ist es möglich, daß eine Tupelausprägung gelöscht wird, weil eine Person die
Firma verläßt. Damit steht die Personalnummer wieder zur Verfügung und kann an ein
anderes Entity vergeben werden. Dieser Sachverhalt ist im Bild 2.2.5-1
veranschaulicht.

Die Forderung, daß ein Primärschlüssel genau einem Entity zugeordnet werden kann,
entspricht hier nicht der Realität. Man muß also fordern, daß jedem Primärschlüssel
genau ein Entity zugeordnet werden kann.

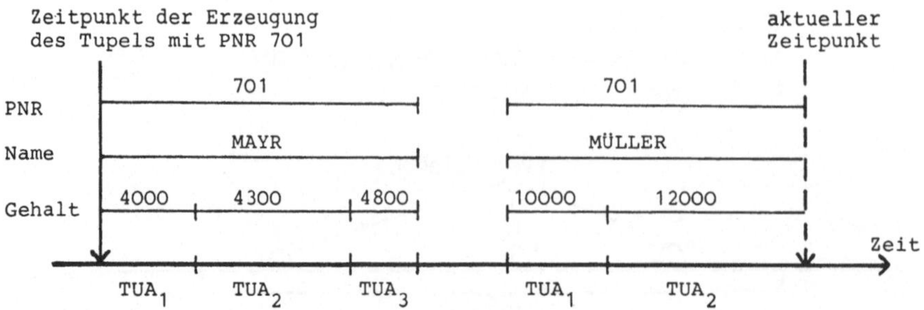

Abb. 2.2.5-1: Beispiel für mehrfaches Vergeben eines Primärschlüssels

Die Definition von Sichten auf die Datenbank dient sowohl der Benutzerfreundlichkeit als auch der Zugriffskontrolle. Die Einführung der Zeitdimension in die
Datenbasis ermöglicht auch zeitabhängige Sichten zu definieren. Es ist zum Beispiel
sinnvoll, bestimmmten Benutzer nur den aktuellen Zustand oder alle Zustände des
letzten Jahres verfügbar zu machen. Anhand von SQL wird eine Sicht definiert, die
nur den Rückblick auf ein Jahr erlaubt.

```
DEFINE VIEW ONE-YEAR-ONLY AS
  SELECT *
  FROM PERS
  WHERE VALID-FROM > ACT-DATE - (1 * YEAR)
```

Da Daten oft nur eine bestimmte Zeit nach ihrer Entstehung von Interesse sind, kann
man bereits nach der Speicherung eines Tupels den Zeitpunkt für seine Irrelevanz
festlegen. Hier bietet sich das TRIGGER-Konzept von SQL an. Dieses Konzept wurde
eingeführt, um den konsistenten Zustand der Datenbank zu erhalten, wenn
Änderungsoperationen gewisse Folgeänderungen verlangen. So sollte nach der Erhöhung
des Gehalts eines Mitarbeiters die Gehaltssumme der entsprechenden Abteilung
automatisch erhöht werden. Ein TRIGGER wird jeweils an eine auslösende
Änderungsoperation gekoppelt.

Mit diesem Konzept könnte man festlegen, daß z.B. nur die Werte über ein Jahr
gehalten werden:

```
DEFINE TRIGGER T1 ON (VALID-TO - VALID-FROM) > (ACT-DATE - 1*YEAR) OF PERS
    DELETE ............
```

In Versionendatenbanken entsteht zwangsläufig ein großes Datenvolumen, das durch
Löschen älterer Zustände begrenzt werden kann. Außer dieser Möglichkeit kann man
auch die Aggregierung (Zusammenfassung) von Daten in Erwägung ziehen, da man sich
beispielsweise nur für Durchschnittswerte aus vergangenen Jahren interessiert.
Diese Aggregation müßte vom Benutzer definiert werden und mit dem Ablauf einer
bestimmten Zeit automatisch angestoßen werden.

3. Zusammenfassung

Die Einführung des Versionenkonzepts in Datenbanksysteme zieht eine Vielzahl von
Änderungen auf den verschiedenen Modellebenen nach sich. Wir haben hier Vorschläge
anhand von SQL unterbreitet, die es dem Benutzer ermöglichen, vergangene Zustände

zu erfragen und auch zu modifizieren. Ob es möglich ist, alle Fragen und Manipulationen durchzuführen, die von Seiten der Anwendung benötigt werden, kann noch nicht beurteilt werden. So könnte die grundlegende Forderung, daß keine Zeitlücken vorliegen, aufgrund einer Anwendung verworfen werden. Dies hätte eine Menge Auswirkungen; z.B. wie sind bei Anfragen nicht existente Ausprägungen zu behandeln?

Die Erweiterung des Netzwerkmodells nach CODASYL bringt gegenüber.dem Relationenmodell zur Haltung von Objektversionen eine Reihe weiterer Probleme mit sich (/KR83/).

4. Literaturverzeichnis

BA82   Bolour, A., Anderson, T., Dekeyser, L., Wong, H.: The Role of Time in Information Processing: A Survey, ACM SIGMOD RECORD, Vol. 12, No. 3, April 1983

BHR80   Bayer, R., Heller, H., Reiser, A.: Parallelism and Recovery in Database Systems, ACM TODS, Vol. 5, No. 1, März 1980

Bj72   Bjork, L.A.: Ledger Technology: Time Sequence & Data Format, IBM Technical Report, San Jose, 1972

Bj75   Bjork, L.A.: Generalized Audit Trail Requirements and Concepts for Database Applications, IBM Systems Journal, 14 (1975) 3, S. 229-245

CF82   Chang, A., Fox, S., Lin, W.K., Nori, A., Ries, D.R.: The Implementation of an Integrated Concurrency Control and Recovery Scheme, Proc. Int. Conf. on Management of Data, ACM SIGMOD, Florida, 1982, S. 171-184

Ch76   Chamberlin, D.D. et al.: SEQUEL 2: A Unified Approach to Data Definition, Manipulation and Control. IBM Journal of Research and Development, November 1976, S. 560-575

Cod79   Codd, E.F.: Extending the Database Relational Model to Capture More Meaning, ACM Transactions on Database Systems, Vol. 4, No. 4, Dezember 1979, S. 397-434

Cop80   Copeland, G.: What if Mass Storage were Free?. Proc. 5th Workshop on Computer Architecture for Non-Numeric Processing, ACM SIGMOD, Vol. , No. 1, 1980

CW83   Clifford, J., Warren, D.S.: Formal Semantics for Time in Databases, TODS, Vol. 8, No. 9, Juni 1983, S. 214-254.

HL82   Haskin, R.L., Lorie, R.A.: On Extending the Functions of a Relational Database System, VLDB 1982, Mexiko

KL82   Katz, R.H., Lehman, T.J.: Storage Structures for Versions and Alternatives, Computer Science Department, University of Wisconsin-Madison, Technical Report 479, Juli 1982

KR83   Kinzinger, H., Reuter, A.: Das Versionenkonzept in Datenbanksystemen, Technischer Bericht, Universität Kaiserslautern, Fachbereich Informatik, 1983 (in Vorbereitung)

La82   Lausen, G.: Analyse und Steuerung paralleler Transaktionen in einem

| | Versionen-Datenbanksystem, Universität Karlsruhe, Dissertation, Fakultät für Wirtschaftswissenschaften, April 1982 |

Ma82   Maier, D.: Using Write Once Memory for Database Storage, VLDB 1982, Mexiko

MS83   Müller, T., Steinbauer, D.: Eine Sprachschnittstelle zur Versionen-kontrolle in CAM-Datenbanken, GI-Jahrestagung 1983, Hamburg

NH82   Neumann, T., Hornung, C.: Consistency and Transactions in CAD Database, VLDB 1982, Mexiko

OS82   Overmyer, R., Stonebraker, M.: Implementation of a Time Expert in a Data Base System, ACM SIGMOD RECORD, Vol. 12, No. 3, 1982, S. 51-60

Re78   Reed, D.P.: Naming and Synchronization in a Decentralized System, MIT/LCS TR-2DS, 1978

Schä80 Schäfer, H.T.: Revision bei Datenbanksystemen, Dissertation, TH Darmstadt, 1980

SK80   Stonebraker, M., Keller, K.: Embedding Expert Knowledge and Hypothetical Data Bases into a Data Base System, Proc. of 1980, ACM-SIGMOD Conference on Management of Data, Santa Monica, CA, Mai 1980, S. 58-66

Sv80   Svoboda, L.: Management of Object Histories in the Swallow Repository, MIT/LCS TR-243, 1980

Anhang

SYNTAKTISCHE BESCHREIBUNG DES DATENTYPS TIME
in Anlehnung an /OS82/

```
DATE  ::= MONTH.DAY.YEAR.CLOCK/
          MONTH.DAY.YEAR /
          MONTH.YEAR /
          YEAR


CLOCK ::= HOUR : MINUTE : SECOND /
          HOUR : MINUTE /
          HOUR


HOUR   ::= 0 / 1 / ..... / 23
MINUTE ::= 0 / 1 / ..... / 59
SECOND ::= 0 / 1 / ..... / 59
DAY    ::= 1 / ..... / 31
MONTH  ::= 1 / ..... / 12
YEAR   ::= integer


Beispiele: 12.03.1983.23:24:15
           04.02.1983
           1983
```

DIE NF^2-RELATIONENALGEBRA ZUR EINHEITLICHEN MANIPULATION EXTERNER, KONZEPTUELLER UND INTERNER DATENSTRUKTUREN

H.-J. Schek, M. Scholl
Technische Hochschule Darmstadt
FG Datenverwaltungssysteme I
Alexanderstr. 24
D-6100 Darmstadt

ZUSAMMENFASSUNG

Es wird hier erstmalig versucht, das NF^2-Relationenmodell für die interne Ebene eines Datenbanksystems anzuwenden. Interne Datensätze unter Einschluß von Zugriffspfaden werden als NF^2-Tabellen beschrieben. Zur Darstellung ausführbarer Programme, ebenfalls unter Einschluß von Zugriffspfaden, dient eine entsprechend erweiterte Relationenalgebra. Verwendet man das (klassische oder erweiterte) Relationenmodell auch für die konzeptuelle und externe Ebene, so können sämtliche Abbildungsgleichungen durch die Schichten ebenfalls relationenalgebraisch beschrieben werden. Die zu fordernde Umkehrbarkeit von Abbildungen drückt sich in wenigen Formen von "Verlustfreiheit" aus, die hier zusammengestellt werden. Als besonderer Vorteil wird gesehen, daß die Methoden der Algebraischen Optimierung, insbesondere Tableaux-Ansätze, für die Optimierung durch die Schichten anwendbar werden. Für NF^2-Tabellen müssen sie allerdings erweitert werden. Dies wird augenblicklich untersucht.

1 EINLEITUNG

Das NF^2-Relationenmodell ist charakterisiert durch die Zulasssung nichtatomarer Attributwerte, d.h. durch die Aufgabe der 1NF(NF^2=NF NF = Non-First-Normal-Form). Es wird diskutiert im Zusammenhang mit Datenmodellen für die sogenannten Nicht-Standard-Anwen-
dungen wie Text-und Datenverwaltung /FWW82,SP82/. In der Bezeichnung "Formular-Daten-
modell" tritt es auf bei /SLTC82/ oder in /LY81/. Zur Verwaltung "komplexer Objekte"
geht man bei /HL82/ in diese Richtung. Grob gesprochen ist das NF^2-Modell dann von Vorteil, wenn man als Attributwerte im Sinne des Entity-Relationship-Modells /C76/ Mengen
zulassen möchte. "Weak Relationships" und "Weak Entities" sind dafür Kandidaten.

In diesem Beitrag sollen nicht die Datenmodellierungsaspekte für Benutzerdaten diskutiert
werden, sondern vor allem die Verwendung der NF^2-Relationen als interne Datenstrukturen
und die Verwendung der NF^2-Relationenalgebra zur Beschreibung der Abbildung zwischen
den Schichten und zur Generierung und Optimierung ausführbarer Programme der internen
DBMS-Datensatz-Schnittstelle.

1.1 Überblick

Es ist überraschend, daß die Modellierung interner Datenstrukturen und vor allem die Abbildungen von den Strukturen und Operationen der konzeptuellen Ebene auf Strukturen und
Operationen der internen Ebene bisher so wenig untersucht wurden. Man ist sich darin
einig, daß interne Datenstrukturen frei gewählt werden können, unabhängig von den (konzeptuellen) Datenmodellen. Welche Konsequenzen das aber für die Abbildung und Optimierung
hat, wird nicht untersucht. So wundert es denn auch nicht, wenn die Abbildung in den bekannten verfügbaren relationalen DBMS, (/IBM1,SWKH76/) sehr einfach ist. Bei SQL/DS z.B.
entspricht jedem Tupel einer konzeptuellen Relation CR(A,B,C,...) ("Base Relation") ein interner Datensatz, der sich vom Benutzer-Tupel nur durch die hinzugefügte Satzadresse
(TID) unterscheidet. Die Relation CR ist daher durch Projektion aus der internen Relation
IR(ACR,A,B,...) in trivialer Weise erhältlich (ACR ist ein künstliches Attribut, dessen Werte
die Satzadressen sind).

Nichttriviale Abbildungen werden in SQL/DS zwischen der externen und der konzeptuellen
Ebene durch die Definitionsmöglichkeiten von "Views" zugelassen. Es sind in SQL/DS aber
keine Maßnahmen zur Elimination unnötiger Joins vorgesehen. Der Parse Tree wird um den
Teilbaum, welcher der Viewdefinition entspricht, erweitert und ausgeführt.

Es scheint, als ob das Problem der Abbildung zwischen externer und konzeptueller Ebene
zum ersten Mal in /OH82/ behandelt worden wäre. Die Notwendigkeit der Elimination unnötiger Joins wurde dort im Zusammenhang mit der Abbildung natürlicher Sprache in die
Sprache SQL von SQL/DS erkannt. Obwohl dieses Problem von der Abbildung in natürliche
Sprache unabhängig ist, wurde es in der Datenbankliteratur kaum erwähnt.

Dies gilt erstaunlicherweise auch für die Literatur über algebraische Optimierung,die von
vielen Praktikern als nicht relevant betrachtet wird. Es ist in der Tat auch wenig wahrscheinlich, daß Benutzer unnötige Joins formulieren. Es soll aber hier ausdrücklich betont
werden, daß das Problem praxisrelevant wird, wenn nichttriviale Abbildungen durch die
Schichten berücksichtigt werden.

Zum Problem der Abbildung zwischen konzeptuellen und internen Relationen wurden bisher
nur die Untersuchungen /SS80,SS81/ bekannt. Dort wurde zum ersten Mal vorgeschlagen,
die aus dem logischen Datenbankentwurf hervorgegangenen Relationen nicht als Basis-
relationen zu verwenden, sondern solche, die aus einer "Denormalisierung" hervorgehen.
Die Abbildung zwischen den konzeptuellen und diesen internen Relationen wird dann nichttrivial.

Ein entscheidender Nachteil der bisherigen wenigen Ansätze wird darin gesehen, daß sich
1NF-Relationen und die zugehörige Algebra nicht besonders gut eignen zur Beschreibung
der Datenstrukturen und Operationen, die auf der Ebene der Datensätze und Zugriffspfade
üblicherweise auftreten. Dies ändert sich, wenn man zum NF^2-Modell übergeht. Mengen von
Datensatzadressen, die Schlüsselwerten im Index zugeordnet sind oder Wiederholungsgruppen
in B-Baum-Knoten usw. also Objekte, die zum Standardrepertoire eines DBMS gehören,
lassen sich einfach als NF^2-Relationen darstellen.

1.2 Problemstellung

Mit diesen kurzen Bemerkungen ist der Rahmen eines Forschungsgebietes, über das teilweise hier berichtet wird, abgesteckt:

1. Es soll aufgezeigt werden, daß sich das NF^2-Relationenmodell anbietet zur Darstellung der internen Datenstrukturen. Die zugehörige NF^2-Relationenalgebra kann dann verwendet werden zur Beschreibung der Abbildung durch die Schichten und gestattet es, ausführbare Programme unter Einschluß von Zugriffspfaden zu generieren und optimieren.

2. Zur Beschreibung der Abbildungen zwischen den Ebenen (konzeptuell-extern, konzeptuell-intern) müssen die Eigenschaften und Formen der Verlustfreiheit bei Anwendung der Relationenalgebra präzisiert werden.

3. Zur Elimination unnötiger Joins, wie sie vor allem bei Einsetzen von Abbildungsgleichungen durch die Schichten entstehen, müssen die Methoden der algebraischen Optimierung, insbesondere Tableaux-Ansätze /ASU79/, auf ihre Brauchbarkeit hin untersucht und gegebenenfalls verallgemeinert werden. Letzteres ist im Hinblick auf die Darstellung von Ausdrücken der NF^2-Algebra notwendig.

2   DAS NF^2-RELATIONENMODELL

Wie im 1NF-Modell sei eine Menge $D=\{D1,D2,...,Dk\}$ (atomarer) Domains Di, i=1,2,...,k gegeben. Eine 1NF-Relation R vom Grad n ist bekanntlich definiert als

$$R \subseteq V1 \times V2 \times ... \times Vn, \quad Vi \in D$$

Die Vi sind nicht notwendig verschieden. Zur Definition einer NF^2-Relation benötigen wir die Definition der Menge $\bar{D}$ von Domains wie folgt:

(1) $\qquad W \in D \Rightarrow W \in \bar{D}$

(2) $\qquad \{W1,W2,...,Wr\} \subseteq \bar{D} \Rightarrow P(W1 \times W2 \times ... \times Wr) \in \bar{D}$

(3) $\qquad \bar{D}$ ist minimal

P(A) bezeichnet dabei die Potenzmenge einer Menge A. Eine NF^2-Relation S vom Grad n ist dann ebenfalls Teilmenge eines Kartesischen Produkts

$$S \subseteq W1 \times W2 \times ... \times Wn, \quad Wi \in \bar{D}$$

aber die Domains Wi sind jetzt aus $\bar{D}$ und damit sind auch nichtatomare zulässig. Grob gesprochen erlauben wir nur Relationen, deren Tupelkomponenten entweder atomar oder wieder Relationen sind. Wir schließen bewußt aus, daß mit $W1 \in \bar{D}$ und $W2 \in \bar{D}$ auch $W1 \times W2 \in \bar{D}$ ist; also sind Tupelkomponenten, die nur Kartesische Produkte sind, nicht erlaubt.

Wir übernehmen die übliche Einführung des relationalen Schemas R(A1,A2,...An) bei dem die Attribute (Ai≠Aj) zur Benennung der Tupelkomponenten auftreten. Wi=dom(Ai) ist der Domain von Attribut Ai. Für unsere Zwecke genügt die Auffassung der Attribute als Spaltennamen (anstatt Spaltennummern).

Da auch NF^2-Relationen Mengen von Tupeln sind, erfahren die bisherigen Algebraoperationen Vereinigung ( ), Differenz (-), Projektion (π), Kartesisches Produkt (x) keine Änderung. Die Selektion (σ) wird erweitert (s.u.) für die Formulierung von Prädikaten.

Die Tatsache, daß Attributwerte jetzt Relationen sein können, drückt sich an zwei Stellen wesentlich aus:

(1) Die Relationenalgebra wird um zwei Operationen "Nestung" und "Entnestung" ergänzt.
(2) Die Relationenalgebra wird rekursiv.

Nicht nur für die NF^2-Algebra, sondern bereits für das 1NF-Modell erscheint es zweckmäßig, die Selektion zu erweitern. Ähnliche Erweiterungen wurden bereits in SEQUEL /Ch76/ mit CONTAINS sowie in SQL mit IN durchgeführt.

Wir erlauben, daß

(3) in der Selektionsformel der bisherigen 1NF-Algebra die Symbole =,$\subseteq$,$\subset$,$\supseteq$,$\supset$, - und deren Negationen - für Mengenvergleiche aufgenommen werden sowie ε für die Element-Mengen-Beziehung.

Wir verwenden die Notation gemäß /U180/ für Algebra Ausdrücke. Wir ersetzen lediglich die Index-Notation durch Klammerung [...] und schreiben

$$\sigma[F](R) \qquad \text{anstatt} \qquad \sigma_F(R)$$

$$\pi[Ai1,Ai2,...,Aik](R) \qquad \text{anstatt} \qquad \pi_{Ai1,Ai2,...,Aik}(R)$$

2.1 Einführung von Nestung und Entnestung

Nestung und Entnestung dienen - grob - der Überführung einer 1NF in eine NF^2-Relation und umgekehrt. Die Abb. 2.1 zeigt am Beispiel die Wirkung einer Nestungsoperation.

<table>
<tr><th colspan="4">R</th></tr>
<tr><th>A</th><th>B</th><th>C</th><th>D</th></tr>
<tr><td>a1</td><td>b1</td><td>c1</td><td>d1</td></tr>
<tr><td>a1</td><td>b2</td><td>c2</td><td>d2</td></tr>
<tr><td>a2</td><td>b2</td><td>c2</td><td>d2</td></tr>
<tr><td>a2</td><td>b2</td><td>c1</td><td>d1</td></tr>
</table>

<table>
<tr><th rowspan="2">A</th><th rowspan="2">B</th><th colspan="2">CD</th></tr>
<tr><th>C</th><th>D</th></tr>
<tr><td>a1</td><td>b1</td><td colspan="2">{<c1,d1>}</td></tr>
<tr><td>a1</td><td>b2</td><td colspan="2">{<c2,d2>}</td></tr>
<tr><td>a2</td><td>b2</td><td colspan="2">{<c2,d2>,
c1,d1>}</td></tr>
</table>

Abb. 2.1: Relationen R und $\nu[C,D;CD](R)$

Für die Nestung verwenden wir das Symbol ν (mit Klammerschreibweise [...] anstatt Index-schreibweise bei /JS82,SP82/).

Man erkennt, daß Mengen von C,D-Paaren gebildet werden für solche R-Tupel, die in den A-, B-, also restlichen, Komponenten übereinstimmen. Man sieht auch, daß eine Transformation der Domains stattfindet:

$$R \subseteq dom(A) \times dom(B) \times dom(C) \times dom(D)$$
$$R' := \nu[C,D;CD](R) \subseteq dom(A) \times dom(B) \times P(dom(C) \times dom(D))$$

R war vom Grad 4, R' ist vom Grad 3.

Allgemein gilt folgende Definition (Nestung):
Sei R eine Ausprägung von $R(A1,A2,...,An)$, Grad n, mit $Vi=dom(Ai)$. Die entlang der (o.B.d.A. letzten n-k+1, sonst Umbenennung) Attribute $Ak,Ak+1,...,An$ in A' genestete Relation, abgekürzt durch $R' = \nu[Ak,Ak+1,...,An;A'](R)$ ist eine Ausprägung des Schemas

$R'(A1,A2,...,Ak-1,A')$ mit
$$dom(Ai) = Vi, \quad i = 1,2,...,k-1$$
$$dom(A') = P(Vk \times Vk+1 \times ... \times Vn)$$

Zur Definition der Ausprägung selbst setzen wir

$$H := \pi[A1,A2,...Ak-1](R)$$

Ein Tupel t' ist in R' genau dann, wenn es ein Tupel h aus H gibt mit den Komponenten $vi := h(Ai)$, $i = 1,2,...,k-1$, so daß gilt

(a) $\qquad t'(Ai) = vi, i = 1,2,...,k-1$
(b) $\qquad t'(A') = \pi[Ak,...,An](\sigma[A1=v1 \wedge A2=v2 \wedge ... \wedge Ak-1=vk-1](R))$

Aus Bedingung (b) wird deutlich, daß der Attributwert von A' eine (Teil-) Relation ist. Man beachte, daß für k=1 der Sonderfall einer einattributigen Relation R' entsteht, deren einzige Zeile die Menge der Tupel von R als Attributwert enthält.

Entnestung, abgekürzt durch $\mu[A';Ak,Ak+1,...,An](R')$ ist so definiert, daß die Nestung rückgängig gemacht wird, daß also für kompatible Schemata gilt

$$\mu[...](\nu[...](R)) = R$$

2.2 Rekursive Algebra

Wesentlich für das folgende ist die Beobachtung, daß in der 1NF-Algebra Attribute als Domainvariable auftreten. So bedeutet z.B. in einer Relation $R(A1,...,An)$ der Ausdruck $\sigma[A1=5](R)$ in Kalkülschreibweise $\{<a1,a2,...,an> \mid <a1,...,an> \in R \wedge a1=5\}$. A1 bezeichnet daher in der Formel nicht einen Spaltennamen, sondern eine Variable für Attributwerte, die im Beispiel den Wert 5 annehmen soll. Wir übernehmen diese (an sich unsaubere) Schreibweise auch für den Fall, daß Attributwerte Relationen sind. Es sind dann auf die "Attribute" in ihrer Rolle als relationenwertige Domainvariablen wieder algebraische Operationen anwendbar. Hieraus ergibt sich die Rekursivität.

Im folgenden werden einige Grundtypen von rekursiven Algebra-Ausdrücken beispielhaft erklärt. Eine vollständige Zusammenfassung wird man in /JS83/ finden. Als durchgehendes Beispiel verwenden wir eine NF^2-Relation ABT mit dem Schema

$$ABT(A,AN, VA(VNR,VTB), TA(TNR,TTB, LG(LN,J)))$$

Die Abkürzungen bedeuten Abteilungen (ABT), Abteilungsnummer (A), Abteilungsname (AN), Verwaltungsangestellte (VA), mit Angestelltennummer (VNR) und Tätigkeitsbezeichnung (VTB), Technische Angestellte (TA) mit Angestelltennummer (TNR), Tätigkeitsbezeichnung (TTB), Lehrgängen (LG) mit Lehrgangsnummer (LN) und Jahr des Lehrgangsbesuches (J).

Als Beispielausprägung verwenden wir (Abb. 2.2):

<table>
<tr><th colspan="8">ABT</th></tr>
<tr><th rowspan="3">A</th><th rowspan="3">AN</th><th colspan="2">VA</th><th colspan="4">TA</th></tr>
<tr><th rowspan="2">VNR</th><th rowspan="2">VTB</th><th rowspan="2">TNR</th><th rowspan="2">TTB</th><th colspan="2">LG</th></tr>
<tr><th>LN</th><th>J</th></tr>
<tr><td rowspan="7">1</td><td rowspan="7">FORSCHUNG</td><td>121</td><td>BIBLIOTHEK</td><td rowspan="3">511</td><td rowspan="3">PROGRAMMENTWICKLUNG</td><td>1</td><td>75</td></tr>
<tr><td>122</td><td>SEKRETARIAT</td><td>2</td><td>76</td></tr>
<tr><td>130</td><td>ÜBERSETZUNG</td><td>5</td><td>79</td></tr>
<tr><td>140</td><td>PATENTE</td><td rowspan="2">552</td><td rowspan="2">GRUNDLAGEN</td><td>1</td><td>82</td></tr>
<tr><td>169</td><td>SEKRETARIAT</td><td>2</td><td>79</td></tr>
<tr><td></td><td></td><td rowspan="2">678</td><td rowspan="2">PLANUNG</td><td>2</td><td>76</td></tr>
<tr><td></td><td></td><td>4</td><td>82</td></tr>
<tr><td rowspan="5">2</td><td rowspan="5">ENTWICKLUNG</td><td>119</td><td>SEKRETARIAT</td><td rowspan="2">650</td><td rowspan="2">DESIGN</td><td>1</td><td>75</td></tr>
<tr><td>125</td><td>ÜBERSETZUNG</td><td>2</td><td>77</td></tr>
<tr><td>135</td><td>BESCHAFFUNG</td><td>780</td><td>WARTUNG</td><td>3</td><td>82</td></tr>
<tr><td></td><td></td><td rowspan="2">981</td><td rowspan="2">PLANUNG</td><td>2</td><td>81</td></tr>
<tr><td></td><td></td><td>3</td><td>82</td></tr>
</table>

Abb. 2.2: NF^2- Relation ABT

Eine 1NF-Relationen-Darstellung dieses Beispiels wird für die späteren Betrachtungen ebenfalls benötigt. Man würde diese Darstellung eher an der konzeptuellen Ebene vorfinden:

ABT'(A,AN) .... für Abteilungsdaten
VA'(A,VNR,VTB) .... enthält Daten der Verwaltungsangestellten
TA'(A,TNR,TTB) .... für die technischen Angestellten
LG'(TNR,LN,J) .... für ihre Lehrgänge

Die Ausprägungen sind (Abb. 2.3):

ABT'	
A	AN
1	FORSCHUNG
2	ENTWICKLUNG

VA'		
A	VNR	VTB
1	121	BIBLIOTHEK
1	122	SEKRETARIAT
1	130	ÜBERSETZUNG
1	140	PATENTE
1	169	SEKRETARIAT
2	119	SEKRETARIAT
2	125	ÜBERSETZUNG
2	135	BESCHAFFUNG

LG'		
TNR	LN	J
511	1	75
511	2	76
511	5	79
552	1	82
552	2	79
678	2	76
678	4	81
650	1	75
650	2	77
780	3	82
981	2	81
981	3	82

TA'		
A	TNR	TTB
1	511	PROGRAMMENTWICKLUNG
1	552	GRUNDLAGEN
1	678	PLANUNG
2	650	DESIGN
2	780	WARTUNG
2	981	PLANUNG

Abb. 2.3: 1NF-Darstellung zu ABT

2.2.1 Rekursive Projektion (π-π)

Die Projektion $\pi[$A,B,... $]$ (R) erlaubt, wie bisher, Spalten aus einer Relation auszuwählen. Dabei können die Attribute atomare oder relationenwertige Domains haben. Doppelte Tupel werden dabei entfernt, wenn alle Attributwerte identisch sind. Eine Erweiterung ergibt sich jetzt, wenn im Falle von relationenwertigen Attributen nicht die ganzen Tupel, sondern ebenfalls nur gewisse Subattribute projiziert werden sollen.

Beispielsweise soll Q1 eine aus ABT abgeleitete NF^2-Tabelle sein, die nur die technischen Angestellten ohne Lehrgänge für jede Abteilung enthält. Diese erhält man durch zweimalige Anwendung der Projektion

$$Q1 = \pi[A, \pi[TNR,TTB] (TA)](ABT)$$

Als Schema erhalten wir Q1(A, TA(TNR,TTB)). Q1 ist in Abb. 2.4 dargestellt.

Q1		
A	TA	
	TNR	TTB
1	511	PROGRAMMENTWICKLUNG
	552	GRUNDLAGEN
	678	PLANUNG
2	650	DESIGN
	780	WARTUNG
	981	PLANUNG

Abb. 2.4: Ergebnis von Q1

2.2.2   Rekursive Selektion (σ-σ)

Die Selektion $\sigma[\,F\,](R)$ erlaubt - wie bisher -, die Zeilen aus einer Relation auszuwählen, die das Prädikat F erfüllen. Falls Bedingungen an Subtupel-Attributwerte gestellt werden, liegt es wiederum nahe, diese ebenfalls als Selektion zu formulieren.

Als Beispiel betrachten wir

> Q2: Bestimme Forschungsabteilungen, in denen ein Verwaltungsangestell-
> ter mit Tätigkeitsbeschreibung "Patente" arbeitet.

Als rekursiver Algebraausdruck ergibt sich

$$Q2 = \sigma[AN='FORSCHUNG' \wedge (\sigma[VTB='PATENTE'](VA) \neq \emptyset)\,](ABT)$$

Die erste Bedingung für das atomare Attribut AN stellt sicher, daß die Abteilungsbezeichnung 'FORSCHUNG' ist, die zweite Bedingung ist erfüllt, wenn die Menge der VA-Tupel
mit Subattributwert VTB = 'PATENTE' nicht leer ist.

Das Schema von Q2 stimmt mit dem von ABT überein, wie es bei jeder Selektion sein muß.

2.2.3   Der π-σ-Typ

Falls bei einer Projektion nicht alle Subtupel eines relationenwertigen Attributes übernommen werden sollen, bietet es sich an, die erwünschten Subtupel vorher durch eine Selektion
herauszufiltern. Als Beispiel betrachten wir

> Q3: Bestimme für jede Abteilung die Verwaltungsangestellten, deren
> Tätigkeitsbeschreibung 'SEKRETARIAT' ist.

Die Lösung ergibt sich, wenn man nicht das ganze (relationenwertige) Attribut VA projiziert, sondern $\sigma[\,...\,]$ (VA):

$$Q3 = \pi[\,A,AN, \sigma[VTB='SEKRETARIAT']\ (VA)\ ](ABT)$$

Die Abb. 2.5 zeigt das Ergebnis

		VA	
Q3			
A	AN	VNR	VTB
1	FORSCHUNG	122	SEKRETARIAT
		169	SEKRETARIAT
2	ENTWICKLUNG	119	SEKRETARIAT

Abb. 2.5:   Ergebnis von Q3

Man beachte, daß eine leere Menge als VA-Wert für eine Abteilung übernommen wird, wenn
keine Sekretariatsangestellten in dieser Abteilung sind.

Im letzten Beispiel hätte man vielleicht lieber nur die VNR-Werte für jeden Sekretariatsangestellten gewonnen. Dies ergibt eine Kombination von π-π mit π-σ:

$$Q3' = \pi[\,A,AN,(\pi[\,VNR\,]\ (\sigma[VTB='SEKRETARIAT'](VA)))\ ](ABT)$$

Dies hätte man ebenso erhalten können als

$$Q3' = \pi[\,A,AN, \pi[\,VNR\,]\ (VA)\ ](Q3)$$

Diese beiden Formulierungen sind äquivalent durch Anwendung einer entsprechenden Regel
über die Vereinigung von Projektionen.

2.2.4   Der σ-π-Typ

Aus Symmetriegründen ist die Frage berechtigt, ob innerhalb einer Selektionsklausel   die
Projektion brauchbar ist. Als Beispiel betrachten wir

> Q4: Bestimme Abteilungen, in denen TA-Angestellte sind, welche die
> Lehrgänge 1 und 2 besucht haben.

Die Anwendung einer Anfrage vom Typ σ-σ liefert

$$Q4 = \pi[A]\,\sigma[\sigma[\,(\sigma[\,LN=1](LG) \neq \emptyset)\wedge$$
$$(\sigma[LN=2](LG) \neq \emptyset)\,]\,(TA) \neq \emptyset\,]\,(ABT))$$

Man erkennt, daß solche TA-Subtupel verlangt werden, bei denen die Menge der Lehrgänge sowohl '1' als auch '2' enthält, vgl. dazu die beiden runden Klammern in der σ[...] (TA) Klausel.

Bei dieser umständlichen Formulierung bietet sich die folgende alternative Formulierung an

$$Q4 = \pi[A](\sigma[\sigma[\pi[LN]\,(LG) \supseteq \{1,2\}](TA) \neq \emptyset\,]\,(ABT))$$

Man erkennt, daß jetzt durch die Projektion π[LN](LG) der Lehrgänge für jedes TA-Tupel die geforderte Bedingung durch "$\supseteq \{1,2\}$" verhältnismäßig einfach formuliert ist. Hieraus sieht man, daß der σ-π-Typ dann vorteilhaft angewendet werden kann, wenn Mengenvergleiche in der Formel σ[F] (R) auftreten.

2.3 Anfragen auf nur ein relationenwertiges Attribut

Das folgende Beispiel soll zeigen, daß eine Anfrage, die sich nur auf die in einer NF^2-Relation enthaltenen Unterrelationen bezieht, kaum komplexer wird als die entsprechende in einem 1NF-Modell. Dies ist vor allem im Hinblick auf die zu erwartenden Abbildungen interessant und hängt mit der Frage zusammen, wie schwierig denn einfache Anfragen werden können.

Als Beispiel betrachten wir

Q5: Welche VA-Angestellten arbeiten (irgendwo) in einem Sekretariat

Die Algebra-Formulierung ist

$$Q5 = \pi[\,\pi[VNR]\,(\sigma[VTB='SEKRETARIAT'](VA))\,](ABT)$$

Die graphische Darstellung ist (Abb. 2.6):

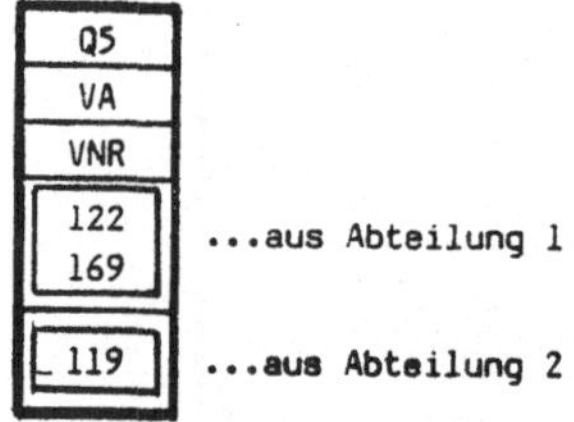

Abb. 2.6: Ergebnis von Q5

Demgegenüber wäre die entsprechende 1NF-Formulierung an eine (äußere) Relation VA'

$$Q5' = \pi[\,VNR\,]\,(\sigma[VTB='SEKRETARIAT']\,(VA'))$$

Man erspart sich also lediglich das Herausprojizieren aus ABT bei ansonsten identischer Formulierung.

Es ist jedoch zu beachten, daß bei Q5 noch die Zuordnung zu den Abteilungen erhalten ist. Das Ergebnis Q5 ist eine Menge der zwei Mengen {122,169} und {119}. Erst eine Entnestung, bei der diese Information verloren geht, liefert identische Resultate

$$Q5' = \mu[\,VA;VNR\,]\,(Q5)$$

Die leere Menge, die bei Q5 noch aufgetreten sein könnte, verschwindet dabei.

Man erkennt, daß der Übergang von Q5 nach Q5' eine triviale Operation ist. Man entfernt Zusammengehörigkeitsinformationen und hat in beiden Fällen das Problem der Duplikateliminierung.

Zusammenfassend scheint es, als ob einfache Fragen einfach blieben.

3 ZUGRIFFSPFADE ZU NF^2-RELATIONEN UND IHRE FORMALE BESCHREIBUNG DURCH DAS NF^2-MODELL

Wie in der Überschrift angedeutet, ist die Zielsetzung dieses Abschnittes zweifach: zum einen sollen Zugriffspfade, auch zu einfachen Tabellen, formal beschrieben und zum anderen sollen Zugriffspfade zu NF^2-Tabellen überhaupt erst eingeführt (und natürlich auch formal beschrieben) werden. Der Hintergrund dabei ist, die Transformation der Benutzeranforderung bis hinunter zur Schicht der Datensätze einschließlich der Zugriffspfade (zur Charakterisierung dieser Schicht siehe /Hä78a/) unter Verwendung der Primitive der (erweiterten) Relationenalgebra vorzunehmen. Zugriffsmodule (im Sinne von "Optimal Access Plans" /Ch81/) sind daher Folgen von (algebraischen) Operationen an internen (NF^2-) Tupeln.

Für alle folgenden Betrachtungen benötigen wir Angaben über die Adressierung. Wir setzen voraus, daß jedes Tupel (und jedes Subtupel im Falle einer NF^2-Relation) eine Satzadresse (z.B. nach dem TID-Konzept) hat, mit der das Tupel bzw. Subtupel direkt (ein bis zwei Seitenzugriffe zur Lokalisierung des jeweiligen Tupelanfangs) gefunden wird. Außerdem setzen wir voraus, daß - im Falle von NF^2-Tupeln - diese möglichst mit ihren Subtupeln zusammen in Seiten gespeichert sind. Ein (internes) NF^2-Tupel bestimmt daher die Clusterung. Die Tupeladressen werden beim Einspeichern vom System vergeben. Wenn also in unserem Beispiel die NF^2-Relation ABT mit dem Schema

$$ABT(A,AN, VA(VNR,VTB), TA(TNR,TTB, LG(LN,J)))$$

gespeichert wird, so bezeichnen wir mit IABT die Relation, die zusätzlich zu den bisherigen Attributen weitere Attribute für Tupeladressen als Attributwerte enthält. Das Schema sei dann

$$IABT (A0,A,AN, VA(V0,VNR,VTB), TA(T0,TNR,TTB, LG(L0,LN,J)))$$

A0,V0,T0,L0 sind Attribute, deren Domain die Menge der Satzadressen ist. Alle Satzadressen der Abteilungstupel erhalten wir dann durch $\pi[A0](IABT)$, die der VA-Subtupel, zusammen mit denen der ABT-Tupel durch $\pi[A0,\pi[V0](VA)](IABT)$ usw.

3.1 Einige einfachere Zugriffspfade als NF^2-Relationen

3.1.1 Einfacher Zugriffspfad zu atomaren Attributen

Falls in unserem Beispiel ABT gespeichert ist und häufig über die Abteilungsbezeichnung AN gesucht wird (oder die Abteilungen häufig nach AN sortiert benötigt werden) wird bekanntlich ein Zugriffspfad angelegt. Die übliche Invertierung von ABT bezüglich AN kann dargestellt werden als

$$XAN = \nu[A0;A0S] (\pi[A0,AN](IABT))$$

Das Schema ist daher XAN(AN,A0S(A0)), eine Ausprägung zeigt die Abb. 3.1.

XAN	
	AOS
AN	AO
ENTWICKLUNG	$\{a0_2\}$
FORSCHUNG	$\{a0_1\}$

Abb. 3.1: Zugriffspfad XAN

Bemerkung: Für interne Datenstrukturen benötigt man gewöhnlich Listen (= sortierte (Multi-) Mengen). Wir beschränken uns hier jedoch bewußt zunächst auf die Betrachtung von Mengen.

Die Mengen der Satzadressen A0S sind in unserem Beispiel jeweils einelementig, da die Abteilungsbezeichnungen nur jeweils einfach auftreten. Ein System wie SQL/DS würde jetzt eine Anfrage nach allen Abteilungen mit der Bezeichnung Forschung ausführen als

$$(\text{sequentieller Scan}) \quad \sigma[\,AN='FORSCHUNG'\,](IABT)$$

oder unter Verwendung von XAN

$$(\text{direkt}) \quad IABT \quad \underset{A0\ \varepsilon A0S}{\boxtimes} \quad (\sigma[AN='FORSCHUNG'](XAN))$$

Dabei bezeichnet hier und im folgenden das Symbol $\boxtimes$ einen Verbund über Adressengleichheit: Aus IABT sind alle Tupel mit A0-Adresswerten zu nehmen, die in den A0S-Mengen vorkommen und aus XAN selektiert wurden. Der Weg über XAN wird dann eingeschlagen, wenn die erwarteten Kosten geringer sind als über den sequentiellen Scan des ersten Weges /ASK80/.

Üblicherweise geht man davon aus, daß bei einem Index die Selektion mit einem Schlüsselwert,   in unserem Beispiel $\sigma[\,AN='FORSCHUNG'\,](XAN)$, besonders effizient unterstützt wird durch Verwendung einer B*-Baum-Organisation oder durch Hashing. Für uns ist wichtig, daß beides äquivalente algebraische Ausdrücke sind, deren Ausführungskosten wir schätzen müssen.

Für ein weiteres Beispiel eines einfachen Zugriffspfades wollen wir - für einen späteren qualitativen Vergleich - annehmen, daß die 1NF-Tabellen als IABT', IVA', ITA', ILG' gespeichert werden; die Bezeichnung deutet an, daß Attribute A0', V0', T0', L0' hinzugefügt wurden, welche jeweils die Satzadressen als Werte enthalten. Ein Index für VTB in VA' wäre dann

$$XV' = \nu[V0';V0S'\,](\pi[\,VTB,V0'\,](IVA'))$$

mit der anschaulichen (üblichen) Darstellung (Abb. 3.2):

XV'	
VTB	VOS' V0'
Beschaffung	$\{\,v0'_8\}$
Bibliothek	$\{\,v0'_1\}$
Patente	$\{\,v0'_4\}$
Sekretariat	$\{\,v0'_2,v0'_5,v0'_6\}$
Übersetzung	$\{\,v0'_3,v0'_7\}$

Abb. 3.2:   Zugriffspfad XV'

Hier wird deutlich, daß Mengen von Adressen (VOS') auftreten, weil VTB in VA' nicht Schlüssel ist.

3.1.2 Verallgemeinerter Zugriffspfad

Der verallgemeinerte Zugriffspfad /Hä78b/ dient der Unterstützung von Verbundoperationen. Als Beispiel nehmen wir wieder an, daß die 1NF-Tabellen wie vorher (3.1.1) gespeichert werden. Zur Unterstützung der Anfrage, welche TAs mit welchen VAs in einer bestimmten (oder in der gleichen) Abteilung sind, führen wir ein:

$$XXVT := \nu[T0';T0S\,](\nu[\,V0';V0S'\,]\ (\pi[\,A,V0',T0'](IVA'\bowtie ITA'))) \tag{3.1}$$

Wir benötigen zunächst den "Outer Natural Join" /Co79/, da wir nicht ausschließen können, daß Abteilungen zwar VAs aber keine TAs haben und umgekehrt. Danach bilden wir zu jedem A-Wert die Mengen der Satzadressen für die IVA'-Tabelle und danach die Menge der Satzadressen für die ITA'-Tabelle. Im Beispiel ergibt sich die in Abb. 3.3 dargestellte Tabelle

XXVT		
A	VOS'	TOS'
	VO'	TO'
1	$\{vO'_1, vO'_2, vO'_3, vO'_4, vO'_5\}$	$\{tO'_1, tO'_2, tO'_3\}$
2	$\{vO'_6, vO'_7, vO'_8\}$	$\{tO'_4, tO'_5 tO'_6\}$

Abb. 3.3: Verallgemeinerter Zugriffspfad XXVT

Algebraische Umformung von (3.1) zeigt, daß XXVT auch dargestellt werden kann als Outer Natural Join XVA' ⋈ XTA' von zwei einfachen Zugriffspfaden XVA', XTA' mit

$$XVA' = \nu[\ VO';VOS'\ ]\,(\pi[\ A,VO'\ ]\,(IVA'))$$

$$XTA' = \nu[\ TO';TOS'\ ]\,(\pi[\ A,TO'\ ]\,(ITA'))$$

3.2 Einige Zugriffspfade zu NF²-Relationen als NF²-Relationen

3.2.1 Vollwortindex für Dokumente (Stairs-Typ)

Dokumente werden meistens als hierarchische Strukturen aufgefaßt. Beispielsweise ist bei STAIRS /IBM2/ ein Dokument (D) eine Menge von (benennbaren) Paragraphen (P), jeder Paragraph eine Liste von Sätzen (S), jeder Satz eine Liste von Wörtern (W). Im NF²-Modell wäre daher eine Dokumenttabelle darstellbar als DOK(DO,PS(PO,SS(SO,WS(WO,W)))). Dabei ist DO,PO,SO,WO die Dokument-, Paragraph-, Satz- bzw. Wortnummer. Diese werden zur Adressierung verwendet (hier sind diese Adressierungsattribute dem Benutzer zugänglich!). Ein Vollwortindex, wie in STAIRS verwendet, ist jetzt einfach darstellbar als eine Folge von Entnestungen und anschließender Nestung, um damit die Wörter "nach oben" zu bringen:

$$XW = \nu[\ DO,PO,SO,WO;DOS\ ]\,(\mu[\ WS;WO,W\ ]\,(\ \mu[SS;SO,WS\ ]\,(\mu[\ PS;PO,SS\ ]\ DOK))) \qquad (3.2)$$

Das Ergebnisschema ist XW(W,DOS(DO,PO,SO,WO)) und drückt die Tatsache aus, daß jedem Wort eine Menge (DOS) von Quadrupeln zugeordnet wird, bestehend aus Dokumentnummer, Paragraphennummer, Satznummer, Wortnummer. Da in (3.2) keine Projektion oder Selektion vorkommt und, wie unten erwähnt wird, die Entnestung verlustfrei ist, enthält XW und DOK identische Information, nur in anderer Anordnung. Damit haben wir bereits ein einfaches "Lemma" bewiesen durch unser formales Vorgehen. (I.a. definiert man bei der Anwendung von STAIRS eine Menge von Stopwörtern (ST), die nicht in XW auftreten sollen. Dann ist ein STAIRS-Index definiert als XW* = σ[W ∉ ST](XW)).

3.2.2 Allgemeiner Zugriffspfad für NF²-Relationen

Der oben skizzierte Fall ist ein Spezialfall einer NF²-Tabelle. Verallgemeinert man jetzt das Prinzip dieses Indexaufbaus, so erhalten wir Zugriffspfade für beliebige Subtupel in NF²-Relationen. Als Beispiel betrachten wir den Aufbau eines Zugriffspfades XV für VTB in IABT. Wir nehmen dabei an, daß wir Selektionen unterstützen wollen, die Abteilungen suchen mit Mitarbeitern, deren Tätigkeitsbeschreibung gegeben ist. Ebenfalls sollen Selektionen unterstützt werden, bei denen der Abteilungsbezug fehlt.

Wir projizieren die Adress-Wert-Paare aus den Subtupeln sowie die Tupeladressen und entnesten.

$$H := \mu[\ VA;VO,VTB\ ]\,(\pi[AO,\pi[\ VO,VTB\ ]\,(VA)\ ](IABT))$$

Durch Nestung - zunächst über VO - erhalten wir die Menge aller VA-Subtupeladressen zu gleichen VTB-Werten innerhalb einer Abteilung. Danach ergibt eine weitere Nestung über die Paare AO,VOS jetzt den Zugriffspfad XV mit dem Schema XV(VTB,AVO(AO,VOS(VO))) als $XV = \nu[AO,VOS;AVO]\,(\nu[VO;VOS]\,(H))$.

Explizit also

$$XV = \nu[AO,VOS;AVO]\,(\ \nu[VO;VOS\ ]\,(\mu[\ VA;VO,VTB\ ]\,(\pi[\ AO,\pi[VO,VTB]](VA)\ (IABT))))$$

Die Tabellendarstellung zeigt Abb. 3.4.

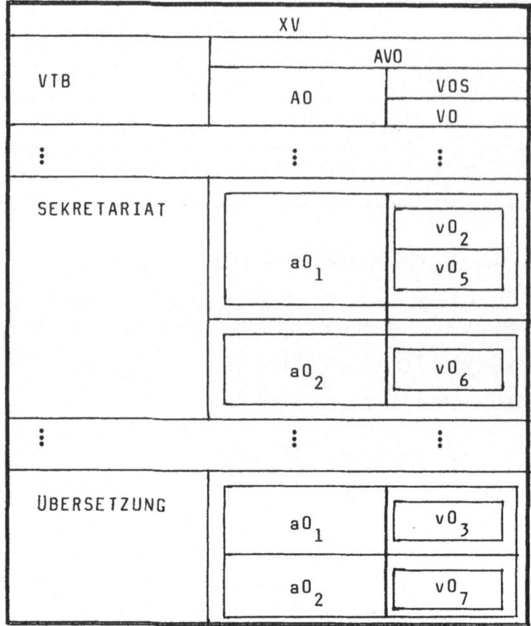

Abb. 3.4: Zugriffspfad für Subtupel

Man beachte, daß zu jeder Tätigkeit die "äußeren", dann die "inneren" Adressen kommen. $\pi[\text{VTB}, \pi[\text{AO}] (\text{AVO})](\text{XV})$ würde für Existenzfragen auf Abteilungsebene ausreichen. Der übliche Index für VTB zu der Relation IVA' wäre

$$\text{XV'} = \mu[\text{AVO;VOS}] (\pi[\text{VTB}, \pi[\text{VOS}] (\text{AVO})](\text{XV}))$$

Diese Definition von XV' liefert natürlich das gleiche Ergebnis wie diejenige in Abschnitt 3.1.1, bei der wir direkt von VA' ausgingen.

Zu einem STAIRS-ähnlichen Index XV'' kommt man, wenn die Redundanz bei AO durch Nestung nicht entfernt wird

$$\text{XV''} = \nu[\text{AO,VO;AVO}] (\text{H})$$

Hier treten zu jedem VTB-Wert Mengen von Paaren auf, bestehend aus AO-Wert (entspricht Dokumentnummer) und VO-Wert (entspricht Paragraphennummer).

4   ANWENDUNG DES NF^2-MODELLS ZUR BESCHREIBUNG DER ABBILDUNGEN ZWISCHEN DEN DB-SCHICHTEN - VERLUSTFREIHEIT

Betrachtet wird im folgenden eine 3-Schichten-Architektur nach ANSI /ANSI75/. Die Ebene C umfaßt als Ergebnis des logischen Datenbankentwurfs die gesamte zu speichernde Information in ihrer globalen Strukturierung. Ausgehend vom Schema der konzeptuellen NF^2-Relationen können die externe und interne Ebene (E bzw. I) mittels der Operatoren der NF^2-Algebra durch Abbildungsgleichungen definiert werden. Dieses Vorgehen ist z.T. schon für die externe Ebene bekannt durch die Möglichkeit der View-Definition und kann, wie hier gezeigt werden soll, gewinnbringend auch für die Ebene I genutzt werden. Als Ziel wird dabei angesehen, die Relationen der Ebene I (Ebene der Datensätze und Zugriffspfade, nach /Hä78a/) direkt in dieser Form abspeichern.

4.1 DB-Entwurf mittels Abbildungen

Der Abbildungsstandpunkt /Sch82/ ermöglicht es, die Kriterien für die "Erwünschtheit" von bestimmten Datenstrukturen klar und differenziert zu beschreiben. Es handelt sich bei diesen Kriterien immer um Formen von "Verlustfreiheit"; dieser Begriff wird zum Teil in der Literatur mehrdeutig oder gar falsch benutzt (s. unten). Aus unserem Blickwinkel geht es dabei um die Umkehrbarkeit von Abbildungen, auf die noch genauer eingegangen wird.

Zunächst soll zur Verdeutlichung des Standpunktes der DB-Entwurfsprozeß in Abb. 4.1 schematisch dargestellt werden:

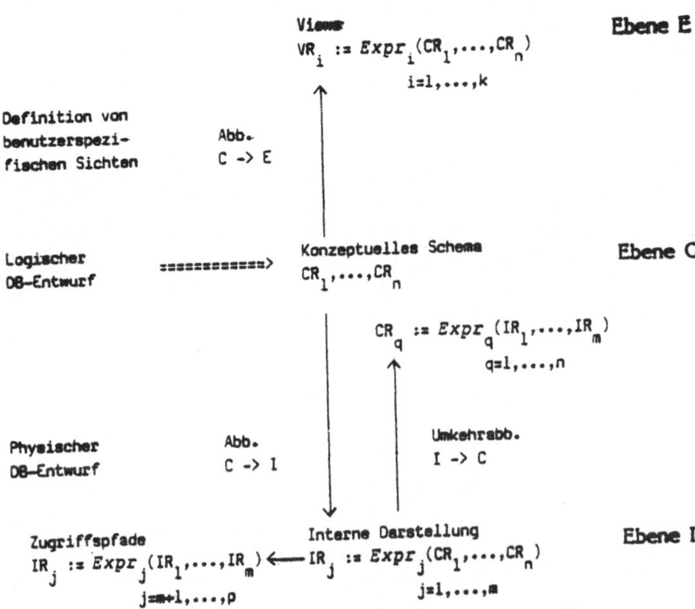

Abb. 4.1: DB-Entwurfsprozeß mittels Abbildungen durch die Schichten ($Expr_i(R_1,...,R_j)$ ist ein algebraischer Ausdruck in $R_1,...,R_j$)

Anhand dieses Diagramms läßt sich feststellen:

Als Ergebnis des logischen Datenbankentwurfs erhält man das konzeptuelle Schema bestehend aus CR1,...,CRn. Im nächsten Schritt wird ausgehend vom konzeptuellen Entwurf der physische DB-Entwurf hergeleitet. Die internen Relationenschemata sind daher Ausdrücke in den konzeptuellen Relationen. Da wir später Ausdrücke verarbeiten müssen, die sich auf die externen, und nach der ersten Transformation auf die konzeptuellen Relationen beziehen, müssen wir jetzt die Umkehrabbildung I → C einführen.

Als weiterer Bestandteil des physischen DB-Entwurfs wird das Anlegen von Zugriffspfaden betrachtet. Dies geschieht jetzt ebenfalls durch algebraische Abbildungsgleichungen, mit deren Hilfe zusätzliche interne Relationen IRm+1,...,IRp definiert werden. Wir halten also fest:

1. Umkehrbarkeit der Abbildung C → I.
   Da C die Gesamtheit der Information modelliert und I die interne Struktur der gespeicherten Information widerspiegelt, müssen die Schemata der Ebenen C und I ohne Verlust an Information ineinander überführbar, d.h. die Abbildung C → I umkehrbar ("verlustfrei") sein. Dies ist beim physischen Datenbankentwurf zu beachten.

2. Transformation von Anfragen.
   Vom Benutzer formulierte Anfragen an die DB sind algebraische Ausdrücke in den Viewrelationen (Q := Expr(VR1,...,VRk)). Diese können durch sukzessives Einsetzen der entsprechenden Abbildungsgleichungen in Ausdrücke über internen Relationen überführt werden. Zur Beschleunigung der Frageausführung können die so erhaltenen Ausdrücke algebraisch optimiert werden.

3. Zugriffspfadauswahl.

Einige der internen Relationen IRj sind Zugriffspfade (vgl. Kapitel 3). Es stellt sich die Frage, wie diese in den Tranformationsprozeß integriert werden können, so daß die algebraische Optimierung zugleich die Zugriffspfadauswahl durchführt und der optimierte Algebraausdruck direkt als "optimaler Ausführungsplan" interpretiert werden kann.

Die algebraische Optimierung sowie die Einbeziehung der Zugriffspfade werden in Kapitel 5 dargestellt. Im nächsten Abschnitt wird der Begriff der "Verlustfreiheit" differenziert untersucht.

4.2 Verschiedene Arten von "Verlustfreiheit"

In der Literatur wird der Begriff "Verlustfreiheit" meist im Zusammenhang mit Projektion/Join-Folgen benutzt, um die Umkehrbarkeit von Zerlegungen (Projektionen) zu beschreiben. Da diese Sprechweise jedoch manchmal zur Verwirrung und zu falschen Schlußfolgerungen führt und außerdem die Umkehrbarkeit von anderen Operationen ebenfalls betrachtenswert erscheint, werden im folgenden verschiedene Abbildungstypen und ihre Umkehrbarkeit dargestellt.

4.2.1 Zerlegung

Sei eine Relation R(A1,...,An) gegeben. Die Relationen R1,...,Rm bilden eine Zerlegung von R, falls

$$Ri := \pi[\,Ai\,](R) \text{ und } \bigcup_{i=1}^{m} Ai = \{A1,...,An\}$$

Die Abbildung R -> {R1,...,Rm} ist umkehrbar genau dann, wenn R1 × ... × Rm = R, d.h. wenn R aus den projizierten Relationen mittels natürlichem Verbund rekonstruierbar ist.

Es handelt sich hier um den "lossless join" /ABU79/, auf den der Begriff "Verlustfreiheit" im engeren Sinn angewandt wird. Die Umkehrbarkeit einer Zerlegung ist im allgemeinen Fall nicht gegeben. Bekannterweise ist sie genau dann erfüllt, wenn die "Join Dependency" (JD) ×(R1,...,Rm) gilt. (Die JD ist gerade durch diese Verlustfreiheit definiert !)

Spezieller gilt für 2er-Zerlegungen R1 := $\pi[\,A1\,]$(R), R2 := $\pi[\,A2\,]$(R):

(i) $\qquad\qquad$ R1 ⋈ R2 = R <=> MVD:(A1 ∩ A2) —>> A1 oder
$\qquad\qquad\qquad\qquad\qquad$ (A1 ∩ A2) —>> A2

(ii) $\qquad\qquad$ R1 ⋈ R2 = R <=   FD: (A1 ∩ A2) —> A1 oder
$\qquad\qquad\qquad\qquad\qquad$ (A1 ∩ A2) —> A2

Der Begriff "verlustfreier Join" scheint hier zu unklar, die verlustfreie Zerlegung könnte man als "PJ-verlustfrei" (von Project-Join, also zunächst Projektion, dann Join) bezeichnen.

Beispiele:

1. Bei der Abbildung C -> E: (klassische View-Definitionen)
   Eine konzeptuelle 1NF-Relation ANGEST enthalte die Attribute (PNR,NAME,ADR,GEH, BERUF,TELEFON). Aus bestimmten Gründen möchte ein Anwender mit einem binären Relationenmodell arbeiten und erhält daher eine externe Sicht aus den Viewrelationen:

$$
\begin{aligned}
&\text{ANG-NAM(PNR,NAME)} &&:= \pi[\text{PNR,NAME}]\ (\text{ANGEST})\\
&\text{ANG-ADR(PNR,ADR)} &&:= \pi[\text{PNR,ADR}]\ \ (\text{ANGEST})\\
&\text{ANG-GEH(PNR,GEH)} &&:= \pi[\text{PNR,GEH}]\ \ (\text{ANGEST}) \text{ usw.}
\end{aligned}
$$

Die Abbildung ANGEST -> {ANG-NAM,...,ANG-TEL} ist umkehrbar, da PNR als Schlüssel von ANGEST alle anderen Attribute funktional bestimmt. Folglich kann zum Beispiel eine Anfrage des Benutzers wie

$$\pi[\,GEH\,](\text{ANG-GEH} ⋈ \sigma[\text{NAME='MEYER'}]\ (\text{ANG-NAM}))$$

bei der Transformation durch die Schichten umgeformt werden zu:

$$\pi[\,GEH\,](\sigma[\text{NAME='MEYER'}]\ (\text{ANGEST}))$$

Man beachte, daß hier kein Join mehr auftritt (vgl. hierzu Kapitel 5).

2. Bei der Abbildung C $\to$ I: ("Record Partitioning", /ES76/).
Die Relation ANGEST aus dem ersten Beispiel soll intern aufgespalten werden in zwei Relationen, da das Attribut TELEFON in Verbindung mit einem betriebsinternen automatischen Vermittlungssystem und die Attribute ADR, GEH und BERUF zur Gehaltsabrechnung benutzt werden; daher ist es für die Effizienz des DBMS günstiger, diese beiden Relationen zu speichern:

$$\text{ANGEST1(PNR,ADR,GEH,BERUF)} := \pi[\text{ PNR,ADR,GEH,BERUF}]\ (\text{ANGEST})$$
$$\text{ANGEST2(PNR,NAME,TELEFON)} := \pi[\text{ PNR,NAME,TELEFON }]\ (\text{ANGEST})$$

Aus dem gleichen Grund wie im ersten Beispiel ist die Abbildung
ANGEST $\to$ {ANGEST1,ANGEST2} umkehrbar und es gilt:

$$\text{ANGEST1} \bowtie \text{ANGEST2} = \text{ANGEST}$$

So daß durch diese interne Speicherung keine Information verloren geht.

4.2.2 Komposition

Seien Relationen R1(A11,...,A1n1),...,Rm(Am1,...,Amnm) gegeben. Eine Komposition von R1,...,Rm ist eine Relation R(A1,...,Ak) mit R = R1 $\bowtie$ ... $\bowtie$ Rm
(wobei folglich

$$\{A1,...,Ak\} = \bigcup_{i=1}^{m}\ \bigcup_{j=1}^{ni}\ \{Aij\})$$

Die Abbildung {R1,...,Rm} $\to$ R ist umkehrbar genau dann, wenn für alle i mit 1<=i<=m gilt: $\pi[\text{Ai1,...,Aini }]$ (R) = Ri, d.h. wenn die ursprünglichen Relationen R1,...,Rm aus R mittels Projektion rekonstruierbar sind.

Die Umkehrbarkeit der Komposition ist im allgemeinen nicht gegeben: Tupel aus einer Relation Ri, für die es in mindestens einer anderen Relation Rj in den Join-Attributen kein Pendant gibt, gehen beim natürlichen Verbund verloren. Eine Möglichkeit, diesen Verlust zu verhindern, besteht darin, zur Komposition nicht den üblichen sondern den "Outer Natural Join" /Co79/ zu benutzen. Tupel ohne Pendants werden, ergänzt mit Nullwerten, dem Verbund hinzugefügt, so daß - mit $\bowtie$ als Zeichen für den "Outer Natural Join" - ohne weitere Voraussetzung gilt:

$$\forall i : 1<=i<=m:\ \pi[\text{Ai1,...,Aini}](\text{R1}\ \bowtie\ ...\ \bowtie\ \text{Rm}) = \text{Ri}$$

Da auch bei der Umkehrbarkeit der Komposition eine Art von Verlustfreiheit des Joins eine wesentliche Rolle spielt, könnte man hier den Begriff "JP-Verlustfreiheit" einführen.

Gerade die mangelnde Unterscheidung zwischen PJ- und JP-Verlustfreiheit führte dazu, daß in den Arbeiten von Schkolnick und Sorenson /SS80,SS81/ über die Denormalisierung (s. Beispiel 2 unten) unnötig restriktive Voraussetzungen gefordert wurden, da (PJ-) Verlustfreiheit des Joins betrachtet wurde, obwohl JP-Verlustfreiheit das richtige Kriterium gewesen wäre (vgl. /Sch82/).

Beispiele:
1. Bei der Abbildung C $\to$ E:
Für das 1NF-Schema ABT',VA',TA',LG' aus Kapitel 2 könnte es einen Anwender geben, der zu Verwaltungsangestellten immer die Bezeichnung der Abteilung benötigt, in denen diese arbeiten. Eine geeignete externe Sicht wäre für diesen Anwender:

$$\text{VA''(A,AN,VNR,VTB)} := \text{VA'} \bowtie \text{ABT'}$$

Man beachte, daß die Abbildung {VA',ABT'} $\to$ VA'' nur umkehrbar ist, wenn es keine Abteilung ohne Verwaltungsangestellte gibt; (es gibt zu jedem VA eine Abteilung wegen der Fremdschlüsselbeziehung über A!). Wenn also unser Anwender die Bezeichnungen aller Abteilungen aus dieser Sicht VA'' entnehmen will, so erhält er u.U. weniger Informationen als in der DB gespeichert sind! Die Benutzung des Outer Natural Joins hätte hier zur Folge, daß der Anwender mit Nullwerten konfrontiert würde, der Informationsverlust wäre jedoch verhindert.

2. Bei der Abbildung C -> I. ("Denormalisierung")
Wenn nach den Lehrgängen der technischen Angestellten in der Regel zusammen mit der Tätigkeitsbezeichnung derselben gefragt wird, kann es die Effizienz des DBMS erhöhen, wenn der Join zwischen LG' und TA' vorweggenommen ("materialisiert") wird. Diese Vorgehensweise wurde in /SS80,SS81/) vorgeschlagen und als "Denormalisierung" bezeichnet. Intern würde also gespeichert:

$$TA''(A,TNR,TTB,LN,J) := TA' \bowtie LG'$$

Hier wird der Outer Natural Join benutzt, um auch technische Angestellte ohne Lehrgänge abspeichern zu können. Die Abbildung $\{TA',LG'\} \to TA''$ ist dann durch Projektion umkehrbar. Wenn bei der Projektion Tupel, die Nullwerte enthalten, entfernt werden, so treten an der Benutzerschnittstelle keine Nullwerte auf! Schkolnick betrachtete in seinen Arbeiten hier fälschlicherweise PJ-Verlustfreiheit und außerdem nicht den Outer Join, so daß bei ihm zusätzlich die Relation TA' gespeichert würde.

Zerlegung und Komposition spielen im 1NF-Relationenmodell bei der Schichtenabbildung wohl die Hauptrolle. Weitere Operationen wie etwa eine (vertikale) Partitionierung einer Relation, bei der die Relation nicht attributweise (horizontal durch Projektion) wie bei der Zerlegung, sondern tupelweise (durch Selektionen) aufgeteilt wird, lassen sich mit Hilfe des Abbildungsstandpunktes analog untersuchen. (Eine Partitionierung ist durch Vereinigung umkehrbar, falls die Selektionen den Domain der Relation im mathematischen Sinne partitionieren.)

Im NF^2-Modell kommen zwei wesentliche neue Operationen für die Schichtenabbildung hinzu: Nestung und Entnestung.

4.2.3 Nestung

Sei eine (1NF-) Relation R(A1,...,An) gegeben. Eine Nestung von R ist eine NF^2-Relation R', die aus R durch Anwendung des Nest-Operators entsteht (mit einer offensichtlichen, abkürzenden Schreibweise):

$$R' := \nu[\ A;AS\ ](R) \quad \text{wobei} \quad A \subseteq \{A1,...,An\}$$

Die Abbildung R -> R' ist immer umkehrbar mit Hilfe des Unnest-Operators. D.h.

$$\forall R(A1,...,An)\ \forall A \subseteq \{A1,...,An\} : \mu[AS;A]\ (\nu[A;AS]\ (R)) = R$$

Beispiele:
1. Bei der Abbildung C -> E (NF^2-View auf 1NF-Schema).
   Ein DBMS, das NF^2-Relationen nur als externe Sichten zuläßt, könnte einem Benutzer die Viewrelation LG''(TNR,L(LN,J)) := $\nu[\ LN,J;L\ ]$ (LG') anstelle der konzeptuellen Relation LG' anbieten.

2. Bei der Abbildung C -> I (Nestung einer Denormalisierung).
   Die "denormalisierte" Relation TA'' aus Beispiel 2, Abschnitt 4.2.2 könnte auch eine konzeptuelle Relation eines 1NF-Schemas sein. Zur Vermeidung der redundanten Speicherung der TTB der technischen Angestellten könnten intern die Lehrgänge als Subrelation angesammelt werden:

$$TA''' := \nu[\ LN,J;L\ ]\ (TA'')$$

damit wäre TA''' eine NF^2-Relation mit dem Schema

$$TA'''(TNR,A,TTB,L(LN,J)).$$

4.2.4 Entnestung

Sei eine NF^2-Relation R(A1,...,An) gegeben. Eine Entnestung von R ist eine (NF^2-)Relation R', die durch Anwendung des Unnest-Operators μ aus R entsteht:

$$R' := \mu[\ Ai;A\ ](R) \quad \text{mit} \quad A = \{Ai1,...,Aim\}$$

Die Abbildung R -> R' ist im allgemeinen nicht umkehrbar, nur unter bestimmten Voraussetzungen liefert der Nest-Operator eine Umkehrung der Abbildung. Sei $A(R) := \{A1,...,An\}$ die Attributmenge von R, F^+ die transitive Hülle der zu R gegebenen Funktionalabhängigkeiten, dann gilt für $Ai \in A(R)$ (/JS82/):

$$\nu[Ai1,...,Aim;Ai\,] \; (\mu[\,Ai;Ai1,...,Aim\,]\,(R)) = R$$

$$<=>$$

$$((A(R) - \{\,Ai\,\}\,) \rightarrow Ai) \; \epsilon \; F^+$$

D.h. falls $A(R) - \{\,Ai\,\}$ einen Schlüsselkandidaten enthält, ist die Entnestung umkehrbar.

Eine Möglichkeit, die Umkehrbarkeit zu garantieren, liegt nun darin, diesen Schlüsselkandidaten in $A(R) - \{\,Ai\,\}$ künstlich zu erzeugen (durch Hinzunahme eines synthetischen Attributes Ak mit Hilfe des Keying-Operators k /JS82/, der z.B. die Tupel von R "durchnummeriert"). Dann gilt:

$$\nu[Ai1,...Aim;Ai\,](\,\mu[Ai;Ai1,...,Aim\,](k(R))) = \quad k\,(R) \text{ und somit}$$
$$\pi[A(R)\,](\,\nu[Ai1,...,Aim;Ai\,](\mu[Ai;Ai1,...,Aim\,](k(R)))) = R$$

Beispiele:

1. Eine auf der Ebene C als NF^2-Relation dargestellte 1:n-Beziehung kann für einen Anwender als externe Sicht in zwei 1NF-Viewrelationen mittels Entnestung (und Projektionen, also Zerlegung) abgebildet werden. Am Beispiel der Abteilungen und VA-Angestellten ergibt sich

   konzeptuell: ABT(A,AN,VA(VNR,VTB))
   extern: ABT' := $\pi[\,A,AN\,](ABT)$
                     VA' := $\pi[\,VNR,VTB,A\,](\,\mu[VA;VNR,VTB\,](ABT))$

   Die Abbildung ABT $\rightarrow \{ABT',VA'\}$ ist umkehrbar, da die Entnestung nicht entlang des Schlüssels (A) von ABT vorgenommen wurde (und außerdem die Zerlegung den Schlüssel in beide Teile mit hineinprojizierte).

2. Bei der Abbildung C $\rightarrow$ I (Aufspaltung eines "Jumbo-Tupels").
   Aufgrund von Benutzungs- und Zugriffsstatistiken kann es sinnvoll sein, konzeptuell als relationenwertiges Attribut einer NF^2-Relation modellierte Datenstrukturen (z.B. Matrizen) intern lieber komponentenweise, also entnestet, zu speichern (z.B. als einzelne Zeilen- oder Spaltenvektoren).

5   ALGEBRAISCHE OPTIMIERUNG BEI DER SCHICHTENABBILDUNG

5.1 Algebraische Umformungen

Die Abbildungen zwischen den DB-Schichten werden nichttrivial gewählt mit dem Ziel, zum einen die DB-Benutzer mit auf ihre individuellen Bedürfnisse abgestimmten Datenstrukturen zu unterstützen und zum anderen durch geeignete Wahl von internen Datensätzen die globale Effizienz des DBMS zu verbessern. Diese Ziele, vor allem das zweite, lassen sich jedoch nur erreichen, wenn durch den Abbildungsmechanismus, der ja zusätzliche Indirektionen bedeutet, nicht zu hoher Aufwand entsteht. Durch bloßes Einsetzen der Abbildungsgleichungen in den algebraischen Ausdruck der Benutzerfrage wird dieser zunächst nur komplexer. Darin liegt ein wesentlicher Grund für die Notwendigkeit der algebraischen Optimierung, der bisher in der Literatur nicht gesehen wurde. An diesem Beispiel wird die Notwendigkeit algebraischer Umformungen deutlich:

Betrachten wir die Anfrage Q2 aus Abschnitt 2.2.2:

> Q2: Bestimme Forschungsabteilungen, in denen ein Verwaltungsangestellter mit VTB = 'PATENTE' arbeitet.

Wir untersuchen zwei Fälle:
(a) konzeptuell (und extern) sei das 1NF-Schema ABT',VA' usw. definiert, intern dagegen die NF^2-Relation IABT mit den Zugriffspfaden XAN und XV aus 3.1.1 bzw. 3.2.2:

    E,C: ABT'(A,AN)   VA'(VNR,VTB,A)
    I: IABT(A0,A,AN, VA(V0,VNR,VTB), TA(T0,TNR,TTB, L(L0,LG,J)))
        XAN(AN,A0S(A0))
        XV(VTB,AV0(A0,V0S(V0)))

(b) konzeptuell (extern) und intern seien ABT', VA' bzw. IABT' und IVA' sowie entsprechende Zugriffspfade XAN' und XV' definiert:

E,C: wie in (a)
I: IABT'(A0,A,AN)   IVA'(V0,VNR,VTB,A)
       XAN'(AN,A0S(A0))   XV'(VTB,V0S(V0))

Fall (a) zeigt den Nutzen von internen NF^2-Tabellen, in Fall (b), der herkömmliche 1NF-Systeme nachbildet, sind die Zugriffspfade hier zum Vergleich ebenfalls als NF^2-Tabellen beschrieben. Die Zugriffspfade werden bei der Weiterführung dieses Beispiels in Abschnitt 5.2 noch benötigt.

Schichtenabbildung im Fall (a):

$$Q2 = \pi[A\,](\sigma[AN='FORSCHUNG'](ABT') \bowtie \sigma[VTB='PATENTE']\,(VA'))$$

nach Einsetzen der Abbildunggleichungen für I -> C:

$$ABT' := \pi[A,AN](IABT)$$

$$VA' := \mu[VA;VNR,VTB\,](\pi[\,VA,A\,]\,(IABT))$$

hat Q2 folgendes Aussehen:

$$Q2 = \pi[\,A\,](\sigma[AN='FORSCHUNG'](\pi[A,AN\,]\,(IABT)))\bowtie$$
$$\sigma[VTB='PATENTE'\,](\mu[VA;VNR,VTB\,]\,(\pi[VA,A\,]\,(IABT))))$$

Es ist nun Aufgabe der algebraischen Optimierung, diesen komplexen Ausdruck umzuformen in:

$$Q2 = \pi[\,A\,]\,(\sigma[AN='FORSCHUNG'\,\wedge\,(\sigma[\,VTB='PATENTE'\,]\,(VA) \neq \emptyset)\,]\,(IABT))$$

Man sieht, daß bei dieser Frageformulierung kein Verbund oder andere zweistellige Operationen vorkommen. Es handelt sich um eine "Ein-Tabellen-Anfrage" mit einer konjunktiven Selektionsformel.

Ein DBMS, das nichttriviale Abbildungen zuläßt, muß in der Lage sein, die oben gezeigten Umformungen durchzuführen. Dazu dienen algebraische Umformungsregeln, die sich aus der Invertierbarkeit der Abbildungstypen herleiten lassen.

Es gibt verschiedene Ansätze zur algebraischen Optimierung. Eine Übersicht, auch in Verbindung mit dem Abbildungsstandpunkt ist in /Sch82/ zu finden. Als algorithmisches Verfahren erscheint uns die Tableau-Methode /ASU79/ als am aussichtsreichsten. Tableaux sind eine spezielle, zweidimensionale Darstellung von Domain-Relationenkalkül-Ausdrücken. Leider lassen sich mit Tableaux nur eingeschränkte algebraische Ausdrücke darstellen: Natural Joins, Projektionen und Selektionen mit Konjunktionen von Konstantenvergleichen (Attributwert=Konstante). Zur effizienten Optimierung, also mit polynomialem Aufwand, müssen die Tableaux weiter eingeschränkt werden auf sogenannte "einfache" Tableaux. Im allgemeinen Fall ist die Tableau-Optimierung NP-vollständig. Die Einschränkung auf einfache Tabelaux ist nur in der Terminologie der Tableaux-Variablen zu beschreiben und würde hier zu weit führen (siehe z.B. /ASU79/), jedoch stellt sie keine zu starke Limitierung der Anwendbarkeit des Ansatzes dar. Es wurden in der Literatur bereits Erweiterungen des Tableaux-Ansatzes in verschiedenen Richtungen vorgeschlagen: Hinzunahme von Vereinigung und Differenz /SY80/, Einbeziehung von allgemeinen Datenabhängigkeiten (FD's, MVD's, JD's) /MMS79/, "<,>"-Vergleiche in der Selektionsformel /Kl83/ und allgemeine Selektionsformeln /MC83/. Der Algorithmus zur Tableau-Optimierung leistet folgendes:

Ein (entsprechend eingeschränkter) Algebraausdruck wird in ein Tableau umgeformt, das Tableau unter Ausnutzung von Datenabhängigkeiten (FD's, MVD's, JD's) und PJ-Verlustfreiheit reduziert, das reduzierte Tableau kann in einen Algebraausdruck zurücktransformiert werden. Das reduzierte Tableau enthält eine minimale Anzahl von Joins, bei der Rückübersetzung in algebraische Ausdrücke werden Selektionen möglichst früh ausgeführt (dies reduziert die Größe von Zwischenergebnissen und damit den Aufwand für die Auswertung).

An einem einfachen Beispiel soll die Tableau-Darstellung aufgezeigt werden:

Sei $Q6 = \sigma[\,C=5\,]\,(\pi[\,A,C\,]\,(R)) \bowtie \sigma[\,D=4\,]\,(\pi[\,A,D\,]\,(R))$ eine Anfrage an $R(\underline{A},B,C,D)$.

Zur Verdeutlichung sei Q6 in Domainkalkülschreibweise ebenfalls gegeben als

$$Q6 = \{\, <a1,a2,a3> \mid (\exists b1,b2,b3,b4)\,(<a1,b1,a2,b2> \in R \wedge a2=5 \wedge <a1,b3,b4,a3> \in R \wedge a3=4)\}$$

Q6 läßt sich als Tableau dann wie folgt darstellen:

Q6:

A	B	C	D
a1		5	4

| a1 | b1 | 5 | b2 |
| a1 | b3 | b4 | 4 |

Wegen der Schlüsseleigenschaft von A und mit Hilfe des Tableaualgorithmus läßt sich dieses umformen in:

Q6:

A	B	C	D
a1		5	4
a1	b1	5	4

Diese Form entspricht dem Ausdruck $Q6' = \pi[A,C,D]\,(\sigma[\,C=5 \wedge D=4\,](R))$. Man sieht, daß der redundante Join aus Q6 entfernt wurde.

Es bleibt zu untersuchen, ob und wie die Tableau-Methode für NF^2-Algebraausdrücke erweitert werden kann. Eine zu verfolgende Idee ist etwa die rekursive Formulierung von Tableaux, wobei in Tableaux auftretende Variablen wiederum Tableaux sein können.

Zu einer rekursiven Algebraformulierung $Q7 = \pi[A,C]\,(\sigma\,[\sigma[B1=5\,]\,(B) \neq \emptyset\,](R))$ und dem Schema $R(A,B(B1,B2), C,D)$ könnte dann eine Kalkülformulierung lauten:

$Q7 = \{\,<a1,a2> |(\exists b1,b2)\,(<a1,b1,a2,b2> \in R \wedge (\exists b11,b12)\,(<b11,b12> \in b1 \wedge b11=5))$

Ein rekursives Tableau könnte wie folgt aussehen

Q7:

A	B	C	D
a1		a2	
a1	t1	a2	b2

t1:

B1	B2
5	b12
5	b12

Diese Darstellungsart ist nur eine von verschiedenen möglichen. Die Erweiterung des Tableau-Ansatzes wird zur Zeit untersucht.

5.2 Einbeziehung der Zugriffspfadauswahl

Da nun alle internen Datenstrukturen, inklusive der Zugriffspfade, als NF^2-Relationen definiert und mit der NF^2-Algebra manipulierbar sind, erscheint es sinnvoll, die Auswahl von Zugriffspfaden bei der Frageausführung in die algebraische Umformung mit einzubeziehen, so daß das Ergebnis der Transformation ein algebraischer Ausdruck ist, der direkt als Ausführungsvorschrift benutzt werden kann.

Beispiel: (Wir setzen das Beispiel aus Abschnitt 5.1 fort, zunächst für Fall (a)):

Es soll Q2 in folgender Formulierung betrachtet werden

$Q2 = \pi[A]\,(\sigma[AN='FORSCHUNG' \wedge (\sigma[VTB='PATENTE'\,](VA) \neq \emptyset)\,](IABT))$

Unter Einbeziehung der beiden Zugriffspfade XAN und XV kann Q2 ausgeführt werden als:

$$Q2 = \pi[A]\,(IABT \underset{A0\ \varepsilon A0S}{\bowtie} (XH1 \quad XH2))$$

mit $XH1 := \pi[A0S]\,(\sigma[AN='FORSCHUNG'\,](XAN))$

$\quad XH2 := \pi[\pi[A0](AV0)\,]\,(\sigma[VTB='PATENTE'\,](XV))$

Für Fall (b) ergibt sich folgende Ausführungsvorschrift - die Schichtenabbildungen sind trivial -:

$$Q2 = \pi[A](Y1 \bowtie Y2)$$

$$\text{mit } Y1 := IABT' \underset{A0\ \epsilon\,A0S}{\boxtimes} (\sigma[\,AN='FORSCHUNG'\,](XAN'))$$

$$Y2 := IVA' \underset{V0\ \epsilon\,V0S}{\boxtimes} (\sigma[VTB='PATENTE'\,](XV'))$$

Der entscheidende Mehraufwand im Fall (b) ergibt sich durch den natürlichen Verbund über die A-Werte zwischen Y1 und Y2. Diesen könnte man evtl. ausführen als:

$$Y3 := \pi[A](Y1)$$
$$Q2 = \sigma[A\ \epsilon\ Y3](Y2)$$

falls die Kardinalität von Y3 hinreichend klein ist.

Es ist noch nicht geklärt, wann die Einbeziehung der Zugriffspfade in die Fragetransformation und -optimierung stattfinden soll. Die naheliegende Möglichkeit besteht darin, nach der Abbildung E -> C -> I die Optimierung mit algebraischen Methoden durchzuführen und anschließend die Zugriffspfade hinzuzuziehen, um ebenfalls mit algebraischen Verfahren - anderer Art als vorher - die Zugriffspfadauswahl vorzunehmen. Eine andere Methode wäre, bei der Abbildung C -> I gleich die Zugriffspfade mit zu betrachten und erst anschließend eine - entsprechend modifizierte - algebraische Optimierung durchzuführen, die beide Aufgaben zugleich löst. Während der zweite Ansatz allgemeiner ist - er beinhaltet den ersten als Spezialfall -, stellt sich die Frage, ob Verfahren gefunden werden können, die tatsächlich gleichzeitig die herkömmliche algebraische Optimierung und Zugriffsauswahl integriert leisten, oder ob letztlich doch ein zweistufiges Vorgehen nach der ersten Methode angebracht ist.

6   AUSBLICK

Wir glauben, daß das NF^2-Relationenmodell zur Beschreibung der Datenstrukturen und Operationen auf der Ebene der Datensätze und Zugriffspfade (interne Ebene) geeignet ist. Wenn man davon ausgeht, daß das Relationenmodell (klassisch oder erweitert) für die Benutzerebenen auch in Zukunft eine Rolle spielt, hat man damit die Voraussetzung geschaffen, die Optimierung durch die Schichten hindurch algebraisch anzupacken. Dabei kann die hier schon fortgeschrittene Theorie genutzt werden. Außerdem wird ihr weiterer Ausbau gerechtfertigt. Um Mißverständnissen vorzubeugen: Wir glauben, daß wir am Anfang einer Forschungsrichtung sind. Es bleibt noch viel Arbeit, die anstehenden Probleme zu lösen.

Danksagung

Die hier vorgestellte Richtung entstand in den letzten Jahren bei der Arbeit am AIM-Projekt des wissenschaftlichen Zentrums der IBM Heidelberg und wird jetzt in Darmstadt in Abstimmung mit dem AIM-Projekt weiterverfolgt. Für viele Diskussionen sei allen AIM-Mitarbeitern gedankt. Insbesondere haben die Herren Jaeschke und Pistor das NF^2-Modell vorangebracht, Herr Ott und Frau Majster-Cederbaum haben zur algebraischen Optimierung beigetragen. Die Idee des allgemeinen Zugriffspfades für NF^2-Tabellen stammt von Herrn Lum.

7   LITERATUR

/ABU79/   A.V.Aho, C.Beeri, J.D.Ullman: The Theory of Joins in Relational Databases, ACM TODS, Vol. 4:3, 1979

/ANSI75/   ANSI/X3/SPARC Study Group on Data Base Management Systems, Interim Report 75-02-08, in: FDT-Bulletin of ACM-SIGMOD, Vol. 7:2, 1975

/ASK80/   M.M.Astrahan, M.Schkolnick, W.Kim: Performance of the System R Access Path Selection Mechanism, Proc. IFIP Congr. 1980, North Holland Publ. Comp.

/ASU79/   A.V.Aho, Y.Sagiv, J.D.Ullman: Equivalences Among Relational Expressions, SIAM Journal of Comptg., Vol. 8:2, May 1979

/C76/   P.P.Chen: The Entity-Relationship-Model - Towards a Unified View of Data, ACM TODS, Vol. 1:1, 1976

/Ch76/   D.D.Chamberlin, et al: SEQUEL 2: A Unified Approach to Data Definition, Manipulation and Control, IBM J. Res. Dev., Vol. 20, Nov. 1976

/Ch81/   D.D.Chamberlin et al: Support for Repetitive Transactions and Adhoc Queries in System R, ACM TODS, Vol. 6:1, 1981

/Co79/   E.F.Codd: Extending the Database Relational Model to Capture More Meaning, ACM TODS, Vol. 4:4, 1979

/ES76/   M.J.Eisner, D.G.Severance: Mathematical Techniques for Efficient Record Segmentation in Large Shared Database Systems, JACM, Vol.23, 1976

/FWW82/   J.Freitag, H.-D.Werner, W.Wilkes: Strukturierte Attribute in Relationen zur Unterstützung von IR-Anwendungen, in: Informatik Fachberichte Bd. 57 (J.Nehmer, ed.), Springer 1982

/Hä78a/   T.Härder: Implementierung von Datenbanksystemen, Carl Hanser Verlag, München-Wien, 1978

/Hä78b/   T.Härder: Implementing a Generalized Access Path Structure for a Relational Database System, ACM TODS, Vol. 3:3, 1978

/HL82/   R.Haskin, R.Lorie: On Extending the Functions of a Relational Database System, Proc. ACM SIGMOD Conf., Orlando, Fl.,1982

/IBM1/   SQL/Data System, Concept and Facilities, IBM Corp., GH 24-5013, Jan. 1981

/IBM2/   STAIRS/VS General Information Manual, IBM Corp., GH 12-5114, 1980

/JS82/   G.Jaeschke, H.-J.Schek: Remarks on the Algebra of Non First Normal Form Relations, Proc. 1st ACM SIGACT/SIGMOD Symp. on PODS, L.A., Ca. March 1982

/JS83/   G.Jaeschke, H.-J. Schek: A Recursive Algebra for NF^2-Relations, Techn. Report, IBM   Heidelberg Scientific Center, in preparation

/Kl83/   A.Klug: Locking Expressions for Increased Database Concurrency, JACM, Vol. 30:1, Jan. 1983

/LY81/   D.Luo, B.Yao: Form Operation by Example, A Language for Office Information Processing, Proc. ACM SIGMOD Conf., 1981

/MC83/   M.E.Majster-Cederbaum: Equivalences Among Relational Expressions with General Selection Operators, to be submitted for publication

/MMS79/   D.Maier, A.O.Mendelzon, Y.Sagiv: Testing Implications of Data Dependencies, ACM TODS, Vol. 4:4, 1979

/OH82/   N.Ott, K.Horländer: Removing Redundant Join Operations in Queries Involving Views, Techn.Report TR 82.03.003, IBM Heidelberg Scientific Center, 1982

/Sch82/   M.Scholl: Algebraische Frageoptimierung in Datenbanksystemen mit nichttrivialen Abbildungen zwischen konzeptuellem und internem Schema, Diplomarbeit, FB Informatik, TH Darmstadt, 1982

/SLT82/   N.C.Shu, V.Y.Lum, F.C.Tung, C.L.Chang: Specification of Forms Processing and Business Procedures for Office Automation, IEEE Trans. on Software Eng., Vol. SE-8:5, Sept. 1982

/SP82/   H.-J. Schek, P.Pistor: Data Structures for an Integrated Data Base Management and Information Retrieval System, Proc. VLDB Conf., Mexico, Sept. 1982

/SS80/   M.Schkolnick, P.Sorensen: Denormalization: A Performance Oriented Database Design Technique, Proc. AICA Congr., Bologna, Italy 1980

/SS81/   M.Schkolnick, P.Sorensen: The Effects of Denormalization on Database Performance, Res. Rep. RJ3082 (38128), IBM Res.Lab., San Jose, Ca., 1981

/SWKH76/   M.Stonebraker, E.Wong, P.Kreps, G.Held: The Design and Implementation of INGRES, ACM TODS, Vol. 1:3, 1976

/SY80/   Y.Sagiv, M.Yannakakis: Equivalences Among Relational Expressions with the UNION and DIFFERENCE Operators, JACM, Vol. 27:4, Oct. 1980

/Ul80/   J.D.Ullman: Principles of Database Systems, Pitman Publ. Ltd., London, 1980

EINE SEQUELARTIGE SPRACHSCHNITTSTELLE FÜR DAS NF2-MODELL

P. Pistor
IBM Wissenschaftliches Zentrum Heidelberg
Tiergartenstrasse 15
D-6900 Heidelberg

B. Hansen
M. Hansen
Department of Computer Science
Buildings 343-344
Technical University of Denmark
DK-2800 Lyngby

1. EINLEITUNG

Im klassischen relationalen Daten-Modell wird üblicherweise die erste Normalform (1NF) zwingend vorgeschrieben /Cod,Dat/. Diese Forderung ist keine für die Relationentheorie unabdingbare Voraussetzung /Ull/, wohl aber eine beträchtliche Vereinfachung. Es hat in der Vergangenheit nicht an Ansätzen für Datenmodelle gefehlt, die unnormalisierte Relationen zulassen /BFP, Mak, Kob/. Sie entwickelten sich insbesondere dort, wo die Einfachheit des klassischen relationalen Modells als Beschränkung empfunden wurde, etwa bei der Verwaltung technisch-wissenschatlicher Daten /Erb, LoP1/, bei "form models" für Büroinformationssysteme /LY, SLCT, Tsi/, oder in der integrierten Verwaltung formatierter und unformatierter (Text-)Daten /Sch/. Für diese Anwendungen bietet sich als übergreifendes Datenmodell das tabellenorientierte NF2-Modell /SchP/ an.

Während algebraische Aspekte dieses Modells an anderer Stelle behandelt wurden /ScSc, Jae/, soll die vorliegende Arbeit den Nachweis erbringen, daß die Operationen auf NF2-Strukturen in schlüssiger Weise in einer sequelartigen Sprache verfügbar gemacht werden können. Diese Sprache ist im Falle von 1NF-Relationen zwar nicht genau deckungsgleich mit einem der bekannten SEQUEL-Dialekte /CAE, IBM/, vermeidet aber andererseits deren Unschönheiten.

Schwerpunktmäßig sollen im vorliegenden Aufsatz die Abfragemöglichkeiten des Sprachvorschlags dargestellt werden. Kapitel 2 behandelt exemplarisch die Datenstrukturen des NF2-Modells.

Ein wesentliches Kennzeichen dieser Strukturen ist ihre Rekursivität. Kapitel 3 zeigt auf, wie sich diese Eigenschaft bei grundlegenden Tabellenoperationen meistern läßt. Dabei spielen Konstrukte wie das SELECT..FROM..WHERE-Konstrukt eine zentrale Rolle. Diese Konstrukte sind mächtig genug, um auch listenartige Objekte voll in das Datenmodell zu integrieren (Kap.4).

Unter den ergänzenden Konstrukten (Kap.5) nehmen die sogenannten Masken eine wichtige Rolle ein. Sie erlauben es, die für die Listensuche wichtigen Kontextbedingungen quantorenfrei zu spezifizieren.

Im NF2-Modell spielen strukturverändernde Operationen naturgemäß eine besondere Rolle. Diese Operationen könnten zwar weitgehend durch das SELECT..FROM..WHERE-Konstrukt (kurz: SFW-Konstrukt) geleistet werden. Aus Gründen der Benutzerfreundlichkeit und besserer Optimierbarkeit empfehlen sich jedoch Sonderkonstrukte (Kap.6).

Kurze Hinweise auf die DML-Funktionen (Kap.7) runden die Skizze des Sprachvorschlags ab.

2. NF2-STRUKTUREN

Objekte des NF2-Modells (vgl. Syntax der Objektdefinition in Abb.1) sind entweder atomar oder zusammengesetzt. Für atomare Objekte sind folgende Typen zugelassen:

    numerisch
    Einzelzeichen
    boolsch
    Objekt-Identifizierer

Zusammengesetzte Objekte sind Mengen, Listen und Tupel. Listen kennen im Gegensatz zu Mengen eine Reihung der Elemente. Listen und Mengen sind einsortig, Tupel hingegen können mehrsortig sein. Durch die Einsortigkeit der Mengen und Listen sowie die Typbindung der Objektidentifizierer (vgl. Abb.1) wird weitgehend sichergestellt, daß Tabellen des NF2-Modells durch geeignete Operationen (im wesentlichen die Entnestung (Kap.6.2)) in 1NF-Relationen überführt werden können.

Beispiele für typische NF2-Tabellen finden sich in Abbildung 2, 3 und 4. Im ersten Beispiel (BUCH_VERZ) sprengen zwei Attribute ganz klar den Rahmen des 1NF-Modells, das Attribut PREIS mit seinen satzartigen Elementwerten, und das Attribut GEW_DESKRPT mit seinen Elementwerten vom Typ Relation. Aber auch Attribute wie AUTOREN und TITEL fügen sich nur dann in 1NF-Konzepte, wenn man darauf verzichtet, in die Feldwerte "hineinzuschauen", etwa, um die Position eines Namens im Autorenfeld zu ermitteln, oder um ein Buch über einen nur bruchstückhaft bekannten Titel aufzufinden.

Abbildung 3 soll unterstreichen, daß im NF2-Modell nicht nur textuelle Listen zugelassen sind, sondern auch Listen mit numerischen Komponenten (Vektoren, Matrizen). Damit erfüllt das NF2-Modell eine wesentliche Voraussetzung für den Einsatz im technisch-wissenschaftlichen Bereich.

Zu den Basisdatentypen des NF2-Modells gehört der Datentyp "Objektidentifizierer". Die Begründung für diesen Datentyp ist vielfältig:

    Lokalität von Änderungen durch "data sharing"

    Verknüpfbarkeit verschiedener Objekte ohne Zuhilfenahme von JOIN-Operationen (vgl. Kap. 6.3)

    Präzise Angabe von Sperr-Granulaten /GrPi, LoP1/

Das Katasterbeispiel (Abb.4) sollte die Begründung des Datentyps nachvollziehbar machen.

3. PROJEKTION UND RESTRIKTION BEI RELATIONENWERTIGEN RELATIONEN

In diesem und dem folgenden Kapitel sollen aus bekannten SEQUEL-Konstrukten Hilfsmittel für Abfragen an NF2-Tabellen abgeleitet werden. Dabei beginnt man zweckmäßigerweise mit speziellen NF2-Tabellen, den relationenwertigen Relationen (Abb. 5). Tupel in solchen Relationen bestehen aus atomaren Feldern, 1NF-wertigen Feldern oder Feldern, die ihrerseits wieder relationenwertige Relationen sind.

Die grundlegenden Selektionsmechanismen für 1NF-Tabellen, nämlich das Streichen von
Spalten (Projektion) und Zeilen (Selektion) reichen für derartige Objekte offensichtlich nicht mehr aus.

3.1. Projektion

Das herkömmliche Verständnis der Projektion genügt noch, um den Übergang von Abb. 2
nach Abb. 5 zu beschreiben:

```
(1.1)        SELECT  ⟨EINTRAG.BUCH#,EINTRAG.GEW_DESKRPT⟩
(1.2)        FROM    EINTRAG IN BUCH_VERZ
```

Hier wird aus jedem Eintrag (vgl. Tupelvariable EINTRAG in (1.2)) der Tabelle
BUCH_VERZ ein neues Tupel konstruiert (vgl. "⟨" und "⟩" in (1.1)), das aus einem
atomaren und aus einem relationenwertigen Feld besteht. Die nicht-atomaren Felder AU-
TOREN TITEL und PREIS werden als Ganzes gestrichen. Um aber aus der Tabelle REGISTER
die Deskriptoren-Gewichte zu entfernen, muß man den SELECT..FROM-Mechanismus innerhalb jeden REGISTER-Eintrags X auf das Feld GEW_DESKRPT anwenden:

```
(2.0)        SELECT
(2.1)                ⟨X.BUCH#,
(2.2)                 (SELECT XX.DESKRIPTOR
(2.3)                  FROM XX IN X.GEW_DESKRPT)
(2.4)                ⟩
(2.5)        FROM    X IN REGISTER
```

Diese Form einer Projektion innerhalb einer Projektion stellt eine erste wesentliche
Erweiterung gegenüber hergebrachten SEQUEL-Dialekten dar und spiegelt die
Rekursivität relationenwertiger Relationen wieder.

3.2 Restriktion

Durch "queries" in "queries" läßt sich auch die Restriktion in relationenwertigen Relationen bewältigen. Suchen wir beispielsweise alle REGISTER-Einträge X, die einen
DESKRIPTOR mit einem GEWICHT über 0.2 besitzen, dann lautet die zugehörige Abfrage:

```
(3.1)        SELECT X
(3.2)        FROM    X IN REGISTER
(3.3)        WHERE   {} ≠
(3.4)                ( SELECT XX
(3.5)                  FROM   XX IN X.GEW_DESKRPT
(3.6)                  WHERE  XX.GEWICHT > 0.2 )
```

(3.4) und (3.5) halten sich syntaktisch im Rahmen einer "nested query" /CAE/, das
SFW-Konstrukt wird jedoch auf eine "innere" Relation angewendet.

Wenn man sich nur auf auf das SFW-Konstrukt abstützen wollte, ließen sich viele Aus-
wahlbedingungen für NF2-Tabellen nur umständlich formulieren. Der Sprachvorschlag
trägt dem durch weitere Konstukte Rechnung (vgl. auch Kap. 5). So bietet es sich an,
die Suchbedingung in Beispiel 3 mit Hilfe eines Existenzquantors zu definieren:

```
(3.3')       WHERE ( EXIST XX IN X.GEW_DESKRPT
(3.4')              WHERE XX.GEWICHT > 0.2 )
```

Die Ähnlichkeit dieses Quantoren-Konstrukts mit dem SFW-Konstrukt erklärt sich daraus, daß sich beide an wohlbekannte Figuren des Prädikatenkalküls anlehnen (vgl. etwa "implicit set enumeration" in /BjJo/, p.55).

Beim Beispiel 3 sind wir davon ausgegangen, daß sich ein REGISTER-Tupel X als Ganzes qualifiziert, wenn auch nur eines seiner inneren Tupel die Gewichtsbedingung erfüllt. In Anlehnung an 1NF-Tabellen erscheint diese Festlegung ganz natürlich, läßt doch das Streichen von Zeilen bei klassischen Relationen keine andere Wahl zu. Anders hingegen bei relationenwertigen Relationen. Hier gibt es in Anlehnung an ein hierarchisches Verständnis NF2-artiger Tabellen auch die Auffassung, daß solche inneren Tupel (im Beispiel: GEW_DESKRPT-Tupel) automatisch zu streichen sind, die nicht zur Qualifikation übergeordneter Tupel (hier: REGISTER-Tupel) beitragen /LY,SHTGL/. Wir haben uns nicht für eine derartige Automatik entschlossen, sondern erwarten, daß der Fragesteller solche inneren Restriktionen ("Zeilen-Streichen innerhalb von Zeilen") selbst formuliert. Wie die Lösung

```
(4.0)        SELECT
(4.1)              ⊲ X.BUCH#,
(4.2)               (SELECT XX
(4.3)                FROM   XX IN X.GEW_DESKRPT
(4.4)                WHERE  XX.GEWICHT > 0.2) ⊳
(4.5)        FROM   X IN REGISTER
(4.6)        WHERE
(4.7)               ( EXIST  XX IN X.GEW_DESKRPT
(4.8)                 WHERE  XX.GEWICHT > 0.2 )
```

zeigt, kann diese nachträgliche Restriktion in der Liste der Selektionsausdrücke (vgl. (4.2)-(4.4)) durchgeführt werden. Wie das Beispiel aber auch zeigt, können dabei umfängliche und redundante Ausdrücke entstehen. In Kapitel 5.3 wird ein Konstrukt angegeben, mit dessen Hilfe man derartige Ausdrücke wesentlich kompakter formulieren kann.

3.3. Ergänzende Bemerkungen

Wie wir gesehen haben, ist das Konstrukt

        SELECT a FROM b WHERE c

bereits derart ausgeweitet worden, daß nicht nur einfache Operationen (für 1NF-Tabellen), sondern auch komplexe Operationen des Zeilen- und Spalten-Streichens (für NF2-Tabellen) ausgedrückt werden können. Erreicht wurde dies dadurch, daß wir die Rekursivität des SFW-Konstrukts konsequent ausgedehnt haben. Während in klassischen SEQUEL-Sprachen die Rekursivität nur ansatzweise gestattet ist (in der WHERE-Klausel "c" bei "nested queries"), ist uns in den bisherigen Beispielen das SFW-Konstrukt nicht nur bei "c", sondern auch bei "a" (Liste der Selektionsausdrücke) begegnet. In diesen Beispielen wurden in den inneren "queries" allerdings nur Relationen angesprochen, die Teil der in "b" benannten Relationen waren. Der vorliegende Sprachvorschlag läßt es aber durchaus zu, genau wie in SQL /IBM/ oder SEQUEL2 /CAE/ in der WHERE-Klausel, darüberhinaus jedoch auch bei "a" "unabhängige" Relationen anzusprechen. Die letztere Möglichkeit gestattet es, hierarchisch strukturierte Tabellen in vielfältiger Weise durch JOIN-Operationen zu verknüpfen. Hierauf soll jedoch nicht näher eingegangen werden.

Wenn man das SFW-Konstrukt in den syntaktischen Positionen "a" und "c" zuläßt, dann ist nicht einzusehen, weshalb es nicht auch in der FROM-Klausel (Position "b") erlaubt sein sollte. "Queries" gegen "queries" sind nicht nur für NF2-Tabellen erstrebenswert, sondern auch für klassische SEQUEL-Sprachen. So würde etwa die HAVING-Klausel von SQL und SEQUEL2 überflüssig, und manche relationenalgebraische Umformungen (vgl. /Hae/, Kap. 9.1) ließen sich in diesen Sprachen nachbilden.

4. SPRACHERWEITERUNGEN ZUR BEHANDLUNG VON LISTEN

4.1. Verallgemeinerungen des SFW-Konstrukts

Betrachten wir etwa die Beispielfrage 4, so können wir den Formeln (4.0-4.8) auch dann einen Sinn unterlegen, wenn wir REGISTER nicht als Menge, sondern als Liste von Tupeln auffassen. Weiterhin könnte das GEW-DESKRPT-Feld jedes REGISTER-Tupels eine Liste von Tupeln zweier atomarer Felder sein. Man braucht dazu nur zweierlei festzulegen.

1. Das SFW-Konstrukt bildet Listen in Listen ab.

2. Die Elemente einer Liste - etwa die Tupel X (vgl. (4.5)) einer geordneten Tabelle REGISTER - werden gemäß ihrer Reihenfolge verarbeitet.

4.2. Kontextbedingungen

Diese Erweiterungen reichen nun nicht aus, um Suchbedingungen zu erfassen, in denen die relative Stellung einzelner Listen-Elemente zueinander eine Rolle spielt (Kontextbedingungen). Dazu bedarf es vielmehr zweier weiterer Operationen, der Generierung von Indexlisten, und der Adressierung von Listenelementen über ihre Position in der Liste. Betrachten wir dazu den Vektor V:

$$(5) \quad V = < 1, 2, 5, 4, 8 >$$

Gesucht sei zu diesem Vektor der Vektor V', bei dem jedes Element kleiner ist als das nachfolgende (d.h. $V' = < 1,2,4>$). Mit den erwähnten Hilfsmitteln läßt sich diese Aufgabe wie folgt formulieren:

```
(6.0)       SELECT
(6.1)             V[I]
(6.2)       FROM   I IN INDL(V)
(6.3)       WHERE  I < LEN(V)        AND
(6.4)             V[I] < V[I+1]
```

In diesem Beispiel findet die Selektion primär nicht auf der Liste B statt, sondern auf der Indexliste

$$< 1, 2, 3, 4, 5 > ,$$

die durch die eingebaute Funktion INDL aus B generiert wird (s. (6.2)). Geeignete Elemente I dieser Liste dienen zur Adressierung der V-Elemente, welche die Ergebnis-Liste bilden.

Im Beispiel (s.(6.3)) tritt LEN als weitere Funktion auf; sie ermittelt die Anzahl der Listen-Elemente.

4.3 JOIN über Listen

Die JOIN-Operation läßt sich zwanglos auf Listen erweitern. So kann man das Beispiel 6 über einen JOIN wie folgt umschreiben:

(7.1)   SELECT V[I]
(7.2)   FROM   I IN INDL(V), J IN INDL(V)
(7.3)   WHERE   J = I+1   AND
(7.4)   V[I] < V[J]

Es genügt, für das in der FROM-Klausel konzeptuell definierte "kartesische Produkt"
eine feste Reihenfolge zu vereinbaren. So ist im Beispiel (7.2) ein Wert I mit allen
Indexwerten J zu kombinieren, dann dessen Nachfolger I+1, usf. Auch zwischen Mengen
und Listen ist ein JOIN möglich. Das Ergebnis ist wiederum eine Liste, die Reihenfolge der Listenelemente ist jedoch nur teilweise durch die Eingabedaten festgelegt.

5. OPERATIONEN ZUR ERHÖHUNG DER BENUTZERFREUNDLICHKEIT

5.1 Weitere mengen- und listenorientierte Operationen

Wenn man mengen-, listen- oder auch tupelartige Felder zuläßt, kann man es nicht bei
den bisher beschriebenen Mechanismen zur Adressierung belassen. Weitere Operationen
findet man in Abb. 6. Für einige sei ihre Bedeutung anhand kurzer Beispiele illustriert.

(8.1)   DUNION ({{1,2},{2,3},{3,4}}) = {1, 2, 3, 4}
             ("distributed union" /BjJo/)
(8.2)   ELEMS (MLIST ({1,2,3,4})) = {1, 2, 3, 4}
(8.3)   ELEMS (< 1, 2, 3, 4 >) = {1, 2, 3, 4}
(8.4)   INDL (< 3, 2, 2, 1 >) = < 1, 2, 3, 4 >
(8.5)   INDS (< 3, 2, 2, 1 >) = {1, 2, 3, 4}
(8.6)   SUBLIST (2, 2, < 3, 2, 2, 1 >) = < 2, 2 >
(8.7)   DCAT (<< 1, 2, >, <2, 3>, <3, 4>>) = <1, 2, 2, 3, 3, 4>
             ("distributed catenation" /BjJo/)
(8.8)   STRIP ({1}) = STRIP (<1>) = STRIP (⊬1⊬) = 1
(8.9)   STRIP (STRIP ({⊬1⊬})) = 1
(8.10)   ⊬12,'JACKSON'⊬.1 – 12

Eine generelle Bemerkung zu den eingebauten Funktionen ist hier angebracht:

Anders als in den klassischen SEQUEL-Sprachen werden Funktionen wie CARD, LEN usw.
algebraisch gesehen. Wir schreiben deshalb nicht

(9)   select count (*)
             from BUCH-VERZ ,

sondern schlicht

(10)   CARD (BUCH-VERZ)

Das entspricht nicht nur dem üblichen Funktionen-Gebrauch, sondern führt auch zu kom-
pakten und durchsichtigen Ausdrücken.

5.2 Maskierung

Zur Formulierung allgmeiner Kontextbedingungen bieten Quantoren ein wirkungsvolles,
aber u.U. auch recht unhandliches Hilfsmittel. Gesucht sei etwa Buchnummer und
Autoren für alle Bücher, bei denen ein Autor mit "MUELLER" endet und der nachfolgende
Autor "SCHULTZ" heißt. Der zugehörige Suchausdruck lautet

```
(11.1)        SELECT ⟨ BUCH#, AUTOREN ⟩
(11.2)        FROM    X IN BUCH_VERZ
(11.3)        WHERE   EXIST I IN INDL(X.AUTOREN)
(11.4)                WHERE I < LEN(X.AUTOREN)    AND
(11.5)                SUBLIST(LEN((X.AUTOREN)[I])-6,7,(X.AUTOREN)[I])
(11.6)                  = 'MUELLER'              AND
(11.7)                (X.AUTOREN)[I+1] = 'SCHULTZ'
```

Durch Verallgemeinerung der im LIKE-Prädikat von SQL /IBM/ verwendeten Maskierungstechnik läßt sich (11) wesentlich vereinfachen:

```
(12.1)        SELECT ⟨ BUCH#, AUTOREN ⟩
(12.2)        FROM    X IN   BUCH_VERZ
(12.3)        WHERE   X.AUTOREN =
(12.4)                  <%,'%MUELLER','SCHULTZ',%>
```

Das Symbol "%" in (12.4) steht zum einen für beliebig viele Namen am Anfang und Ende der Autorenliste, zum anderen für beliebige Zeichenketten, die mit 'MUELLER' zusammen einen Namen bilden.

Auch das Umfeld der Kontext-Bedingung läßt sich mit Hilfe der Maskierungstechnik in vielen Fällen präzise festlegen. So wird in (12.4')

```
(12.4')                  <'%MUELLER',_,'SCHULTZ'>
```

die Abfrage dahingehend präzisiert, daß die gesuchten Bücher genau drei Autoren haben müssen.

Die Maskierungstechnik läßt sich auch auf mengenartige Objekte ausdehnen:

```
(13.1)        SELECT   X
(13.2)        FROM     X IN   BUCH_VERZ
(13.3)        WHERE    X.GEW_DESKRPT  =
(13.4)                 { _,_,⟨'TENSOREN',_⟩}
```

Hier wird nach Büchern mit dem DESKRIPTOR 'TENSOREN' gefragt. Der Inhalt der beiden zusätzlich geforderten GEW_DESKRPT-Tupel (man beachte die beiden führenden "don't care"-Symbole "_") spielt dabei ebensowenig eine Rolle wie das GEWICHT von 'TENSOREN'.

5.3 Herausziehen gemeinsamer Unterausdrücke

Durch die tiefe Schachtelung des SFW-Konstrukts - und anderer Konstrukte - entstehen leicht unübersichtliche Ausdrücke. In solchen Fällen kann das USE-Konstrukt zur besseren Lesbarkeit entscheidend beitragen. Außerdem hilft es, Anfragen schrittweise zu entwickeln. Mit Hilfe des USE-Konstrukts läßt sich ein Ausdruck wie

```
(14.1)        SELECT   ⟨ X.1
(14.2)                 (SELECT XX.1
(14.3)                  FROM   XX IN X.2) ⟩
(14.4)        FROM     X IN (SELECT ⟨ Y.BUCH#,
(14.5)                                Y.GEW_DESKRPT ⟩
(14.6)                       FROM    Y IN BUCH_VERZ)
```

umformen in

```
(15.1)      USE      REGIST = (SELECT ⟨ BUCH#, Y.GEW-DESKRPT ⟩
(15.2)                          FROM      Y IN BUCH_VERZ)
(15.3)      IN
(15.4)      SELECT   ⟨ X.1, (SELECT XX.1 FROM XX IN  X.2) ⟩
(15.5)      FROM      X IN REGIST
```

In diesem Beispiel, das die Abfragen (1) und (2) des Kapitels (3.1) zusammenfasst, werden übrigens Felder teilweise nicht über Namen adressiert, sondern über die Feldnummer. Auf die betreffenden Sprachaspekte (Vererbung/Verlust von Feldnamen, Vergabe von Feldnamen, alternative Adressierungsmechanismen) soll hier nicht weiter eingegangen werden.

Eine Variante des USE-Konstrukts ist besonders hilfreich in Fällen, wie sie im Beispiel (4) des Kapitels 3.2 angesprochen wurden:

```
(16.1)      USE    F(Z,MIN)=
(16.2)              SELECT XX
(16.3)              FROM    XX  IN Z.GEW_DESKRPT
(16.4)              WHERE   XX.GEW > MIN
(16.5)      IN
(16.6)      SELECT  ⟨ X.BUCH#, F(X,0.2) ⟩
(16.7)      FROM      X IN REGISTER
(16.8)      WHERE     {} ≠ F(X, 0.2)
```

Das USE-Konstrukt macht den Kern der Abfrage nicht nur kompakter und transparenter, es dürfte auch die Optimierung derartiger Ausdrücke bedeutend erleichtern.

6. OPERATIONEN ZUR VERÄNDERUNG DER SCHACHTELUNGSTIEFE

Operationen zur Veränderung der Schachtelungstiefe von NF2-Tabellen sind uns bereits in Kapitel 5.1 begegnet (DUNION, DCAT, STRIP). Darüberhinaus kann die Schachtelungstiefe auch mit dem SFW-Konstrukt manipuliert werden. Wir werden aber sehen, daß das SFW-Konstrukt bei wichtigen Sonderoperationen so unhandlich ist, daß Sonderkonstrukte angezeigt sind.

6.1 Gruppierung

Unter gewissen Voraussetzungen ist die Gruppierung die Inverse zur Operation DUNION. Mit ihrer Hilfe läßt sich die in Abb. 7 skizzierte Umwandlung einer 1NF-Tabelle in eine NF2-Tabelle wie folgt formulieren.

```
(17.1)      GROUP    X  IN  REGISTER1NF
(17.2)      BY       X.BUCH#
```

Die Unterstützung der Gruppierungsfunktion durch ein eigenes Konstrukt ist offensichtlich gerechtfertigt, wie man an der gleichwertigen SFW-Lösung sieht:

```
(18.1)      SELECT ( SELECT Y
(18.2)               FROM    Y IN REGISTER1NF
(18.3)               WHERE   Y.BUCH# = X.BUCH# )
(18.4)      FROM      X IN REGISTER1NF
```

6.2 NEST/UNNEST

Mit diesen Operationen wird beispielsweise die Strukturabbildung zwischen der
1NF-Tabelle REGISTER1NF und der NF2-Tabelle REGISTER geleistet:
```
(19.1)     NEST   X IN REGISTER1NF
(19.2)     ALONG  ⊀ X.DESKRIPTOR, X.GEWICHT ⊁

(20.1)     UNNEST X IN REGISTER
(20.2)     ALONG  X.GEW_DESKRPT
```

6.3 Operationen auf Objektidentifizierern

Die Funktion MAT ermöglicht es, auf ein Objekt über den Objekt-Identifizierer zuzu-
greifen. Mit ihrer Hilfe ist es offensichtlich möglich, die Schachtelungstiefe von
Tabellen zu erhöhen. Betrachten wir beispielsweise die Tabelle FLUR in Abb. 4. Die
Objektidentifizierer in der Begrenzungsinformation können wie folgt durch die entsprechenden Koordinatenwerte aus PUNKTE ersetzt werden (Abb.8).

```
(21.1)     SELECT ⊀ X.FLURSTÜCK#,
(21.2)            (SELECT Y.KOORDINATEN
(21.3)             FROM   Y IN MAT(X.BEGRENZUNG)) ⊁
(21.4)     FROM   X  IN FLUR
```

Da das SFW-Konstrukt die Anordnung von Listenelementen beibehält (vergl. Kap. 4.1),
werden die Koordinatenpaare durch (21.2) und (21.3) in der richtigen Reihenfolge ermittelt.

Durch die MATerialisierung entstehen wiederum NF2-Tabellen, sie genügen also den in
Kap. 2 genannten Bedingungen bezüglich der Einsortigkeit von Listen und Mengen. Das
wird dadurch erreicht, daß auch für Objektidentifizierer eine Typbindung gilt (vgl.
auch DDL-Syntax in Abb 1).

Objektidentifizierer erlauben es sogar, aus 1NF-Tabellen Hierarchien aufzubauen. Der
Zugriff zu diesen Hierarchien wird wesentlich erleichtert durch RECMAT, eine
rekursive Variante der Funktion MAT. Von einem Wurzelobjekt ausgehend, sucht RECMAT
alle Objekte auf, die über Objektidentifizierer adressiert werden. Auf diese Weise
lassen sich also Stücklisten-Probleme lösen. Es ist aber festzuhalten, daß bei
diesen Problemen die Schachtelungstiefe nicht von vornherein festliegt, man also
strenggenommen den Bereich der NF2-Tabellen verläßt.

Die Inverse zur Funktion MAT ist die Funktion GETOID. Sie ist erforderlich, um die
oben erwähnten impliziten Hierarchien aufzubauen.

7. DML-OPERATIONEN

Die DML-Operationen sollen in diesem Aufsatz nur kurz angesprochen werden.

Da die Feldwerte von NF2-Tabellen Mengen oder Listen sein können, wird man sie vor-
zugsweise nicht durch UPDATE-Operationen (Zuweisung) verändern, sondern durch INSERT
(Mengen), EXTEND (Listen) oder DELETE. Das Einfügen eines Listen-Elementes sei am
Beispiel des Vektors V in (5) demonstriert. Die Anweisung

```
(22.1)     EXTEND  V
(22.2)     WITH    <0>
(22.3)     BEFORE  3
```

liefert das Ergebnis

(23)   V = <1, 2, 0, 5, 4, 8 >

Bei nicht-atomaren Feldern sind ebenfalls Zuweisungsoperationen erlaubt; im allgemeinen wird man diese Operationen aber nur zur Änderung atomarer Felder verwenden.

Will man zu ändernde Unterstrukturen von NF2-Tabellen assoziativ adressieren, so erfordert dies ein Konstrukt, welches an das SFW-Konstrukt angelehnt ist. Mit seiner
Hilfe lassen sich Änderungsanweisungen wie

> "Setze das GEWICHT für DESKIPTOREN auf 1,
> die 'TENSOR' oder 'VEKTOR' enthalten,
> wenn unter den Autoren 'LAGALLY' vorkommt."

formulieren:

```
(24.1)      FORALL   X IN BUCH_VERZ
(24.2)      WHERE    X.AUTOREN = <%,'LAGALLY',%>
(24.3)      DO
(24.4)         FORALL   Y IN X.GEW_DESKRPT
(24.5)         WHERE    Y.DESKRIPTOR = 'TENSOR%'      OR
(24.6)                  Y.DESKRIPTOR = 'VEKTOR%'
(24.7)         DO
(24.8)            Y.GEWICHT: = 1.0
```

Wie hier nicht weiter ausgeführt werden soll, sieht der Sprachvorschlag die
Möglichkeit vor, statische Konsistenzbedingungen zu deklarieren. Sollen diese erst
nach einer Reihe von DML-Anweisungen überprüft werden, so kann dies durch das
BLOCK-Konstrukt sichergestellt werden:

```
(25.1)      BEGIN-BLOCK;
(25.2)      DML-Anweisung 1;
                       :
            DML-Anweisung n;
(25.3)      END_BLOCK
```

In Kapitel 6.3. wurde die Möglichkeit angesprochen, mit Hilfe von
Objekt-Identifizierern implizite Hierarchien aufzubauen. Objekte in solchen Struk-
turen können mit der rekursiv arbeitenden Funktion RECDELETE gelöscht werden. Die
Funktion ist in gewisser Weise ein Gegenstück zu RECMAT.

8. ZUSAMMENFASSUNG

Im vorliegenden Aufsatz wurde gezeigt, daß SEQUEL-artige Sprachen derart modifiziert
werden können, daß auch NF2-Tabellen handhabbar werden. Diese Datenstrukturen integrieren geschachtelte Mengen und Listen in orthogonaler Weise. Deshalb sind auch
solche SEQUEL-Operationen integraler Bestandteil des Sprachvorschlages, die im Rahmen des 1NF-Modells Fremdkörper darstellen ("GROUP BY", "ORDER BY").

Wir sind der Meinung, daß die Sprache für ein breites Spektrum sogenannter
"non-standard DB-applications" gleichermaßen gut geeignet ist, beispielsweise für
den DB-Teil von Systemen zur Büro-Automation, oder für DB-Anwendungen im
technisch-wissenschaftlichen Bereich.

Die syntaktischen Möglichkeiten des Sprachvorschlages scheinen noch nicht
ausgeschöpft. So erlaubt die konsequente Verwendung der Elementvariablen sehr kom-
pakte Sonderkonstrukte für die Projektion. Auch bietet die Sprache gute Ansätze, um
zeitliche Versionen von Daten zu verwalten.

9. DANKSAGUNG

Diese Arbeit ist im Rahmen des AIM-Projekts im Wissenschaftlichen Zentrum der IBM in Heidelberg entstanden. Die ersten Vorschläge zur Erweiterung SEQUEL-artiger Sprachen gehen auf H.-J. Schek zurück. Bei der Verallgemeinerung dieser Ansätze brachten die Diskussionen mit L. Gründig und R. Traunmüller wertvolle Anregungen.

A. Blaser und V. Lum sei auch an dieser Stelle für die Unterstützung zu diesem Aufsatz gedankt.

10. LITERATURVERZEICHNIS

/BjJo/   D. Bjoerner, C.B. Jones: The Vienna Development Method: The Meta-Language, Lecture Notes in Computer Science 61, Springer, 1978.

/BFP/   G. Bracchi, A. Fideli, P. Paolini: A Language for a Relational Data Base Management System, Proc. Sixth Ann. Princeton Conf. on Information Science and Systems, Mar. 1972, S. 84-92.

/CAE/   D. D. Chamberlin et al: SEQUEL2: A Unified Approach to Data Definition, Manipulation and Control, IBM Journal of Research and Development 20 (1976), S. 560-575.

/Cod/   E. F. Codd: Further Normalization of the Database Relational Model, in Database Systems, ed. R. Rustin, Courant Computer Science Symposia Series, Vol. 6, Englewood Cliffs, N.Y. Prentice Hall, 1972.

/Dat/   C. J. Date: An Introduction to Database Systems, 3rd ed., Addison-Wesley Publ. Co., Reading, Mas., 1981.

/Erb/   R. Erbe et al.: Integrated Data Analysis and Management for the Problem Solving Environment, Information Systems, Vol. 5 (1980), S. 273-285.

/GrPi/   L. Gründig, P. Pistor: Land-Informations-Systeme und ihre Anforderungen an Datenbank-Schnittstellen, GI - 13. Jahrestagung, 1983.

/Hae/   T. Härder: Implementierung von Datenbank-Systemen, Carl Hanser Verlag, München, Wien, 1978.

/IBM/   SQL/Data System, Concepts and Facilities, IBM Corporation, GH 24-5013, Jan. 1981.

/Jae/   G. Jaeschke: An Algebra of Power Set Type Relations, IBM Wiss. Zentr. Heidelberg, Technical Report, TR 82.12.002, Dec. 1982.

/Kob/   I. Kobayashi: An Overview of the Database Management Technology, Tech. Report TRCS-4-1, Sanno College, 1753 Kamikasuya, Isehara, Kanagawa 259-11, Japan, Juni 1980.

/LoPl/   Lorie R.A., Plouffe W.: Complex Objects and their Use in Conversational Transactions. IBM Research Report RJ 3706, November 1982.

/LY/   D. Luo, B. Yao: Form Operation by Example, A Language for Office Information Processing, Proceedings of the SIGMOD Conference 1981, S. 212-223.

/Mak/   A. Makinouchi: A Consideration on Normal Form of Not-Necessarily-Normalized Relation in the Relational Data Model, VLDB Proceedings, Tokio, 1977, S. 447-453.

/Sch/   H.-J. Schek: Methods for the Administration of Textual Data in Database Systems, in Information Retrieval Research, ed. R. N. Oddy et al., Butterworths, London, 1981.

/SchP/   H.-J. Schek, P. Pistor: Data Structures for an Integrated Data Base Management and Information Retrieval System, Proc. VLDB Conf. Mexico, Sept. 1982.

/ScSc/   H.-J. Schek, M. Scholl: Die NF2-Relationenalgebra zur einheitlichen Manipulation externer, konzeptueller und interner Datenstrukturen, GI - 13. Jahrestagung, 1983.

/SLTC/   N. C. Shu, V. J. Lum, F. C. Tung, C. L. Chang: Specification of Forms Processing and Business Procedures for Office Automation, IBM Research Report, RJ 3040, 1981.

/SHTGL/ N. C. Shu, B. C. Housel, R. W. Taylor, S. P. Ghosh, and V. Y. Lum: EXPRESS: A Data EXtraction, Processing, and REStructuring System, TODS 2 (1977) No. 2, pp. 134-174.

/SHV/ N. Chu, B. Housel, V. Lum: Convert: A High Level Translation Definition Language for Data Conversion, CACM 18 (1975) No. 10, pp. 577-567.

/Tsi/ D. Tsichritzis: Form Management, in "Omega Alpha", ed. D. Tsichritzis, University of Toronto, Technical Report CSRG-127, März 1981.

/Ull/ J. D. Ullman, Principles of Database Systems, Pitman, London, 1980.

11. Abbildungen

```
ddl-stmt                   ::= CREATE  OBJ obj-name type-def
type-def                   ::= basic-type
                             | ref-type
                             | comp-type
basic-type                 ::= num-type
                             | char-type
                             | bool-type
num-type                   ::= INTEGER | ...
char-type                  ::= S_CHAR
bool-type                  ::= BOOL
ref-type                   ::= REF_TO( type-def )
comp-type                  ::= set-type
                             | list-type
                             | tuple-type
set-type                   ::= { type-def }
                             | { type-def , ( integer [VAR] ) }
list-type                  ::= char-list-type
                             | g-list-type
char-list-type             ::= CHAR
                             | CHAR( integer [VAR] )
g-list-type                ::= < type-def >
                             | < type-def , ( integer [VAR] ) >
tuple-type                 ::= { field-spec-list }
field-spec-list            ::= field-spec
                             | field-spec-list , field-spec
field-spec                 ::= [ field-id : ] type-def
obj-name                   ::= id
integer                    ::= "not further specified"
id                         ::= "not further specified"
```

Abb 1: Syntax der Definition von NF^2-Objekten

BUCH-VERZ:	BUCH#	AUTOREN	TITEL	PREIS	GEW-DESKRPT	
					DESKRIPTOREN	GEWICHT
	10	LAGALLY, FRANZ	VORLESUNGEN UEBER VEKTORRECHNUNG	45 DM	VEKTOR-ANALYSIS TENSOR-ANALYSIS	0.1 0.3
	11	LAGALLY	VORLESUNGEN UEBER VEKTORRECHNUNG	8 RM	VEKTOR-ANALYSIS TENSOR-ANALYSIS	0.9 0.9
	12	JACKSON	PRINCIPLES OF PROGRAM DESIGN	12 $	PROGRAMMING TACTICS	1.0

Abb 2: Fiktives Buchverzeichnis

| SPEKTREN | SUBSTANZ | < ABSORBTION > | |
		WELLENLAENGE	LOG-K
	GERMANIUM	0.10	40
		0.12	54
		0.20	50
		0.50	73
		1.00	20
		2.00	3
	.	.	.
	.	.	.

Abb 3: Spektraltabelle

Das Spektrum für Germanium ist nicht vollständig. Die
Spektralwerte (LOG-K) sind in willkürlichen Einheiten
angegeben. Die Symbole < und > deuten an, daß die Feldwerte von ABSORBTION geordnete Relationen (Listen von
Tupeln) darstellen.

FLUR	FLURSTUECK#	BEGRENZUNG	......
	528	<oid₁ ,oid₂ ,oid₄ ,oid₃ >	......
	.	.	.

| PUNKTE | KOORDINATEN | | ...... |
	X-OO	Y-OO	.....
oid₁	0	0	.
oid₂	100	0	.
oid₃	0	100	.
oid₄	100	100	.
.	.	.	.

Abb 4: Fiktive Katastertabellen

| REGISTER | BUCH# | GEW-DESKRPT | |
		DESKRIPTOREN	GEWICHT
	10	TENSOR-ANALYSIS	0.3
		VEKTOR-ANALYSIS	0.1
	11	TENSOR-ANALYSIS	0.9
		VEKTOR-ANALYSIS	0.9
	12	PROGRAMMING TACTICS	1.0

Abb 5: Einfaches Beispiel einer relationenwertigen Relation

Die Tabelle entsteht durch Projektion aus der Tabelle
BUCH-VERZ (Abb 2)

FUNKTION/ OPERATION		MENGE	LISTE	TUPEL
		ANWENDUNG AUF OBJEKTE VOM TYP		
CARD	KARDINALITAET	x		
LEN	LAENGE		x	
AVG (*)	ARITHMETISCHES MITTEL	x	x	
MAX (*)	ARITHMETISCHES MAXIMUM	x	x	
MIN (*)	ARITHMETISCHES MINIMUM	x	x	
(...)	MENGENKONSTRUKTOREN	x	x	x
⊂,⊆,⊃,⊇	INKLUSIONEN	x		
UNION	MENGEN VEREINIGUNG	x		
DUNION	VEREINIGUNG DER ELEMENTE EINER MENGE VON MENGEN	x		
INTERSECT	MENGEN-DURCHSCHNITT	x		
MLIST	UEBERFUEHRUNG EINER MENGE IN EINE LISTE	x		
CAT	VERKETTUNG		x	x
DCAT	VERKETTUNG DER KOMPONENTEN EINER LISTE VON LISTEN		x	
ELEMS	MENGE DER KOMPONENTEN EINER LISTE		x	
< ... >	LISTENKONSTRUKTOREN	x	x	x
INDL	INDEX-LISTE		x	
INDS	INDEX-MENGE		x	
ORDER	UMSORTIERUNG EINER LISTE		x	
SUBLIST	UNTERLISTE		x	
[i]	ADRESSIERUNG DER i-TEN KOMPONENTE		x	
{ ... }	TUPELKONSTRUKTOREN	x	x	x
.i	ADRESSIERUNG DES i-TEN FELDES			x
STRIP	'AUSPACKEN' EINELEMENTIGER OBJEKTE	x	x	x

Abb 6: Mengen-, listen- und tupelorientierte Funktionen/Operatoren

(*) nur bei Listen und Mengen numerischer Skalare anwendbar.

REGISTER_INF	BUCH#	DESKRIPTOR	GEWICHT
	10	TENSOR-ANALYSIS	0.3
	10	VEKTOR-ANALYSIS	0.1
	11	TENSOR-ANALYSIS	0.9
	11	VEKTOR-ANALYSIS	0.9
	12	PROGRAMMING TACTICS	1.0

GROUP
═════>>

DUNION
<<═════

10	TENSOR-ANALYSIS	0.3
10	VEKTOR-ANALYSIS	0.1

11	TENSOR-ANALYSIS	0.9
11	VEKTOR-ANALYSIS	0.9

12	PROGRAMMING TACTICS	1.0

Abb 7: GROUPierung als inverse Operation zu DUNION (Hinweis zu DUNION: Die Vergabe der Feldnamen verlangt zusätzliche Maßnahmen.

FLURSTUECKE	< BEGRENZUNG >	
	X-KOO	Y-KOO
528	0 100 0 100	0 0 100 100
. . .	. . .	. . .

Abb 8: MATerialisierung der Grenzpunktein der Tabelle FLUR durch Information aus der Tabelle PUNKTE (Abb 4)

Hinweise: 1. Die Strichelung in der Kopfzeile soll andeuten, daß die Vergabe der Feldnamen zusätzliche Maßnahmen erfordert.
2. < und > bei BEGRENZUNG sollen die Listeneigenschaften andeuten.

R E K U R S I V E   D A T E N M O D E L L E

Winfried Lamersdorf und Joachim W. Schmidt

Universität Hamburg, Fachbereich Informatik
Schlüterstraße 70
D-2000 HAMBURG 13

ZUSAMMENFASSUNG:

Die Grenzen klassischer Datenbankmodelle zeigen sich insbesondere bei der Modellierung von Realitätsausschnitten mit Objekten, die aus zahlreichen Komponenten aufgebaut sind (etwa in nichtkonventionellen Datenbankanwendungen der Bereiche CAD/CAM, Computer Graphik, Textspeicherung und -verarbeitung, etc.). Zur adäquaten Modellierung derartiger 'komplexer Objekte' werden 'rekursive Datenmodelle' vorgeschlagen. Sie ermöglichen eine Definition und Verarbeitung von Datenobjekten, die nicht notwendig gleiche Strukturen, sondern nur noch gleichartige Strukturierungsprinzipien haben müssen. Der Ansatz integriert Erfahrungen aus den Bereichen Programmiersprachen und klassische Datenbankmodelle.

ABSTRACT:

The limitations of classical 'record based' data models are quite obvious when modelling complex object systems which consist of many (semantically) interrelated components (as, e.g., in non-conventional database applications in CAD/CAM, computer graphics, information retrieval, etc). For a more adequate representation of such 'complex objects', 'recursive data models' are proposed. They allow for the definition and manipulation of data objects of not necessarily the same structure, but only a similar structuring concept. This work integrates experiences from the areas of programming languages and classical data (base) models.

1. EINLEITUNG

Datenmodelle stellen Werkzeuge und Konzepte zur Modellierung
von Realitätsausschnitten zur Verfügung. Fallen bei der
Modellierung umfangreiche Datenmengen an, so werden dazu Konstrukte
benötigt, deren Gesamtheit man als Daten<u>bank</u>modelle bezeichnet.
Typischerweise stellen Datenbankmodelle nur eine vergleichsweise
geringe Anzahl von Konzepten zur Modellierung datenintensiver
Realitätsausschnitte bereit, die auch nur in sehr begrenztem
Umfang miteinander kombinierbar sind. So enthalten die Daten-
definitionssprachen der drei klassischen Datenbankmodelle
(hierarchisches, netzwerkartiges und relationales) im wesentlichen
Mechanismen, Mengen gleichartig strukturierter Records zusammen-
zufassen und Beziehungen zwischen ihnen herzustellen.

Der wesentliche Vorteil begrenzter Modellierungswerkzeuge von
Datenmodellen liegt in der Möglichkeit, sie auf effiziente Weise in
Datenbankverwaltungssystemen zu realisieren. Nachteile zeigen sich
jedoch vor allem bei der Modellierung von nichtkonventionellen
Anwendungsbereichen, die auf komplexe Weise strukturierte semantische Zusammenhänge enthalten. Ziel eines Datenmodells ist es es
dabei, die durch eine Anwendung vorgegebenen Realitätsausschnitte
möglichst adäquat, d.h. abstrakt und weitestgehend unabhängig
von den Beschränkungen real existierender Rechensysteme zu
modellieren. Mengen, Relationen, Prädikate, abstrakte Datentypen
und nichtprozedurale Sprachelemente sind Beispiele für 'höhere'
Modellierungswerkzeuge, die eine mehr 'datenunabhängige'
Problemspezifikation ermöglichen. Die Verwendung abstrakter
Sprachkonzepte im Relationalen Daten(bank)modell stellt dessen
wesentlichen Vorteil gegenüber anderen Datenmodellen dar.

Während also Datenbankmodelle der Modellierung großer Mengen
von Objekten dienen, die sich untereinander in nur wenigen
Eigenschaften unterscheiden, unterstützen Programmiersprachen
eher die Modellierung von Objekten, die in geringer Zahl, dafür
aber mit erheblich unterschiedlichen Eigenschaften auftreten (vgl.
auch [Zill83]). Programmiersprachen erreichen dies durch eine
größere Anzahl von weitgehend frei miteinander kombinierbaren

Modellierungskonzepten (Typgeneratoren).

Im folgenden wird ein Datenmodell vorgeschlagen, das die
Modellierungskonzepte herkömmlicher Datenbankmodelle um Ansätze
aus dem Programmiersprachbereich erweitert. Das behandelte
Datenmodell beschränkt sich nicht mehr auf Datenobjekte mit
gleicher Struktur, sondern erlaubt die Definition und Verarbeitung
von Datenobjekten mit gleichem Strukturierungsprinzip. Dabei sind
Strukturierungsprinzipien, grob gesprochen, durch eine Anzahl
Grundstrukturen und Regeln für deren Kombination definiert. Solche
'rekursiven Datenmodelle' ermöglichen die adäquate Modellierung
komplexer Objekte mit verwandten Strukturprinzipien; eine geeignete
Einschränkung der Prinzipien ermöglicht es zudem, Ergebnisse der
klassischen Datenbankmodelle - etwa in den Bereichen Anfragesprache,
Konsistenzdefinition und Transaktionsabwicklung - auf rekursive
Datenmodelle zu übertragen.

2. PROBLEME HERKÖMMLICHER DATENMODELLE

Probleme herkömmlicher Daten(bank)modelle bei der Modellierung
komplexer Anwendungsgebiete seien am Beispiel des Relationalen
Datenmodells kurz erläutert.

2.1. Grenzen des relationalen Datenmodells

Das Relationale Datenmodell (RDM) [Codd70] basiert bezüglich
seiner Objektstruktur auf Mengen (Relationen) von gleichartig
strukturierten Elementen (Tupeln). Auf Elementebene stellt es -
ähnlich den anderen klassischen Datenbankmodellen - ausschließlich den Strukturgenerator 'Record' zur Verfügung. Auf der
operationalen Seite unterstützt das RDM Änderungsoperationen auf
Element- und Mengenebene, sowie mittels (Relationen-) Algebra oder
(Relationen-) Kalkül formulierte Anfragen.

Die durch das RDM bereitgestellten Konzepte sind

- mächtig und flexibel genug zur Modellierung verschiedenartiger
  Anwendungsbereiche,
- einfach und verständlich genug, um leicht anwendbar zu sein und
- abstrakt und theoretisch genügend fundiert, um zu daten-
  unabhängigen und formal auswertbaren Anwendungsmodellen zu
  führen.

In zunehmendem Maße werden jedoch Datenbanken - insbesondere
auch relationale - für Anwendungsgebiete interessant, deren Daten
weniger streng formatiert und damit weniger leicht mit herkömmlichen Datenbankkonzepten modellierbar sind. Beispiele hierfür
finden sich bei der Darstellung komplexer Datenobjekte etwa des CAD
[HaLo82], der Computer Graphik [WePa79], der Speicherung von Texten
im 'Information Retrieval' [ScPi82], etc. Hier sind die zu beschreibenden Objekte in einer in Grenzen flexiblen Weise aus komplexen
Teilobjekten aufgebaut, zwischen denen in der Regel vielfältige
semantische Beziehungen bestehen.

Einer direkten Darstellung komplexer Datenobjekte steht im RDM
vor allem dessen Beschränkung auf Mengen von fest formatierten
Relationenelementen entgegen [Kent79]. Die Flexibilität, die
Relationen bezüglich der Anzahl ihrer Elemente besitzen, ist auf
der Ebene einzelner Relationenelemente nicht gegeben. Strukturelle
Grenzen der Darstellungsmöglichkeiten zeigen sich deshalb
insbesondere bei der Beschreibung von auf komplexe Weise semantisch
zusammengehörigen Datenobjekten variabler Größe ('referential
integrity').

2.2. Ein einführendes Beispiel

Die relationalen Datenstrukturen zur Modellierung komplexer
Datenobjekte und ihrer (hierachischen) Zusammensetzung aus einzelnen
Komponenten sei exemplarisch unter Verwendung der relationalen
Datenbanksprache Pascal/R [Schm77], [ScMa80] definiert:

<u>Beispiel:</u>

```
TYPE String        =  PACKED ARRAY [...] OF CHAR;
     ObjectType    =  RECORD obj_name  : String;
                             comp_name : String;
                             comp_desc : ...
                      END;
     AssemblyType  =  RELATION <obj_name, comp_name> OF
                                             ObjectType;
     PartType      =  RECORD name : String;
                             desc : ...
                      END;
VAR  object  : ObjectType;
     assembly : AssemblyType;
     part, sub_part : PartType;
```

Die Repräsentation der Objekte erfolgt in diesem Beispiel
('bill of material' Problem) durch voneinander unabhängige
Darstellungen der Beziehungen zwischen Teilen und ihren Komponenten
in der Relation 'assembly'. Durch zusätzliche semantische
Integritätsbedingungen muß hier explizit sichergestellt werden,
daß jeder aktuelle Wert dieser Relation genau einer 'korrekten'
(hierarchischen) Objektstruktur entspricht. Wie das Beispiel zeigt,
ist eine derartige, repräsentationsabhängige Modellierung
aufwendig und fehleranfällig. Das Hinzufügen eines Teils, part,
mit einer Komponente, sub_part, zu einem gegebenen, durch
'object_name' identifizierten Objekt müßte etwa wie folgt
programmiert werden:

```
part := ... ;  sub_part := ... ;
assembly :+ [<object_name, part.name, part.desc>];
assembly :+ [<part.name, sub_part.name, sub_part.desc>];
```

Nach Entfernen eines derartigen Teils, part, mit einer Sub-
komponente, sub_part, dürfen keine weiteren, davon abhängigen
Komponenten mehr in der Relation 'assembly' existieren:

```
IF ALL o IN assembly (o.obj_name ≠ part.name)
   THEN assembly :- [<object_name, part.name, part.desc>]
   ELSE <ERROR: further sub-components to be deleted !>;
IF ALL o IN assembly (o.obj_name ≠ sub_part.name)
   THEN assembly :- [<part.name, sub_part.name, sub_part.desc>]
   ELSE <ERROR: further sub-components to be deleted !>.
```

Im folgenden wird ein Datenmodell vorgeschlagen, das die Modellierung komplexer (hierarchisch strukturierter) Datenobjekte auf direktere Weise ermöglicht.

3. REKURSIVE DATENMODELLE ZUR BESCHREIBUNG KOMPLEX STRUKTURIERTER OBJEKTE

3.1. Definition rekursiver Datentypen

Zur direkten Beschreibung komplex strukturierter Datenobjekte seien rekursiv definierte Datentypen [Hoar75] verwendet. Sie repräsentieren Datenobjekte variabler Größe und erweitern die Beschreibungsmöglichkeiten klassischer Mengenstrukturen dadurch, daß sie die 'Entstehungsgeschichte' der Objekte mit modellieren. Gleichwertige Komponenten rekursiver Objekte sind somit unterscheidbar, die Modellierung hierarchischer Strukturen wird direkt möglich. Zudem lassen sich mit rekursiven Datenstrukturen viele verschiedenartige Objektstrukturen (z.B. Bäume, Listen, Mengen) auf einfache Weise repräsentieren.

Als Erweiterung gegenüber den klassischen Datenmodellen werden in einem rekursiven Datenmodell zu jedem rekursiv definierten Datentyp, RecursiveType, i.a. mehrere verschiedene Strukturgeneratoren, Gen_i, zur Verfügung gestellt. Die Generatoren basieren auf Komponenten eines jeweiligen Komponententyps, Type_ij, die als bereits vorgegeben betrachtet werden und mit Hilfe elementarer 'Selektoren', sel_ij, identifizierbar sind. Die

rekursive Struktur ergibt sich dadurch, daß im allgemeinen auch
Komponenten (direkt oder indirekt) von dem zu definierenden Typ sein
können. Die Syntax einer rekursiven Typdefinition sei wie folgt:
TYPE
  RecursiveType = (Gen_1 (sel_11: Type_11; ...; sel_1n: Type_1n) |
                 . . .
           Gen_k (sel_k1: Type_k1; ...; sel_km: Type_km));

Zusammen mit jeder rekursiven Typdefinition sei eine Menge
elementarer Operationen implizit vorgegeben:

- Die elementaren <u>Generatoren</u>, Gen_i, bauen ein rekursives
  Datenobjekt aus Teilobjekten oder elementaren Komponenten auf:
  Gen_i : Type_i1 ... Type_im ---> RecursiveType.

- Mit Hilfe der elementaren <u>Selektoren</u> können die einzelnen
  Komponenten eines mit Hilfe eines Generators 'Gen_i'
  generierten rekursiven Objektes wieder selektiert werden:
  sel_ij : RecursiveType ---> Type_ij.
  Dabei muß das rekursive Objekt durch einen Generator, Gen_i,
  erzeugt worden sein, der den Selektor, sel_ij, enthält.
  Syntaktisch steht der Selektor in eckigen Klammern hinter
  einer rekursiv definierten Variablen. Damit gilt für eine
  Variable 'rcs_var' vom Typ 'RecursiveType', deren Wert durch die
  Generatoranwendung 'Gen_i (..,cp_ij,..)' erzeugt worden ist:
  rcs_var [sel_ij] = cp_ij.
  Komponentenselektoren identifizieren Komponenten<u>variable</u>,
  d.h. sie können sowohl im Kontext von Ausdrücken als auch auf
  der linken Seite von Zuweisungen sowie geschachtelt verwendet
  werden. Geschachtelte Selektoren werden hintereinander
  geschrieben und von links nach rechts ausgewertet.

- Schließlich kann mit elementaren <u>charakterisierenden</u>
  <u>Funktionen</u> ermittelt werden, ob ein rekursiver Wert durch
  einen bestimmten Generator erzeugt worden ist oder nicht:
  is-Gen_i : RecursiveType ---> BOOLEAN.
  Es gilt also für die Variable 'rcs_var', deren Wert durch
  'Gen_i(...)' erzeugt worden ist: is-Gen_i (rcs_var) = <u>true</u>.

Rekursive Datentypen umfassen somit komplexe Werte, die auf
unterschiedliche Weise durch (i.a. geschachtelte) Generator-
anwendung(en) erzeugt werden.

3.2. Rekursive Definition des einführenden Beispiels

Unter Verwendung rekursiv definierter Datentypen modellieren
wir das in 2.2 gegebene Beispiel neu:

<u>Beispiel:</u>


```
TYPE String     = PACKED ARRAY [...] OF CHAR;
     ObjectType = (Object (name: String; comps: AsmblType));
     AsmblType  = (Empty () |
                   Single_part (s_part: PartType) |
                   Asmbl_part (asmbl: AsmblType; a_part: PartType));
     PartType   = (Part (name: String; desc: ...;
                                   comps: AsmblType));
VAR  object : ObjectType;
     part, sub_part : PartType;
```


In dieser Formulierung des Beispiels sind die Komponenten eines
Objektes rekursiv definiert. Durch Anwendung der verschiedenen
Selektoren und Strukturgeneratoren wird das geschachtelte Teil, part
mit sub_part, direkt dem rekursiven Objekt, object, hinzugefügt
(bzw. von ihm entfernt), ohne daß semantische Integritätsbedingungen verletzt werden können:


```
object := ...; part := ...; sub_part := ...;
part [comps]    := Single_part (sub_part);
object [comps] := Asmbl_part (object [comps], Single_part (part));
 . . .
object [comps] := object [comps] [asmbl];
```

3.3. Anwendungsorientierte Operationen

Auf der Grundlage der genannten Elementaroperationen können
vom Benutzer eines umfassenderen programmiersprachlichen Systems
(in der Regel rekursiv) weitere anwendungsspezifische Operationen
definiert werden. Beispielsweise läßt sich die Operation
'strukturelle Äquivalenz' von rekursiv definierten Teilobjekten in
einer erweiterten Pascal-artigen Notation wie folgt als Funktion
schreiben:

```
FUNCTION Equiv (asmbl, asmbl': AsmblType) : Boolean;
  (is-Single_part (asmbl) ---> RETURN  is-Single_part (asmbl')
                        AND  Equiv (asmbl [s_part] [comps],
                                    asmbl' [s_part] [comps])
   is-Asmbl_part (asmbl) ----> RETURN  is-Asmbl_part (asmbl')
                        AND  Equiv (asmbl [a_part] [comps],
                                    asmbl' [a_part] [comps])
                        AND  Equiv (asmbl [comps],
                                    asmbl' [comps])            )
END Equiv;
```

Mit der Definition einer Menge von anwendungsorientierten
Funktionen können rekursive Datentypen zu abstrakten Datentypen
im Sinne von [LiZi74] erweitert werden. Zum Schutz möglicher
Integritätsbedingungen kann es dann jedoch notwendig werden,
die freie Verwendung der elementaren Strukturgeneratoren geeignet
einzuschränken (etwa dadurch, daß die anwendungsorientierten
Funktionen nur vom 'Datentypadministrator' zur Verfügung gestellt
werden.)

4. EIN ANWENDUNGSBEISPIEL:

REKURSIVE MODELLIERUNG VON TEXTEN

Im folgenden soll ein grösseres Anwendungsbeispiel die
Mächtigkeit rekursiver Datentypen demonstrieren. Modelliert werden

Texte (wie z.B. dieser - siehe Abbildung) mit darauf anwendbaren
Operationen. Der Aufbau solcher Texte aus einzelnen Komponenten ist
grundsätzlich variabel. Insbesondere wird dies an der Unter-
gliederung der Kapitel in (Sub-) Sektionen unterschiedlicher Tiefe
deutlich.

4.1. Strukturdefinitionen

   Der Text eines 'papers' sei hierarchisch aufgebaut aus
einzelnen Zeichen, Wörtern, Sätzen, Paragraphen oder Bildern (auch
gemischt), numerierten Sektionen (mit geschachtelten Sub-Sektionen)
und Kapiteln:


```
TYPE
 Wordtype        = (Single_char (s_char: CHAR) |
                    Append_char (word: WordType; a_char: CHAR));
 SentenceType    = (Single_word (s_word: WordType) |
                    Append_word (sentence: SentenceType;
                                          a_word: WordType) |
                    Append_mark (sentence: SentenceType;
                                          a_mark: ('.',',',...) ));
 ParagraphType   = (Empty_paragraph () |
                    Append_sentence (paragraph: ParagraphType;
                                         a_sentence: SentenceType));
 GraphicsType    = . . . ;
 PictureType     = (Empty_picture () |
                    Picture (header: SentenceType;
                                  graphics: GraphicsType));
 SectionType     = (Single_paragraph (paragraph: ParagraphType) |
                    Single_picture (picture: PictureType) |
                    Append_paragraph (section: SectionType;
                                    a_paragraph: ParagraphType) |
                    Append_picture (section: SectionType;
                                    a_picture: PictureType));
 NumType         = (Single_int (s_int: INTEGER) |
                    Append_int (num: NumType; a_int: INTEGER));
 BodyType        = (Empty_body () |
```

```
                    Single_section (section: SectionType) |
                    Append_num_section (body: BodyType;
                              num_section: NumSectionType));
  NumSectionType= (Num_section (num: NumType; title: SentenceType;
                    prologue: ParagraphType; body: BodyType));
  ChapterType    = (Chapter (no: INTEGER; title: SentenceType;
                    prologue: ParagraphType; body: BodyType));
  TextType       = (Empty_text () |
                    Append_chapter (text: TextType; chapter:
                                                ChapterType));
  ReferencesType=  . . . ;
  PaperType      = (Paper (title, authors, keywords: SentenceType;
                      abstract: ParagraphType; text: TextType,
                          references: ReferencesType));
```

Abbildung: Strukturbild der Texte

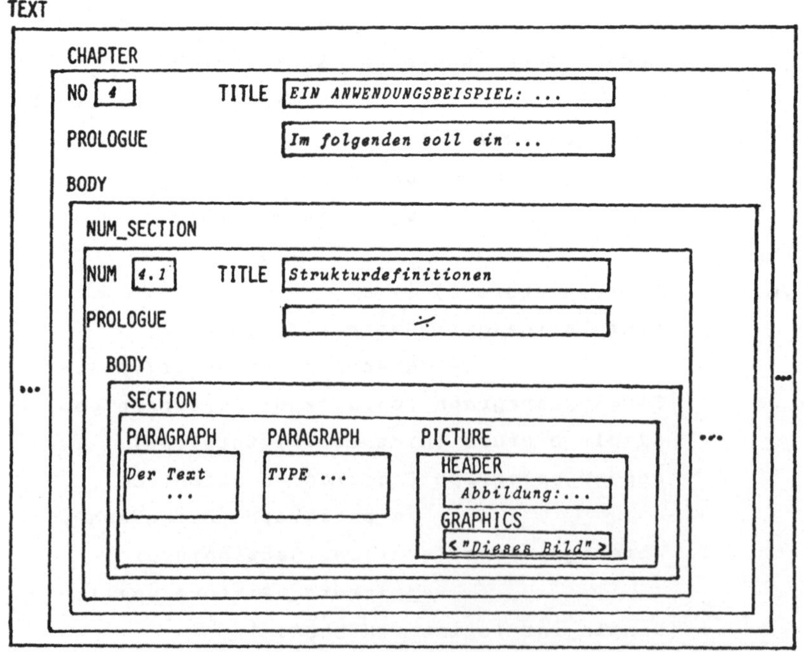

4.2. Definition anwendungsorientierter Operationen

Anwendungsorientierte Operationen über rekursiv definierten Datentypen dienen insbesondere dazu, die Erfüllung zusätzlicher Konsistenzbedingungen spezieller Anwendungen zu gewährleisten. Beispielsweise soll der Inhalt (body) eines Kapitels der in 4.1. modellierten Texte nur entweder leer sein, eine nicht numerierte Sektion enthalten oder aus numerierten Sektionen mit gleich langen Nummern bestehen können. Die anwendungsorientierte Funktion 'Add_ns' ergänzt (unter Verwendung der hier nicht näher beschriebenen Funktion 'Length') den Inhalt nur um 'richtig' numerierte Sektionen:

```
FUNCTION Add_ns (bd: BodyType; ns: NumSectionType): BodyType;
  (is-Single_section (bd) -------> <ERROR: previous section
                                              not numbered !> ,

    is-Empty_body (bd) -----------> RETURN  Append_num_section
                                              (bd, ns) ,

    is-Append_num_section (bd) --->
                  IF NOT (Length (bd [num_section] [num]) =
                                      Length (ns [num]))
                  THEN <ERROR: previous section number of
                                      different level !>
                  ELSE  RETURN Append_num_section (bd,ns)      )
END Add_ns;
```

4.3. Definition anwendungsorientierter Selektoren

Auch die elementaren Selektoren rekursiv definierter Datentypen sind zu anwendungsorientierten Selektoren erweiterbar - so wie auch die elementaren Generatoren zu (i.a. parameterisierten) anwendungs- orientierten Funktionen zusammengefaßt werden können.

Die anwendungsorientierten Selektoren des rekursiven Datenmodells sind - ähnlich den in [MRS82] vorgeschlagenen Selektoren für Relationen - für Variable eines vorgegebenen rekursiven Typs definiert. Anwendungsorientierte rekursive Selektoren sind i.a. rekursiv definiert, sie können

parameterisiert sein, und sie enthalten in der Kopfzeile ihrer
Definition den Typ der selektierten Komponente für Typprüfungen
zur Übersetzungszeit.

In unserem Anwendungsbeispiel definieren wir einen Selektor,
s-sub_sect, der mit einer geschachtelten Nummer als Parameter die
entsprechend numerierte Sub-Sektion des Inhalts eines Kapitels
selektiert. Die Definition des Selektors 's-sub_sect' greift dabei
auf einen weiteren Selektor 's-sect' zurück, der zu einer einzelnen
(Teil-) Nummer die entsprechend numerierte Sektion einer bestimmten
Gliederungsebene selektiert:

```
SELECTOR s-sub_sect FOR bd: BodyType (no: NumType): NumSectionType;
   (is-Single_int (no) ---> SELECT  bd [s-sect (no [s_int])]    ,
    is-Append_num (no) ---> SELECT  bd [s-sect (no [a_int])]
                                    [body] [s-sub_sect (no [num])] )
END s-sub_sect;


SELECTOR s-sect FOR bd: BodyType (i: INTEGER): NumSectionType;
   (is-Empty_body (bd) ------------> <ERROR: no section with
                                             such a number !>,
    is-Single_section (bd) --------> <ERROR: section not numbered !>,
    is-Append_num-section (bd) ---->
       (is-Single_int (bd [num_section] [num]) --->
                          IF bd [num_section] [num] [s_int] = i
                             THEN SELECT  bd [num_section]
                             ELSE SELECT  bd [body] [s-sect (i)] ,
        is-Append_num (bd [num_section] [num]) --->
                          IF bd [num_section] [num] [a_int] = i
                             THEN SELECT  bd [num_section]
                             ELSE SELECT  bd [body] [s-sect (i)] ))
END s-sect;
```


4.4. Anfragesprachen für rekursive Datenmodelle

Wie das Anwendungsbeispiel zeigt, werden mit rekursiven
Datenmodellen typischerweise komplexe Objekte modelliert, die aus

einer großen Anzahl von Komponenten zusammengesetzt sind. Damit
wird auch für rekursive Datenmodelle - wie auch für Datenbankmodelle - die Frage nach geeigneten Anfragesprachen zur
Datenselektion relevant [Lame83b].

Die anwendungsorientierten Selektoren geben eine erste
Möglichkeit zur (strukturabhängigen) Selektion von
Teilkomponenten. Als eine weitere Möglichkeit bietet sich die
Verwendung von Konstruktoren an, etwa allgemeiner Mengen-
konstruktoren, die aus einem zusammengesetzten Objekt Mengen von
Elementen eines bestimmten Komponententyps konstruieren:
    { <component_type> OF <composite_object> }.
Eine derartige Menge von Komponentenwerten kann dann mit Konstrukten
wie sie vom Relationenkalkül her bekannt sind weiter einge-
schränkt werden:
    [EACH <element> IN {...} : Pred (<element>)].
Dabei ist <element> eine logische Variable vom Elementtyp der
selektierten Menge und 'Pred (<element>)' ein Prädikat über
<element>.

So selektiert beispielsweise der folgende Ausdruck alle Worte
eines Satzes s, die mit dem Buchstaben 'x' enden:
    [EACH w IN { WortType OF s } : w [s-last_char()] = 'x'].

Dabei wird zusätzlich ein einfacher anwendungsorientierter
Selektor, s-last_char(), verwendet, der jeweils das letzte Zeichen
eines Wortes selektiert:

```
SELECTOR s-last_char FOR w: WordType (): CHAR;
   (is-Single_char (w) ---> SELECT  w [s_char],
    is-Append_char (w) ---> SELECT  w [a_char])
END;
```

Schließlich können prädikatenlogische Ausdrücke über
Teilmengen von Komponenten auch zur Formulierung semantischer
Integritätsbedingungen für komplexe Objekte dienen.

5. INTEGRATION VON REKURSIVEN DATENMODELLEN

UND DATENBANKMODELLEN

Obwohl der Anwendungsbereich der vorgeschlagenen rekursiven Datenmodelle auch datenintensive Realitätsausschnitte umfaßt, war die Darstellung bisher weitgehend unabhängig von existierenden Daten<u>bank</u>modellen. Für die Integration eines rekursiven Datenmodells mit Datenbankmodellen gibt es im wesentlichen zwei (sich nicht ausschließende) Alternativen: die Verwendung existierender Datenbanksysteme für eine Prototyp-Implementation eines rekursiven Datenmodells oder Erweiterungen bisheriger Datenbankmodelle um rekursive Konzepte.

5.1. Prototyp-Implementation rekursiver Datenmodelle

Erfahrungen mit dem Entwurf komplexer Software-Systeme haben gezeigt, daß die zukünftigen Benutzer eines solchen Systems schon frühzeitig in dessen syntaktische und semantische Definition - etwa im Rahmen einer Prototyp-Implementation - mit einbezogen werden sollten. Dies gilt insbesondere für den Entwurf (oder die Erweiterung) von Datenmodellen für datenintensive Anwendungen, da hier die Implementation eines vollständigen Laufzeitsystems besonders aufwendig ist.

Für ein rekursives Datenmodell bietet sich eine schnelle Prototyp-Implementation (ohne Berücksichtigung von Effizienz-aspekten) auf der Grundlage eines bereits existierenden Datenbanksystems an. Exemplarisch sei dies hier am Beispiel des relationalen Daten(bank)modells angedeutet (eine detailliertere Darstellung findet sich in [LaSc83]):

- <u>Rekursive Objekte</u> können im RDM durch Relationen (-hierarchien) repräsentiert werden. Beziehungen zwischen Teilobjekten werden dabei durch Wertassoziationen in verschiedenen Relationenelementen repräsentiert.

- Die Anwendung von <u>Strukturgeneratoren</u> bedeutet in einer
  RDM Implementation ein Einsetzen von Elementen in die
  entsprechende(n) Relation(en).

- Die Anwendung von <u>Selektionsausdrücken</u> auf rekursive
  Objekte wird durch Anfragen an Relationen implementiert.

- <u>Komponentenselektoren</u> können entsprechend [MRS82] durch
  relationale Selektoren auf die zugehörigen Relationen
  repräsentiert werden.

- <u>Zuweisungen</u> an rekursive Objekt- oder Komponentenvariable
  entsprechen Relationenänderungsoperationen.

Die Abbildung der Sprachelemente eines rekursiven Datenmodells
auf die Schnittstelle einer vorgegebenen Datenbankprogrammiersprache
sollte dabei durch Anwendung von Techniken aus dem Übersetzerbau
automatisch unterstützt werden.

5.2. Rekursive Erweiterungen von Datenbankmodellen

Rekursive Datentypen können auch zur Erweiterung klassischer
Datenbankmodelle herangezogen werden. Beispielsweise sind im RDM
rekursive Datentypen auf drei unterschiedlichen Ebenen der Daten-
modellierung einsetzbar:

Rekursive Datentypen bilden <u>Domänen</u> für Attributwerte
von Relationenelementen. Wenn dann auch auf Konstante, Variable
und Attributwerte von rekursiv definierten Domänen die üblichen
Vergleichsoperationen und Prädikate anwendbar sind, so hat eine
derartige Erweiterung des RDM nur relativ geringen Einfluß auf
eine relationale Anfragesprache. Die Kombination fest formatierter
Relationenelemente mit variablen Komponentenwerten mag jedoch etwas
willkürlich erscheinen.

Rekursive Datentypen bilden die Grundlage für ganze
Relationenelemente. Damit wird die Größe der Relationen nicht
nur bezüglich ihrer 'Länge' sondern auch bezüglich ihrer 'Breite'
variabel. In diesem Fall ist auch die Anfragesprache geeignet zu
erweitern (z.B. durch Ersetzung der Attributselektion durch
allgemeinere 'charakterisierende' Funktionen für Relationenelemente,
Neudefinition des Relationen'schlüssels' etc.).

Schließlich kann das Mengenkonzept vollständig aufgegeben
werden, wenn auch Relationen und die ganze Datenbank rekursiv
aus Relationenelementen bzw. Relationen zusammengesetzt werden.
Ein rekursiv aus mehreren Relationen zusammengesetzter rekursiver
Relationenwert kann dann z.B. eine zeitliche Folge verschiedener
Versionen einer Relation repräsentieren.

6. ZUSAMMENFASSUNG UND AUSBLICK

Als Alternative zu den für komplexe Anwendungsgebiete als
unzureichend empfundenen klassischen Daten(bank)modellen wird
ein rekursives Datenmodell vorgeschlagen. Es baut auf rekursiven
Typdefinitionen mit jeweils verschiedenen elementaren Strukturgeneratoren und Komponentenselektoren auf.

Dabei basiert die syntaktische und semantische Definition
rekursiver Datentypen wesentlich auf Erfahrungen im Umgang mit der
abstrakten Semantikbeschreibungsmethode 'Vienna Development Method'
(VDM) [BjJo78], [ScLa82]. Insbesondere die rekursiven Möglichkeiten
der Metasprache von VDM haben sich als besonders geeignet für die
Beschreibung komplexer Objektsysteme erwiesen. Die weitgehende
Ähnlichkeit zwischen der Syntax des vorgeschlagenen rekursiven
Datenmodells und seiner semantischen Spezifikation mit Hilfe von
VDM [Lame83a] zeigt dies deutlich.

Rekursive Datenmodelle können als Erweiterungen von
Datenbankmodellen zu rekursiven Datenbankmodellen führen. Zur
schnellen Prototyp-Implementation rekursiver Datenmodelle können

existierende Datenbanksysteme herangezogen werden. Erfahrungen im
Umgang mit Rekursion haben gezeigt, daß oft effizientere
Implementationen möglich sind, die lange rekursive Aufruffolgen
vermeiden. Solche Implementationen werden insbesondere versuchen,
Rekursion durch Iteration zu ersetzen sowie spezielle Sprachkonstrukte (z.B. Selektoren) direkt (etwa durch Sekundärindexe) zu
unterstützen.

Die Anfragesprachen rekursiver Datenmodelle können durch
mächtigere Sprachkonstrukte - z.B. in Analogie zum Relationenkalkül - ergänzt werden. Denkbar sind Selektoren, die mehrere
Komponenten mittels prädikatenlogischer Bedingungen selektieren
und sie auf geeignete Weise verknüpfen sowie mächtige Änderungsoperationen und Kontrollstrukturen auf der Grundlage der erweiterten Selektoren.

Auch andere Ergebnisse aus dem Bereich der Datenbanken sind auf
rekursive Datenmodelle übertragbar. Rekursive Objekte können i.a.
aus einer sehr großen Anzahl von Komponenten zusammengesetzt sein.
Damit wird es sinnvoll, verschiedene Benutzer parallel an einem
komplexen Objekt arbeiten zu lassen. Die hierarchische Struktur
rekursiver Objekte kann dabei zur Definition geeigneter Sperr-
bereiche [GLP75] herangezogen werden. Ein Transaktionskonzept
kann zur Spezifikation der Sperrdauern und zur semantisch korrekten
Abwicklung von parallelen Zugriffen auf rekursive Objekte dienen.
Schließlich sind auch 'views' auf rekursive Objekte denkbar, die
verschiedenen Benutzern jeweils unterschiedliche Sichten der
rekursiv definierten Daten ermöglichen.

REFERENZEN

[BjJo78]   : D. Bjørner, C.B. Jones (Eds.) : "The Vienna
               Development Method: The Meta Language", Lecture Notes
               in Computer Science, vol.66, Springer Verlag, Berlin
               Heidelberg New York, 1978

[Codd70]   : E.F. Codd : "A Relational Model of Data for Large
               Shared Databanks", Comm. ACM, vol.13, no.6, Juni 1970,
               pp.377-387

[GLP75]   : J.N. Gray, R.A. Lorie, G.R. Putzolu : "Granularity of
               Locks in a Shared Data Base", Proc. Int. Conf. on Very
               Large Data Bases, New York, Sept. 1975, pp.428-451

[HaLo82]   : R.L. Haskins, R.A. Lorie : "On Extending the Functions
               of a Relational Database System", Proc. ACM SIGMOD
               Int. Conf. on Management of Data, Orlando, Florida,
               Juni 1982, pp.207-212.

[Hoar75]   : C.A.R. Hoare : "Recursive Data Structures",
               International Journal of Computer and Information
               Science, vol.4, no.2, 1975, pp.105-132

[Kent79]   : W. Kent : "Limitations of Record Based Information
               Models", ACM TODS, vol.4, no.1, März 79, pp.107-131

[Lame83a]   : W. Lamersdorf : "Formale Semantikspezifikation eines
               rekursiven Datentyps", unveröffentlichtes Manuskript,
               Fachbereich Informatik, Universität Hamburg, April
               1983

[Lame83b]   : W. Lamersdorf : "Anfragesprachen für rekursive Daten-
               modelle" unveröffentlichtes Manuskript, Fachbereich
               Informatik, Universität Hamburg, Juni 1983

[LaSc80]   : W. Lamersdorf, J.W. Schmidt : "Specification of
               Pascal/R, The Semantic Specification Method VDM",
               Bericht Nr.73, und "Specification of Pascal/R, The
               Formal Semantic Specification Using VDM", Bericht
               Nr.74, Fachbereich Informatik, Universität Hamburg,
               Juli 1980

[LaSc83]   : W. Lamersdorf, J.W. Schmidt : "Specification and
               Prototyping of Data Model Semantics", Proc. Working
               Conf. on Prototyping, Namur, Belgium, Springer Verlag,
               Berlin Heidelberg New York, to appear 1983

[LiZi74]   : B. Liskov, S. Zilles : "Programming with Abstract Data
               Types", Proc. ACM-SIGPLAN Symp. Very High Level
               Languages, SIGPLAN Notices (ACM), vol.9, no.4, April
               1974, pp.50-59

[Schm77]   : J.W. Schmidt : "Some High Level Language Constructs
               for Data of Type Relation", ACM TODS, vol.2, no.3,
               Sept. 1977, pp.247-261,

[ScMa80]   : J.W. Schmidt, M. Mall : "Pascal/R-Report", Bericht Nr.
               66, Fachbereich Informatik, Universität Hamburg, Jan.
               1980

[ScLa82]   : J.W. Schmidt, W. Lamersdorf : "Relational Data Model:
               A Definition and its Formalization", Bericht Nr. 88,
               Fachbereich Informatik, Universität Hamburg, West
               Germany, March 1982 - also available in: M.L. Brodie,
               J.W. Schmidt (Eds.) : "Final Report of the Relational
               Database Task Group", ANSI/X3/SPARC/DBSSG, ACM SIGMOD
               RECORD, vol. 12, no. 4, Juli 1982

[ScPi82]   : H.-J. Schek, P. Pistor : "Data Structures for an
               Integrated DB Management and Information Retrieval
               System", 8th Conf. on VLDB, Mexico City, Sept. 1982

[MRS82]   :   M. Mall, M. Reimer, J.W. Schmidt : "Data Selection,
                Sharing, and Acess Control in a Relational Scenario",
                in: M.L. Brodie, J. Mylopoulos, J.W. Schmidt (Eds.):
                Perspectives on Conceptual Modelling, Springer Verlag,
                Berlin Heidelberg New York, 1983

[WePa79]   :   D. Weller, F. Palermo : "Database Requirements for
                Graphics", Proc. COMPCON 79, 18th IEEE Comp. Society
                Int. Conference, Feb. 1979, pp.231-234

[Zill83]   :   S. Zilles : "Types, Algebras, and Modelling", in:
                M.L. Brodie, J. Mylopoulos, J.W. Schmidt (Eds.):
                "Perspectives on Conceptual Modelling", Springer
                Verlag, Berlin Heidelberg New York, 1983

DER BEGRIFFSKALKÜL - EINE KONSTRUKTIONSSPRACHE
FÜR DIE SPEZIFIKATION VON DATENBANKANWENDUNGEN
AUF DER EBENE DER BENUTZER

E. Ortner
DATEV eG Nürnberg
Paumgartnerstr. 6-14

1. Einleitung

Der Entwurf von Datenbank-Anwendungen (DB-Anwendungen) vollzieht sich heute auf verschiedenen Abstraktionsebenen. Auf der fachlichen Ebene des Benutzers wird zunächst
die Aufgabenstellung eindeutig festgelegt und die Fachbegriffe zu ihrer Lösung re-
konstruiert. Auf der logischen Ebene des Datenbanksystems erfolgt die Abbildung des
Fachentwurfs in ein Datenmodell und die Einbeziehung der für spezifische Informations-
zwecke rekonstruierten Fachbegriffe in das Gesamtinformationssystem. Auf der physischen
Ebene des Datenbanksystems schließlich kommt es zur eigentlichen Festlegung der Datenverarbeitung durch Angabe der Speicherungsstrukturen, der Zugriffspfade und der physischen Abspeicherung der Daten auf Speichermedien.

Der Beitrag befaßt sich in erster Linie mit dem Datenbankentwurf auf der fachlichen
Ebene. Dabei wird für den Zweck der Rekonstruktion der begrifflichen Zusammenhänge in
den Anwendungsbereichen ein Analyse- und Darstellungsmittel vorgestellt, das Begriffskalkül genannt wird. Sein Einsatz erfolgt in drei Teilschritten: 1. Einteilung des
zu untersuchenden Gegenstandsbereichs in Teilklassen über Fachbegriffe. 2. Rekonstruktion der Beziehungen innerhalb und zwischen den Teilklassen, was zur Bildung von
Objekttypen (später Dateien) als rekonstruierte Fachbegriffe führt. 3. Vervollständi-
gung des Entwurfs durch Angabe sämtlicher Attribute eines Objekttyps, ihrer Wertebereiche und der Integritätsbedingungen des Fachentwurfs. Dieses Vorgehen wird am Beispiel eines datenbankgestützten Rechnungsschreibungs- und -verwaltungssystems demonstriert und der Weg zu einer integrierten Lösung im Rahmen des kaufmännischen Rechnungswesens aufgezeigt.

Mit den begriffstheoretischen Problemen und Fragestellungen, die in diesem Zusammenhang
auftreten, haben sich in der Vergangenheit vor allem Disziplinen wie die klassische Logik und Erkenntnistheorie, die Sprachphilosophie und zuletzt auch die Psychologie befaßt. Heute bemüht man sich um praktische Fortschritte auf diesem Gebiet in der Linguistik (23), im Bereich der Künstlichen Intelligenz (29), in der Dokumentations- und
Klassifikationswissenschaft (3), (17) und natürlich auch auf dem Gebiet der Datenbank-
und Informationssystemforschung und -entwicklung (1), (2), (16). In den vorliegenden

Ansatz sind außerdem ältere Schriften von Frege (6), (7) und Husserl (9) sowie einige neuere Arbeiten der Erlanger Schule um Paul Lorenzen (10), (12), (13) eingegangen.

2. Entwicklungsmethodologischer Rahmen

Bei der Lösung komplexer Aufgabenstellungen dieser Art bedient man sich in der Regel eines methodologischen Rahmens, der vorgibt, welcher Lösungsschritt jeweils folgen und mit welchen Mitteln er ausgeführt werden soll. Die verschiedenen Ansätze enthalten Ablaufschemata zur Ermittlung von Lösungen und stellen größtenteils auch das dazu erforderliche Hintergrundwissen, für den Zugriff entsprechend aufbereitet, im Entwicklungsprozeß bereit.

Der hier vorgeschlagene Ansatz (Bild1) wurde vom Verfasser als Mitautor erstmals in (26) vorgestellt. Er entstand in Anlehnung an Praktiken und Vorgehensweisen im kon-

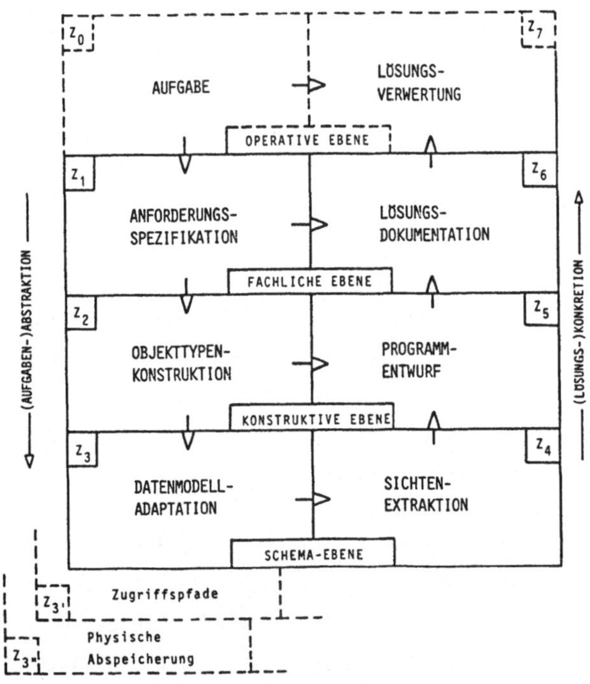

<u>Bild 1</u>: Schritte im Entwicklungsprozeß von DB-Anwendungen

struktiven Maschinenbau (8) und ist, diskutiert man ihn im Umfeld der anderen Ansätze in der Informatik (14), neben den phasenorientierten Ansätzen im Software Engineering als ein abstraktionsebenenorientiertes Vorgehen des Datenbankentwurfs zu bezeichnen.

Charakteristisch für diesen Ansatz ist die Zusammenfassung von Teilaufgaben des Lösungsfindungsprozesses auf verschiedenen Abstraktionsebenen im Übergang von der Aufgabenstellung in der fachlichen Umgebung des Benutzers zu deren lauffähigen Lösung auf dem Rechner eines Datenbanksystems. Den Ausgangspunkt des Entwurfs bildet ein Mangel in der Informationsversorgung der Benutzer (operative Ebene), der auf der fachlichen Ebene durch Anforderungsspezifikation zu einer klar umrissenen Aufgabenstellung führt. Auf der konstruktiven Ebene findet im Hinblick auf die Erfordernisse eines Datenbankinformationssystems eine Umstrukturierung des Informationsgeschehens in der Weise statt, daß im folgenden klar unterschieden wird zwischen (logischer) Datenstrukturierung (Z_2, Z_3, Z_4) einerseits und Programmentwurf (Z_5) andererseits. Die Umstrukturierung erfolgt durch eine an obiger Zielsetzung ausgerichteten Rekonstruktion von Fachbegriffen und Begriffsbeziehungen der zu beschreibenden Informationsobjekte (Objekttypenkonstruktion in Z_2) auf der einen Seite und des Informationsgeschehens (Programmentwurf in Z_5) auf der anderen. Das für diesen Zweck erforderliche Analyse- und Darstellungsmittel (Begriffskalkül) ist das Hauptthema dieses Beitrags.

Auf der Schema-Ebene werden die rekonstruierten Objekttypen unter strengen Formalerfordernissen eines Datenmodells in die zentrale Beschreibung der Datenbestände eines Datenbanksystems eingefügt und durch Sichtenextraktion in Z_4 für die benutzernahen individuellen Datenbankanwendungen wieder bereitgestellt. Sie bilden die Grundlage für den Programmentwurf (Z_5) und die Rückkehr zur konstruktiven Ebene. Die höchste Konkretion erfährt die DB-Anwendung auf der fachlichen Ebene (Z_6), wo sie für die Verwertung im Mangelbereich (Z_7) beschrieben und bereitgestellt wird.

Diese und andere Ansätze (24) entstanden vor dem Hintergrund, daß hier auf der einen Seite der Fachabteilungsspezialist als späterer Benutzer und auf der anderen Seite der Datenverarbeitungsspezialist als letztlich Verantwortlicher für den Entwurf und Betrieb des Datenbanksystems die Informationsverarbeitung gemeinsam gestalten müssen. Beide besitzen für diese Aufgabe ein eigenes Vorverständnis, man kann auch sagen einen eigenen Sprachgebrauch mit eigenen Ausdrucksmitteln und einer eigenen Fachterminologie. Das Ausdrucksmittel des DV-Spezialisten ist in diesem Zusammenhang das Datenmodell - die Summe jener formalen Techniken, die für die Darstellung und Manipulation der in einer Datenbank enthaltenen Informationen eingesetzt werden. Der Fachabteilungsspezialist und spätere Benutzer dagegen bedient sich einer Fachterminologie oder Fachsprache, in der er das Informationsgeschehen in seinem Bereich erfassen und dadurch mit Informationsobjekten wie Kunden, Lieferanten, Rechnungen, Arbeitsmitteln, Arbeitspersonen usw. umgehen bzw. kommunizieren kann. In dieser Situation bilden der methodologische Rahmen hier und das noch zu beschreibende spezielle Analyse- und Darstellungsmittel des nächsten Abschnitts die gemeinsame Verständigungs- und Entwicklungsbasis für DV-Benutzer und DV-Spezialisten beim Aufbau eines datenbankgestützten Informationssystems.

3. Der Begriffskalkül

Die Aufgabe auf der konstruktiven Ebene der vorgeschlagenen Entwicklungsmethodologie
besteht in der Rekonstruktion jener Fachbegriffe, die den praktischen Umgang mit den
Informationsobjekten eines bestimmten vorgegebenen Bereichs wie dem Rechnungswesen,
der Fertigungsplanung und -steuerung oder dem Personalwesen aus der fachspezifischen
Sicht des Benutzers ermöglichen. Wir nennen solche rekonstruierten Fachbegriffe Objekttypen, die in einem weiteren Abstraktionsschritt zunächst in einem Datenmodell
formal-logisch und dann als Dateien auf den Speichermedien des Rechnersystems physisch
abgebildet werden. Dabei ist die gemeinsame Einsicht, welche Teildisziplin wie die
Linguistik, die Dokumentations- und Klassifikationswissenschaft oder die Datenbank-
forschung in dieser Aufgabe prinzipiell verbindet, die Feststellung, daß wir es hier
mit Bedeutungssystemen zu tun haben, deren Elemente Begriffe sind (4).

Die grundlegende Annahme, von der der nun folgende Ansatz hier ausgeht, ist die bereits in der Scholastik (der vorherrschenden Wissenschaftslehre des Mittelalters)
vertretene These (11), daß alle Begriffsbildung entweder auf der Vergleichung oder
Komparation und/oder auf der Verbindung oder Kombination von Gegenständen bzw. den
Begriffen dieser Gegenstände beruht.

Ein Beispiel:

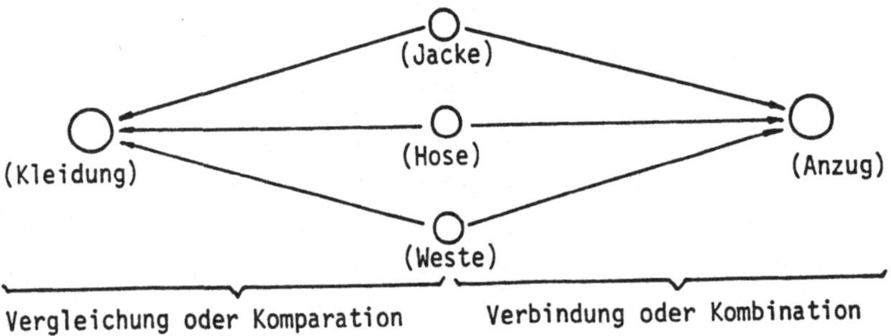

Untersucht man diese Feststellung weiter und führt sie auf die dabei zugrunde-
gelegten Beziehungstypen oder nach Husserl (9) Fundierungsrelationen zurück, dann
ergibt sich folgender Ansatz (s. Bild 2) für eine Theorie der Begriffsbildung oder
-rekonstruktion, basierend auf der Feststellung von Beziehungen zwischen Gegenständen
und deren Begriffen:

Abstraktionstheorie: Unter dem Begriff Abstraktion fassen wir all jene Konstruktionshandlungen zusammen, die auf einer Äquivalenzrelation basieren. Dabei müssen prinzipiell zwei Grundformen unterschieden werden. Die eine Konstruktionshandlung basiert
auf der Identität ($\equiv$) oder vollkommenen Übereinstimmung der Gegenstände x und y bei
gleichzeitiger Verschiedenheit der Begriffe von x und y (z.B. Abendstern $\equiv$ Morgen-
stern), die andere auf der Parität ($\approxeq$) a) zwischen Gegenständen, die unter ein und

denselben Begriff fallen (z.B. Paul ≃ Erna im Hinblick auf den Begriff MENSCH) oder
b) zwischen Begriffen, die untergeordnete Begriffe eines Oberbegriffs sind (z.B.
MENSCH ≃ TIER im Hinblick auf den Begriff LEBEWESEN).

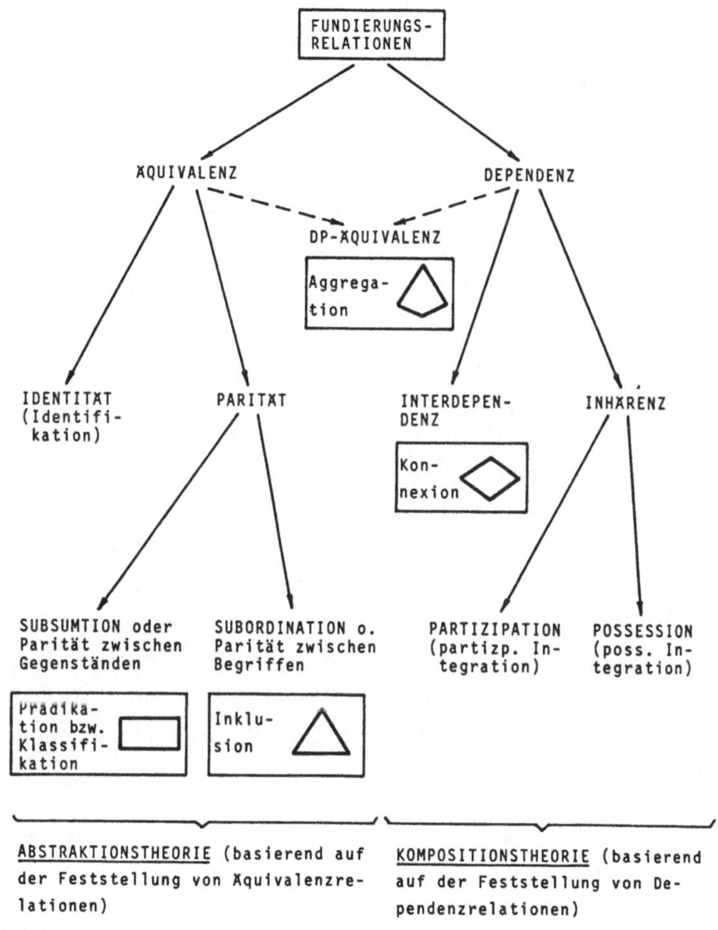

Bild 2: Fundierungsrelationen und Konstruktionshandlungen des
Begriffskalküls

Kompositionstheorie: Hierzu gehören all jene Konstruktionshandlungen, die auf eine
Dependenzrelation zwischen Gegenständen oder den Begriffen dieser Gegenstände zu-
rückgeführt werden können. Dabei können Interdependenzrelationen zwischen den Teil-
begriffen eines ganzen Begriffs(z.B. Ein ANZUG besteht aus einer JACKE, einer HOSE
und einer WESTE) und Inhärenzrelationen zwischen einem Teilbegriff und dem dazuge-
hörigen ganzen Begriff unterschieden werden. Letztere können entweder a) als Parti-
zipativrelation (z.B. Ein ANZUG hat eine FARBE) oder b) als Possessivrelation (z.B.
Zu einem ANZUG gehört eine HOSE) auftreten.

Reduziert man den Ansatz nun weiter auf die in einer Datenbank möglichen Beziehungen zwischen Informationsobjekten bzw. deren Beschreibungen und führt dabei zusätzlich für die in diesem Zusammenhang erforderlichen (Re-)Konstruktionshandlungen charakteristische Bezeichnungen mit den entsprechenden graphischen Darstellungsmöglichkeiten für Begriffs(re-)konstruktionen ein, dann ergibt sich für den angestrebten Begriffskalkül folgendes Instrumentarium:

1. <u>Prädikation bzw. Klassifikation</u>: Je nachdem, ob wir an einzelnen Gegenständen exemplarisch oder generell an Gegenstandsmengen einen Begriff einführen, sprechen wir von der Prädikation bzw. von der Klassifikation als Konstruktionshandlung. Zwischen den Gegenständen besteht Parität, d.h. partielle Ununterscheidbarkeit der Gegenstände im Hinblick auf den Begriff, unter den sie fallen. In der graphischen Darstellung dieser Konstruktionshandlung steht x für den Gegenstandsbereich, über den prädiziert bzw. der klassifiziert wird und ☐ repräsentiert den (einfachen) Objekttyp oder Fachbegriff, unter den die Gegenstände fallen.

2. <u>Inklusion</u>: Hier handelt es sich um ein Verfahren zur Bildung von Gattungsbegriffen aus Artbegriffen (Generalisierung) oder umgekehrt zur Bildung von Artbegriffen aus einem Gattungsbegriff (Spezialisierung). Veranlaßt wird dieser Rekonstruktionsschritt durch das mögliche Enthaltensein eines oder mehrerer Begriffe in einem anderen Begriff. Zwischen den (Art-)Begriffen besteht Parität, d.h. partielle Ununterscheidbarkeit der (Art-)Begriffe im Hinblick auf den (Gattungs-)Begriff, der sie extensional einschließt. In obigem Beispiel sind die Objekttypen KUNDE und LIEFERANT Artbegriffe und GESCHÄFTSPARTNER ist der Gattungsbegriff.

3. <u>Konnexion</u>: Bei der Konnexion als Konstruktionshandlung werden Teilbegriffe zu einem komplexen ganzen Begriff oder Objekttyp verbunden, in dem jeder Teilbegriff eine spezifische Funktion im Hinblick auf das Funktionieren des begrifflichen Ganzen zu erfüllen hat. Die Teilbegriffe stehen hier außer in einer sinnvollen Zusammenfassung auch noch in einer bestimmten Anordnungs- und Wirkbeziehung zueinander. Die Zusammenfassung der (einfachen) Objekttypen KUNDE, ARTIKEL und DATUM zum (komplexen) Objekttyp AUFTRAG ist z.B. eine solche begriffliche Ganzheit, durch die Ereignisse vom Typ: Vom Kunden x zum Zeitpunkt y den Artikel z bestellt, erfaßt und in ihren Eigenschaften (z.B. BESTELL-MENGE. LIEFERTERMIN usw.) beschrieben werden.

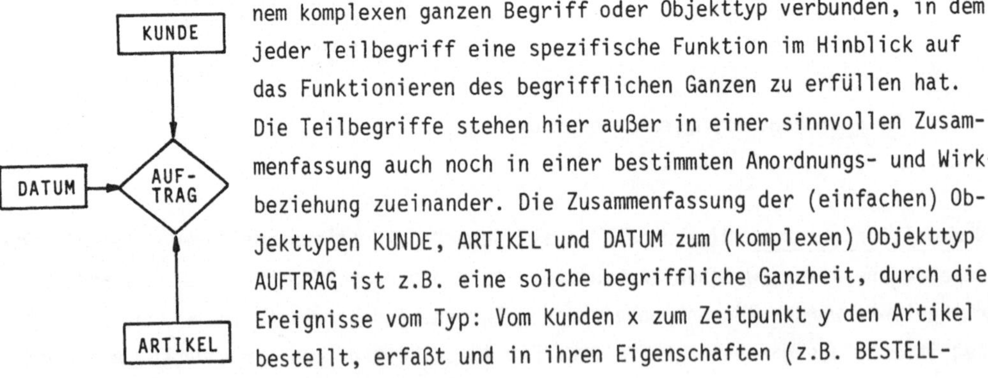

4. <u>Aggregation</u>: Aggregate entstehen durch Zusammenfassung von gleichen oder verschiedenen Gegenständen zu einem relativ einheitlichen Ganzen (z.B. Fußballmannschaft, Schiffskonvoi, Schülerklasse usw.). Zwischen den Gegenständen, die ein Aggregat bilden, besteht sowohl partielle Gleichheit (Äquivalenz) als auch teilweise Abhängigkeit (Dependenz). Zur Bezeichnung dieser besonderen Verhältnisse wurde in Bild 2 der Kunstausdruck DP-Äquivalenz eingeführt. Unser Beispiel in der graphischen Veranschaulichung dieses Beziehungstyps basiert ebenfalls auf dieser Feststellung, nämlich der Tatsache, daß wenn Arbeitsplätze zu einer Abteilung zusammengefaßt werden sie sich a) partiell dadurch gleichen, daß sie z.B. demselben Meister unterstellt sind und b) gleichzeitig voneinander abhängen, etwa in der Erledigung eines Auftrags in dieser Abteilung.

Mit Hilfe dieses Instrumentariums ist man in der Lage, in einer dem Datenbankbenutzer sehr nahestehenden Analyse- und Darstellungsform die Datenstrukturen der späteren Datenbankanwendungen in einem ersten Schritt zu fixieren. Man ist noch unabhängig von den verschiedenen Datenmodellen und bewegt sich mit dem Datenbankentwurf nahezu auf dem Niveau der Fachsprachen der DB-Benutzer.

Eine erste Formalisierung des Begriffskalküls findet man in (20). Darauf soll hier nicht näher eingegangen werden. Außerdem wird aus Platzgründen (vgl. dazu 21) auf einen Vergleich zwischen dem Begriffskalkül und anderen Ansätzen auf diesem Gebiet, z.B. von Chen (1), Codd (2) oder McLeod (16), verzichtet. Vielmehr erscheint es jetzt zweckmäßig, an einem nicht trivialen Beispiel aus der DV-Praxis den Einsatz dieses für den DB-Spezialisten und den DB-Benutzer in gleichem Maße wichtigen Analyse- und Darstellungsmittels vorzuführen. Ist doch der vordergründigste Kritikpunkt an Ansätzen dieser Art oft ihre unbefriedigende Anwendbarkeit auf komplexe Aufgabenstellungen.

4. <u>Debitorenabrechnung als Beispiel</u>

Um die Idee methodischer Begriffsrekonstruktion in einer Datenbankumgebung zu skizzieren, gehen wir von folgender Aufgabenstellung aus:

Zu entwerfen ist eine Datenbank für ein Debitorenabrechnungssystem, das die Teilfunktionen RECHNUNGSSCHREIBUNG, ZAHLUNGSEINGANG und ZAHLUNGSAUSGLEICH realisiert. Dabei sollen im Grundrechnungsmodus die Elementarvorgänge a) erfassen, prüfen und verarbeiten der Rechnungseingänge (offene Posten), b) erfassen, prüfen und verarbeiten der Zahlungseingänge (ausgleichende Posten), c) Bestandsführung der offenen Posten und automatisierter Zahlungsausgleich sowie im Sonderrechnungsmodus die Auswertungen, d) Statistik über das Zahlungsgebaren der Kunden, e) Mahnwesen usw. automatisiert werden.

Zur Veranschlaulichung obiger Vorgehensweise konzentrieren wir uns zunächst auf die RECHNUNGSSCHREIBUNG (s. Bild 3 und 4) und rekonstruieren den begrifflichen Zusammenhang in den drei Teilschritten:

<u>1. Schritt</u>: Einteilung des zu untersuchenden Gegenstandsbereichs - hier die RECHNUNGS-
SCHREIBUNG - in Teilklassen über Fachbegriffe wie: KUNDE, IN RECHNUNGGESTELLTE LEI-
STUNG (IRG.-LEIST), RECHNUNGSPOSTEN, DATUM usw..

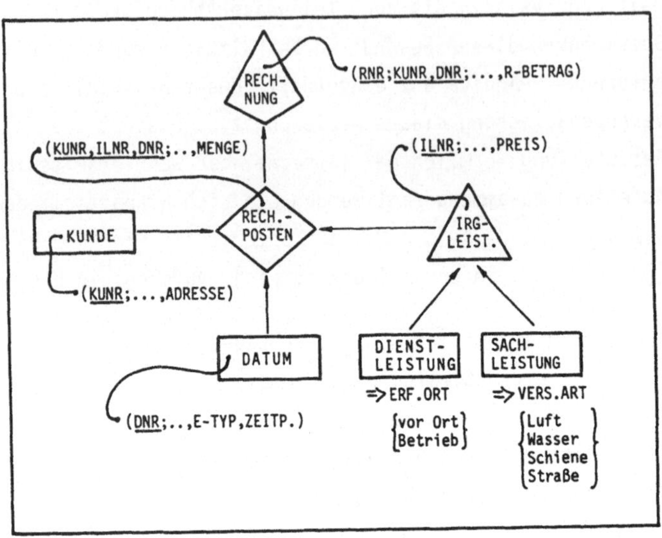

<u>Bild 3</u>: Rekonstruktion der Objekttypen RECHNUNGSSCHREIBUNG -
1. und 2. Schritt

<u>2. Schritt</u>: Rekonstruktion der Beziehungen innerhalb und zwischen den Teilklassen
bzw. Fachbegriffen. Dies führt zu den eigentlichen Objekttypen mit den wichtigsten
Attributen. Dabei bedeuten die Abkürzungen in Bild 3:

KUNR: Kunden-Nr.
ILNR: In Rechnung gestellte
      Leistungs-Nr.
DNR: Datums-Nr.
RNR: Rechnungs-Nr.

E-TYP:　Ereignistyp
ZEITP.: Zeitpunkt des Ereignisses
R-BETR: Rechnungsbetrag

<u>3. Schritt</u>: Vervollständigung des Entwurfs durch Angabe sämtlicher Attribute (z.B.
für den Objekttyp RECHNUNG: MEHRWERTSTEUERSATZ, SKONTOSATZ, FÄLLIGKEIT usw.), ihrer
Wertebereiche (z.B. für das Attribut RNR die Ziffern von 1000 bis 5000) und der Integritätsbedingungen als Sätze der Form "wenn ... dann ...", die den Gebrauch der Objekttypen in der späteren Datenbankumgebung regeln und die Datenintegrität, soweit möglich,
sicherstellen sollen (Bild 4).

A T T R I B U T E	VOLLST. BEZEICHNUNG	B E I S P I E L E
<u>RNR</u>	Rechnungs-Nr.	1815,1816,..
<u>KUNR,R-DNR</u>	Kunden-Nr. und Rechnungsdat.-Nr.	4711,4712,..
R-BETRAG	Rechnungsbetrag	1234,-
F-DATUM	Fälligkeitsdatum	14/10/82
M-SATZ	Mehrwertsteuersatz	13 (%)
S-SATZ	Skontosatz in %	03
S-FRIST	Skontofrist in Tagen	20
BFNR	Buchungsfall-Nr.	1723,1724,..

$$W(RNR) = \{\, i \mid i \in INTEGER \wedge 1000 \leqslant i \leqslant 5000 \}$$

$$W(KUNR,R\text{-}DNR) \subseteq W(KUNR.KUNDE) \times W(DNR.DATUM)$$

$$W(R\text{-}BETRAG) = \{\, m \mid m \in MONEY \wedge 0 \leq m \leq 10^6 \}$$

<u>wenn</u> KUNR.RECH = "4711"

    <u>dann</u> KUNR.KUNDE = "4711" $\wedge$

       "4711" $\in$ W(KUNR.KUNDE)

<u>wenn</u> R-DNR.RECH = "1217"

    <u>dann</u> DNR.DATUM = "1217" $\wedge$

      E-TYP = "Rechnung"

<u>wenn</u> KUNR.RECH = "4711" $\wedge$

    R-DNR.RECH = R-DNR.R-POST

    <u>dann</u> R-BETRAG.RECH =

      $1,13 \cdot \sum$ R-BETR.R-POST

<u>Bild 4</u>: Attribute, Wertebereiche und Integritätsbedingungen
des Objekttyps RECHNUNG - <u>3. Schritt</u>

Abschließend stellt Bild 5 den Datenbankentwurf für das gesamte Debitorenabrechnungs-system, wie in der Aufgabenstellung verlangt, dar.

Im Grunde genommen ist es jedoch unser Ziel, auf diesem Wege integrierte Lösungen, kurz Datenbanklösungen, für einen Bereich wie z.B. das gesamte Finanzabrechnungs- und -informationswesen einer Wirtschaftseinheit zu erstellen (siehe Bild 6). Es würde aber hier zu weit führen, die DB-Entwürfe in Bild 5 und 6 nun im einzelnen zu diskutieren. Was den Teil "Finanzbuchhaltung" in Bild 6 betrifft, findet man eine ausführliche Rekonstruktion der Objekttypen in (20). Mit einigen Grundkenntnissen auf dem Gebiet des kaufmännischen Rechnungswesens sind obige Entwürfe aber auch selbsterklärend - was ja das eigentliche Ziel dieser Vorgehensweise ist.

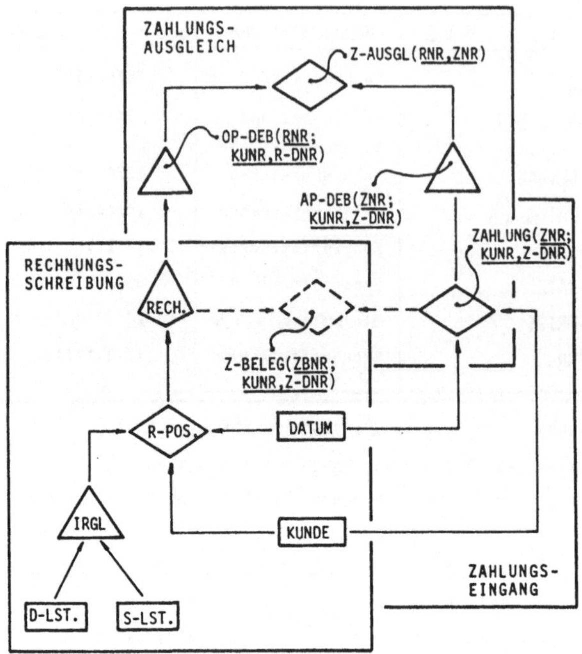

Bild 5: Zusammenstellung der Objekttypen einer Debitorenabrechnung

Der Teil Debitorenabrechnung (Bild 4) wurde von einem Studenten der Informatik (27) bei der Firma DATEV e.G. in Nürnberg als on-line Anwendung unter dem Datenbanksystem SYSTEM 2000 implementiert. Dabei hat sich als besonders vorteilhaft die schrittweise Vorgehensweise erwiesen:

1. Systemunabhängiger Datenbankentwurf in obigem Begriffskalkül mit einer benutzernahen Dokumentation der Ergebnisse.

2. Anpassung des Entwurfs an das vorhandene Datenbanksystem und Implementierung der Lösung auf dem Rechner.

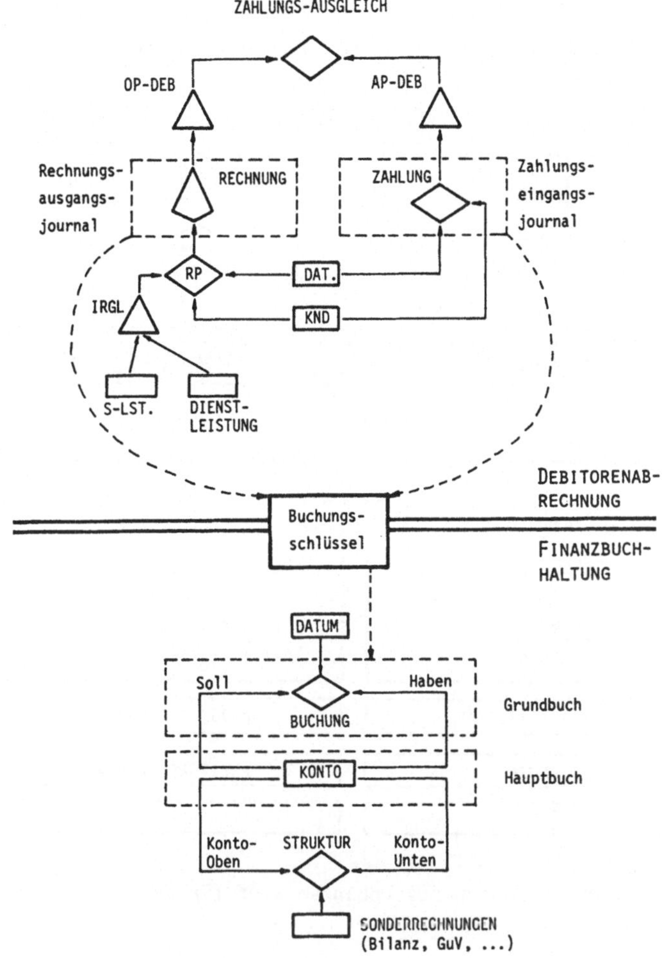

<u>Bild 6</u>: Teil einer integrierten Lösung für ein Finanz-
abrechnungs- und -informationssystem

5. <u>Zusammenfassung und Ausblick</u>

Zusammenfassend läßt sich feststellen: Datenbankentwurf ist Strukturierung eines Gegenstandsbereichs auf verschiedenen Abstraktionsebenen. Dabei kommt es darauf an,
daß auf jeder Abstraktionsebene die geeigneten Analyse- und Darstellungsmittel zur
Verfügung stehen, die es den Entwerfern ermöglichen, aus der Sicht der jeweiligen
Abstraktionsebene heraus, die relevanten Anforderungen an die DB-Lösungen zu spezifizieren und den Entwurf schrittweise und systematisch voranzutreiben.

Als ein brauchbares Analyse- und Darstellungsmittel auf der benutzernahen fachlichen
Ebene des Datenbankentwurfs hat sich der Begriffskalkül erwiesen. Er setzt voraus,

daß es in diesem ersten Schritt des Datenbankentwurfs fachspezifische Bedeutungssysteme zu rekonstruieren gilt, deren Elemente Fachbegriffe sind.

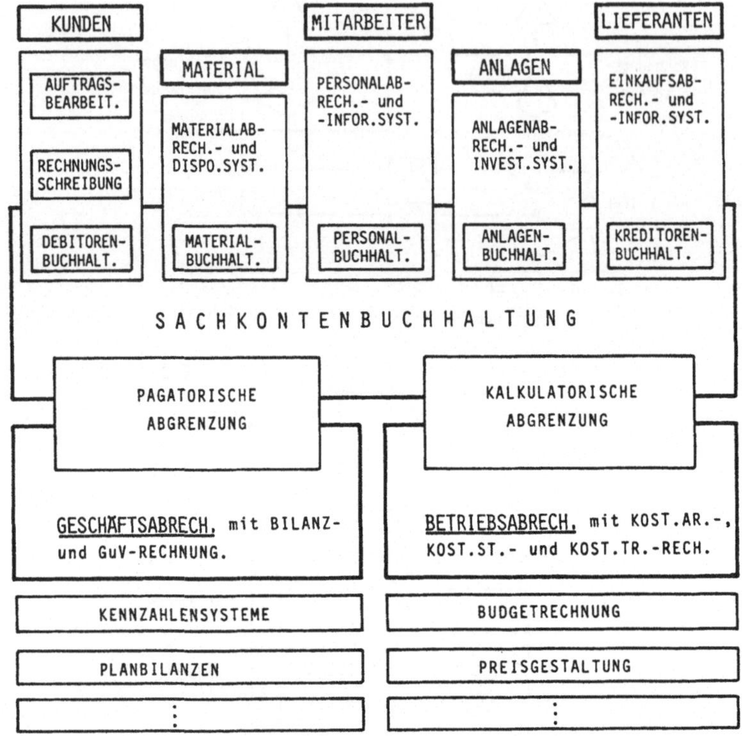

<u>Bild 7</u>: Orientierungsrahmen "Datenbankentwurf für das gesamte Rechnungswesen"

Die Möglichkeit der graphischen Darstellung der Begriffe und Begriffsbeziehungen erleichtert den Entwurf und seine Dokumentation erheblich. Man kann auf diese Weise ganze Anwendungsbereiche der Datenverarbeitung in eine für den Entwurf integrierter DV-Lösungen adäquate neue Darstellung bringen.

Auf dem Gebiet des kaufmännischen Rechnungswesens finden sich hierzu erste Ansätze bei Everest/Weber (5), McCarthy (15), Riebel/Sinzig (22) und Wedekind (27). Der Verfasser hat zu diesem Thema bisher in den Arbeiten (18), (20) und (25) Stellung genommen, wobei sich im Ergebnis ein Orientierungsrahmen für den Entwurf von DB-Anwendungen im kaufmännischen Rechnungswesen ergab, wie ihn Bild 7 darstellt.

Er bildet die Grundlage für den schrittweisen Aufbau eines integrierten Rechnungsinformationssystems in einer Unternehmung und stellt nach Abbildung seiner Teilfunktionen (Materialabrechnung, Personalabrechnung, Betriebsabrechnung etc.) im Begriffskalkül das "Unternehmensmodell" oder "Konzeptionelle Schema" einer Wirtschaftseinheit

für das kaufmännische Rechnungswesen dar. Für den Teil "Debitorenabrechnung" (Teilaufgaben unter dem Kopfsegment KUNDE in Bild 7) ist der Weg dazu demonstriert und
die Schnittstelle zur SACHKONTENBUCHHALTUNG als Integrationsbasis für alle Neben-
buchhaltungen (Bild 6) dargestellt worden.

Literatur:

(1) Chen, P.P.: The Entity-Relationship Model - Toward an Unified View of Data, in:
     ACM Transactions on Database Systems, 1(1976)1, S. 9-36.

(2) Codd, E.F.: Extending the Data Base Relational Model to Capture More Meaning,
     IBM Research Report RJ 2599, San José 1979.

(3) Dahlberg, I.: Grundlagen universaler Wissensordnung, DGD-Schriftenreihe Band 3,
     Pullach bei München 1974.

(4) Dahlberg, I.: Begriffstheoretische Grundlagen der Klassifikation, in: Studien
     zur Klassifikation Bd. 1, Gesellschaft für Klassifikation e.V.,
     Frankfurt 1977, S. 53-70.

(5) Everest, G.C.; Weber, R.: A Relational Approach to Accounting Models, in: The
     Accounting Review, 52(1977)2, S. 340-359.

(6) Frege, G.: Funktion, Begriff, Bedeutung - Fünf logische Studien, Patzig, G. (Hrsg.),
     Kleine Vandenhoeck-Reihe 1144, Göttingen 1975.

(7) Frege, G.: Schriften zur Logik und Sprachphilosophie, Felix Meiner Verlag, Ham-
     burg 1978.

(8) Herrig, D.: Gibt es eine Konstruktionsalgebra? in: Wissenschaftliche Zeitschrift
     der Pädagogischen Hochschule Dresden, Erfurt/Mühlhausen 1978, S. 1-11.

(9) Husserl, E.: Logische Untersuchungen, Band II/1, Max Niemeyer Verlag, Tübingen
     1968.

(10) Kamlah, W.; Lorenzen, P.: Logische Propädeutik - Vorschule des vernünftigen Re-
     dens, Mannheim 1973.

(11) Leibniz, W.G.: Fragmente zur Logik, ausgewählt, übersetzt und erläutert von
     F. Schmidt, Berlin 1960.

(12) Lorenzen, P.: Konstruktive Wissenschaftstheorie, Suhrkamp Taschenbuch stw 93,
     Frankfurt 1974.

(13) Lorenzen, P.; Schwemmer, O.: Konstruktive Logik, Ethik und Wissenschaftstheorie,
     B. I: 700, Mannheim 1975.

(14) Maier, B.: Historeographische Skizze der Entwicklung von Informationssystemana-
     lysetechniken mit Anregungen für die Analyse informationsverarbeiten-
     der Aufgaben, in: Angewandte Informatik, 21(1979)7, S. 283-291.

(15) McCarthy, W.E.: An Entity-Relationship View of Accounting Models, in: The Accoun-
     ting Review, 54(1979)4, S. 658-667.

(16) McLeod, D.: A Semantic Data Base Model and Its Associated Structures User Inter-
     face, Diss. MIT/LCS/Tr-214, Cambridge Mass. 1978.

(17) Oeser, E.: Die Dynamik wissenschaftlicher Begriffsformen, in: Studien zur Klassi-
     fikation Bd. 2, Gesellschaft für Klassifikation e.V., Frankfurt 1978,
     S. 34-46.

(18) Ortner, E.: Aufbau und Verarbeitung von Informationsstrukturen im Rechnungswe-
     sen, Arbeitspapier des Instituts für Betriebswirtschaftslehre, TH
     Darmstadt 1978.

(19) Ortner, E.: Durch Prädikation zu Objekttypen, in: GI - 11. Jahrestagung, Infor-
     matik Fachberichte 50, Springer Verlag, Berlin 1981, S. 270-284.

(20) Ortner, E.: Aspekte einer Konstruktionssprache für den Datenbankentwurf, S. Toe-
     che-Mittler Verlag, Darmstadt 1983.

(21) Ortner, E.: Semantische Modellierung - Datenbankentwurf auf der Ebene der Benut-
     zer (noch unveröffentlicht).

(22) Riebel, P.; Sinzig, W.: Zur Realisierung der Einzelkosten- und Deckungsbeitrags-
     rechnung mit einer Relationalen Datenbank, in zfbf, 33(1981)6,
     S. 457-489.

(23) Schnelle, H.: Zur Entwicklung der theoretischen Linguistik, in: Studium Generale,
     23(1973), S. 1-29.

(24) Senko, M.F. et.al.: Data structures and accessing in database systems, in: IBM
     Systems Journal, 12(1973)1, S. 30-93.

(25) Wedekind, H.; Ortner, E.: Aufbau einer Datenbank für die Kostenrechnung, in:
     Die Betriebswirtschaft, 37(1977)4, S. 533-542.

(26) Wedekind, H.; Ortner, E.: Systematisches Konstruieren von Datenbankanwendungen -
     Zur Methodologie der Angewandten Informatik, Carl Hanser Verlag,
     München 1980.

(27) Wedekind, H.: Strukturveränderungen im Rechnungswesen unter Einfluß der Daten-
     banktechnologie, in ZfB, 50(1980)6, S. 662-667.

(28) Weigand, H.: Entwurf und Implementierung einer höheren Datenbankschnittstelle
     für die Debitorenabrechnung, Diplomarbeit am IMMD VI, Friedrich-
     Alexander-Universität Erlangen-Nürnberg, Sommer 1982.

(29) Winograd, T.: On primitives, prototypes, and other semantic anomalies, in: Theo-
     retical Issues in Natural Language Processing - 2. University of
     Illinois, Urbana-Champaign 1978, S. 25-32.

Dr. E. Ortner
c/o DATEV eG
Paumgartnerstr. 6-14

8500 Nürnberg 1

DATENMODELL, SCHEMADEFINITION UND DATENMANIPULATION
IN DATENBANK-PASCAL

J. Karszt, W. Stucky
Institut für Angewandte Informatik
und Formale Beschreibungsverfahren
der Universität Karlsruhe

Abstract

Datenbank-Pascal ist ein Datenbanksystem für Personal-Computer-Anwendungen. Um eine gerade im Personal-Computer-Bereich notwendige einheitliche Sprachschnittstelle des Betriebssystems, des Datenbanksystems und der Programmiersprache zu erreichen, ist die Datenbankschnittstelle in ein Pascal-Sprachsystem (UCSD-Pascal) integriert. In diesem Bericht wird das durch Datenbank-Pascal unterstützte Datenmodell auf konzeptueller Ebene (ein erweitertes Entity-Relationship-Modell) mittels programmiersprachenorientierter Konzepte beschrieben. Es wird die Schemadefinition, die auch die Definition von Datenbankprozeduren beinhaltet, und der Import von Datenbankobjekten in Programme behandelt, sowie auf die für die Datenmanipulation verwendeten Konzepte eingegangen.

1. EINLEITUNG

1.1 BENUTZERSCHNITTSTELLE DES DATENBANK-PASCAL-SYSTEMS

Zielsetzung dieses Berichtes ist die Beschreibung der in Pascal integrierten Sprachschnittstelle von Datenbank-Pascal. Ähnlich wie in Pascal/R [Schm77], MODULA/R [Kea83], PLAIN [Wea81] u.a. gibt es nur ein einziges Sprachkonzept, d.h. also eine einheitliche Beschreibung der Programmier- und Datenbankkonstrukte.

In Datenbank-Pascal existiert eine Dialogschnittstelle, eine Schemadefinitionsschnittstelle und eine Programmschnittstelle. Auf die Dialogschnittstelle werden wir in diesem Bericht nicht eingehen. Die Schemadefinitionsschnittstelle dient der Schemadefinition auf externer, logischer und interner Ebene. In Datenbank-Pascal wird

---

Die Arbeiten zu diesem Bericht wurden z.T. von der Deutschen Forschungsgemeinschaft unter der Nummer Stu 98/2 gefördert.

ein internes und konzeptuelles Schema im Dialog, ein externes Schema im Dialog oder im Programm definiert. Wir werden uns in diesem Bericht im wesentlichen auf die Behandlung des konzeptuellen Schemas beschränken. Von der Programmschnittstelle aus kann ein Zugriff auf die Datenbank über die Datenstrukturen der konzeptuellen und externen Schemata erfolgen. Zusätzlich können lokale Datenstrukturen mit Hilfe von datenbankspezifischen Datentypen in einem Programm definiert und benutzt werden.

Ausgangspunkt für eine Sprachintegration ist die Pascal-Erweiterung der University of California at San Diego ('UCSD-PASCAL'). UCSD-Pascal beinhaltet neben den gängigen Pascal-Sprachkonstrukten zusätzlich das unit-Konzept zur Definition von Moduln. Eine unit besteht aus einem interface- und einem implementation-Teil. Im interface-Teil werden alle global, d.h. in beliebigen anderen Programmteilen benutzbaren Datenstrukturen und Prozeduren (nur die Prozedurköpfe) definiert. Der implementation-Teil enthält alle zur Realisierung der Prozeduren notwendigen Vereinbarungen und Ablaufstrukturen. Eine unit ist wie ein Programm eine Compilations-Einheit. Aus dem interface-Teil einer unit können Vereinbarungen von anderen units oder von Programmen mittels der uses-Klausel importiert werden.

1.2 PROBLEMATIK EINER SPRACHERWEITERUNG

Einige bei einer Integration von Programmiersprachen und Datenbanksystemen zu beantwortende Fragen sind [BrZi81], [MRS82]: Wie können die Datentypen eines Datenmodells in ein bestehendes Typsystem einer Sprache eingebettet werden? Wie sollen Datenbankbeschreibung, wie die permanenten Daten selbst in ein Programm importiert werden? Wie kann eine Veränderbarkeit von Datenbanktypen in ein Sprachkonzept mit aufgenommen werden? Wie kann das Transaktionskonzept integriert werden? Wie können Integritätsbedingungen behandelt werden? Wie werden Nullwerte behandelt?

Einige dieser Fragen werden im folgenden noch einmal näher betrachtet, bevor in Abschnitt 2 und 3 ein Integrationsvorschlag unterbreitet wird.

Der Typbegriff

Im Datenbank- wie im Programmsprachenbereich wird nach Abstraktionsmechanismen und nach Mitteln zur Beschreibung von Abstraktionen gesucht. Gelingt eine solche Darstellung, so spricht man von Datenunabhängigkeit. Sowohl im Datenbankbereich als auch im Programmiersprachenbereich wird dabei der Typbegriff verwendet. Je nachdem, welche Abstraktionsmechanismen ein zu integrierendes Datenmodell aufweist, müssen die Unterschiede zwischen den Typen im Datenbankbereich und den Typen in Pascal herausgearbeitet werden. Für Datenmodelle, welche auf dem Relationenmodell basieren, sind hier einige Unterschiede aufgezählt (vgl. [BrZi81]):

- Die Wertebereiche von Relationen sind dynamisch (Existenzabhängigkeiten).

- Datenbankobjekte können unabhängig von bestimmten Typen oder Varibalen existieren. In externen und konzeptuellen Schemata können sie unterschiedlichen Variablen von unterschiedlichen Typen zugeordnet werden.

- Relationen werden von mehreren Programmen gleichzeitig (konkurrierend) benutzt.

- Datenbankobjekte sind permanent, trotzdem muß deren Typ veränderbar sein (Variabilität eines Schemas). Programmvereinbarungen sind dagegen temporär, nach Ablauf eines Programms sind sie nicht mehr existent.

- Relationstypen und ihre zugehörigen Variablen werden traditionell nicht voneinander getrennt (z.B. der Typ Kunde).

- Integritätsbedingungen spielen zwar bei der Definition von Relationen eine Rolle, jedoch nicht in Programmiersprachen (sie werden im Implementierungsteil eines Moduls "programmiert").

- Es existieren Unterschiede bei der Typverträglichkeit (interpreted types).

- Es wird ein dynamisches, assoziatives Identifikationskonzept (der Schlüssel) benötigt.

Transaktions- und Prozedurkonzept

Vergleicht man das Konzept der Transaktion mit dem Prozedurkonzept, so lassen sich Ähnlichkeiten nicht übersehen. Ebenso wie die Prozedur ist die Transaktion durch die Zusammengehörigkeit mehrerer Anweisungen gekennzeichnet, was von Reimer und Schmidt in einer Pascal/R-Erweiterung ausgenutzt wurde [ReSc81]. Sie beschreiben ein Sprachkonzept, in welchem die Definition einer Transaktion syntaktisch ähnlich der einer Prozedur ist.

Es bestehen jedoch auch Unterschiede zwischen Transaktionen und Prozeduren:

- Eine Transaktion wird normalerweise nicht für Typen, sondern für Variablen (nämlich Relationen) spezifiziert.

- Im Gegensatz zur Prozedur müssen bei einer Transaktion evtl. notwendige Steuerparameter (z.B. Lock-Information) übergeben werden (Selector in Pascal/R).

- Bei Prozeduren gilt das 'Alles oder Nichts'-Prinzip nicht. Das automatische Zurücksetzen/Wiederholen einer Prozedur ist nicht notwendig. Dies steht im Gegensatz zum Transaktionskonzept. Hier stellt sich nicht nur die Frage, wie die Datenbank, sondern auch wie das Programm zurückgesetzt werden kann.

- Im Gegensatz zu Prozeduren sind geschachtelte Transaktionen und insbesondere rekursive Transaktionsaufrufe im allgemeinen nicht zulässig.

Nullwerte

In Pascal spielen Nullwerte nur eine untergeordnete Rolle. Es ist genau ein Nullwert (NIL) bekannt, der nur einer dynamischen Pointervariablen zugewiesen werden kann. Im Datenbankbereich unterscheidet man zwischen mehreren Arten von Nullwerten, die auch Attributen zugewiesen werden können.

Import von Relationen in ein Programm

Einige aus der Literatur bekannte Ansätze lösen dieses Problem, indem sie die externen Daten einer im Programm definierten (Relationen-) Variablen zuordnen. Diese Vorgehensweise ist ähnlich dem Import von Pascal-Files. Der offensichtliche Nachteil liegt darin, daß alle Datenbanktypen zweimal definiert werden, einmal im Programm und einmal im Schema. Eine zweite Möglichkeit ist die Benutzung der uses-Klausel, mit deren Hilfe Datenbankvereinbarungen aus einem Datenbankschema in ein Modul oder Programm übernommen werden können. Eine Verwendung der uses-Klausel setzt allerdings voraus, daß das Datenbankschema selbst als interface einer 'Datenbank'-unit realisiert ist.

2. DER DATENTYP RELATION UND DAS XER-DATENMODELL

Der Ansatzpunkt für eine Integration zwischen Datenmodell und Programmiersprache ist die typmäßige Beschreibung des zu integrierenden Datenmodells [MRS82].

Ein Datenmodell besteht aus einer Menge von Datentypen (einschließlich Integritätsbedingungen und Operationen), einer Menge von modellspezifischen Integritätsregeln und einer Menge von Operationen. Wir benutzen den Datentyp Relation als Ausgangspunkt zur Formulierung des XER-Datenmodells. Die Integritätsbedingungen unterteilen wir in schemaspezifische und relationenspezifische Integritätsbedingungen. Schemaspezifische Integritätsbedingungen sind Bedingungen, die in einem Schema vom Datenbankentwerfer eingebracht werden (z.B. interrelationale Bedingungen). Relationenspezifische Integritätsbedingungen beziehen sich genau auf eine Relation. Es müssen entsprechende Beschreibungshilfsmittel zur Verfügung stehen, damit schemaspezifische und relationenspezifische Integritätsbedingungen formuliert werden können. Mit ihnen kann die Menge der konsistenten Datenbankzustände oder Datenbankzustandsübergänge festgelegt werden. Die modellspezifischen Integritätsregeln legen fest, wie ein Datenbanktyp (Schema) definiert sein muß. Sie gelten für jedes beliebige Schema.

2.1 DER DATENTYP RELATION

Eine Relation r : rel(A,P,O) ist eine Variable mit einem Wertebereich VS(r), der
durch die Angabe des Wertebereichs dom(A) einer Menge A = A(r) von Attributen A(r) =
$\{a_1, a_2, \ldots a_n\}$ und der gültigen relationenspezifischen Integritätsbedingungen P = P(r)
eindeutig bestimmt wird. Der Wertebereich VS(r) kennzeichnet den "Relationstyp"
(vgl. [SSt83]). Jede Integritätsbedingung p∈P(r) kann in einer geeigneten Form angegeben werden. In Datenbank-Pascal ist die Angabe des Primärschlüssels (primarykey),
der Eindeutigkeit (unique) und der Stabilität (fixed) eines Attributs, sowie der
Nullwertausschluß (nonil) möglich. O bezeichnet die Menge der Operationen, die auf
der Relation erlaubt sind. In Datenbank-Pascal sind dies insert, update, delete und
fetch. Am Ende einer solchen Elementaroperation werden die relationenspezifischen
Integritätsbedingungen überprüft.

2.2 DAS XER-DATENMODELL

Das Extended Entity - Relationship-Model geht von dem Datentyp Relation aus. Es beinhaltet drei Datentypen, die E-Relation, R-Relation und S-Relation. Wir führen aber
zuerst den Begriff Datenbankvariable ein:
Eine XER-Datenbank D: db (R,ℙ,𝕆) ist eine Variable D, deren Typ durch die Angabe
des Schemas s = (ℝ,ℙ,𝕆) eindeutig bestimmt ist. Dabei ist
a) ℝ eine Menge von Relationen,
b) ℙ = ℙ(s) eine Menge von schemaabhängigen Integritätsbedingungen,
c) 𝕆 eine Menge von Operationen.

Der Name D der Datenbank wird auch als Schemaname bezeichnet, da wir im folgenden
nicht zwischen Datenbanktyp und Datenbankvariable unterscheiden. Der Wert der Datenbank zu einem Zeitpunkt t ist durch Wert der Datenbankvariablen D: db bestimmt. Als
Operationen stehen Operationen der Relationenalgebra und 'Datenbankprozeduren' zur
Verfügung. Als relationale Operatoren der Relationenalgebra sind die Vereinigung,
der Durchschnitt, die Differenz, die Selektion, die Projektion (geschrieben als r.B,
B⊆A) und der (natural) Join vorgesehen. Eine Datenbankprozedur ist eine konsistenzbewahrende Einheit bezüglich eines konzeptuellen Schemas. Am Anfang und am Ende einer Datenbankprozedur sind keine schemaabhängigen (auch keine relationenabhängigen)
Integritätsbedingungen verletzt. Relationen eines Schemas können mittels der relationalen Operatoren oder mittels der Datenbankprozeduren manipuliert werden. Man beachte den Unterschied zu Transaktionen, die in Abschnitt 3.3 beschrieben werden, und
zu Operationen auf Relationen.

Im folgenden werden die E-, R- und S-Relationen und die modellspezifischen Integritätsregeln des XER-Modells bestimmt.

- Jede Relation r∈IR enthält eine (relationenspezifische) Primärschlüsselbedingung primarykey$_{A'}$(r), wobei A'⊆A. Für Primärschlüssel gilt neben der Eindeutigkeit (unique) auch Stabilität (fixed) und Nullwertausschluß (nonil).

- Jedes r∈IR ist entweder E-, R- oder S-Relation:

  a) r ist eine R-Relation, wenn gilt: es gibt (mindestens zwei) Relationen r'∈IR, so daß A(r)∩A(r') = primarykey(r') und r.primarykey(r')⊆r'.primarykey(r'). Für jede R-Relation eines XER-Schemas existiert eine schemaspezifische Integritätsbedingung p∈P(s), welche diese Existenzabhängigkeiten angibt. Wir verwenden folgende Notation, um Existenzabhängigkeiten auszudrücken (vgl. [SSt83]):

  wobei min/max die minimale/maximale Anzahl von Referenzen in r auf jedes Element der i-Relation. Es gilt: 0<= min<= 1<= max<= * (= 'beliebig viele'). Eine R-Relation repräsentiert einen Beziehungstyp [Chen76]. Es sind auch Beziehungstypen über Beziehungstypen erlaubt [SSW80] (siehe Beispiel 2.2.1).

  b) r ist eine S-Relation, wenn gilt: es gibt genau eine Relation r'∈IR, so daß A(r)∩A(r') = primarykey(r') und r.primarykey(r') ⊆ r'.primarykey(r'). Für jede S-Relation existiert ein p∈P(s), welche die referenzierte Relation identifiziert. Eine S-Relation repräsentiert einen 'is-a'-Beziehungstyp. Wir verwenden folgende Notation:

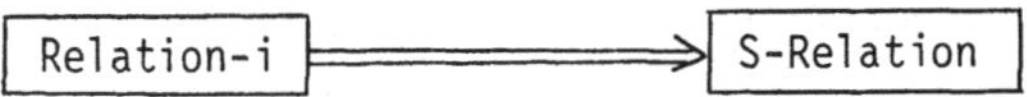

  c) Ist r weder R- noch S-Relation, so ist r E-Relation.

Beispiel 2.2.1: Strukturdiagramm eines XER-Schemas

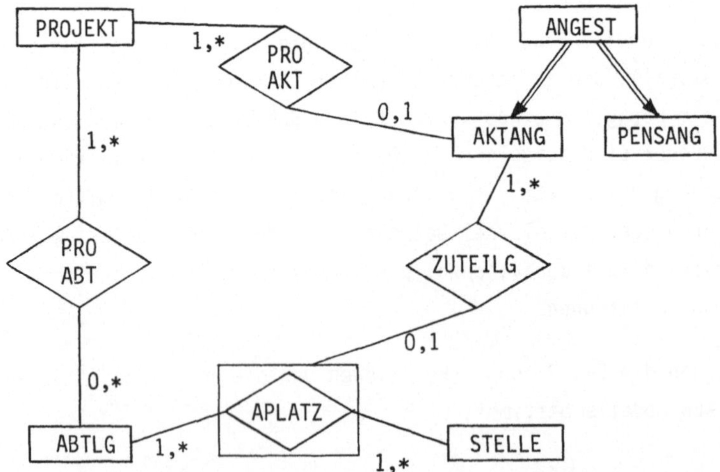

- Im Datenbankbereich unterscheidet man mindestens zwei Nullwerte: (-) 'Wert existiert
  nicht' und (?) 'Wert ist nicht bekannt'. Im XER-Modell wird gefordert, daß Nullwerte vom Typ (-) beim Datenbankentwurf durch Definition geeigneter S-Relationen
  eliminiert werden. Um dies in jedem XER-Schema zu garantieren, benötigen wir eine
  zusätzliche modellspezifische Integritätsregel:

  a) Der Domain jeden Attributes eines XER-Schemas enthält nicht den Nullwert vom
     Typ (-).

Auch der Nullwert vom Typ (?) muß aus dem Domain aller Primärschlüsselattribute
ausgeschlossen werden, da sonst bei den Operationen widersprüchliche Situationen
entstehen können:

  b) Jede E-, S- oder R-Relation besitzt nur Schlüsselattribute, deren Domain den
     Nullwert vom Typ (?) nicht enthalten.

Es sollte aber auch möglich sein, Nullwerte des Typs (?) auszuschließen. Für diesen
Zweck gibt es die nonil-Klausel, die für ein Attribut einer Relation den Nullwert
vom Typ (?) nicht zuläßt. Diese Klausel sollte nur angewendet werden, wenn die Frage,
ob ein gewisser Wert vorhanden ist, entweder mit Ja oder Nein beantwortet werden muß.
In Datenbank-Pascal ist keine dreiwertige Logik eingeführt. Stattdessen wird in nicht
entscheidbaren Fällen neben dem zweiwertigen Ergebnis eine Meldung ausgegeben.

3. DATEN- UND TRANSAKTIONSDEFINITION

3.1 DER DATENTYP RELATION IN DATENBANK-PASCAL

Der Datentyp Relation wird ähnlich Pascal/R oder PLAIN als 'built-in'-Datentyp in
Datenbank-Pascal eingeführt. Die Integration des Datentyps Relation in die Datentypen von Pascal erfolgt über den Recordtyp. Ein Attribut ist eine Recordkomponente
eines Recordtyps. Es besitzt einen Wertebereich, der mittels den in Pascal zur Verfügung stehenden Typen (Standardtypen, Subrange, Enumerationstyp, Recordtyp) angegeben werden kann. Nicht zugelassen sind Pointer, File, variant Record und Array. Ein
Relationstyp wird über einen Recordtyp definiert. Zusätzlich werden die relationenspezifischen Integritätsbedingungen und die Suchschlüssel (searchkey) angegeben.

Beispiel 3.1.1:

```
type
ANGRECT = record
            ANGNR: integer;
            NAME : record VORNAME,NACHNAME: string end;
            EIN-DAT : date;
            . . .
          end;
ANGESTT = relation of ANGRECT;
            primarykey (ANGNR); (* Primärschlüssel *)
            unique (NAME);        (* Eindeutigkeit *)
            fixed (VORNAME;         (* Stabilität *)
            nonil (NACHNAME); (* Nullwertausschluß *)
            searchkey (NACHNAME)  (* Suchschlüssel *)
          end;
var
ANGEST : ANGESTT;
```

Auf Relationenelemente wird entweder über den Primärschlüssel oder über einen Suchschlüssel (searchkey) zugegriffen. Einem Attribut kann der Wert NIL zugewiesen werden, falls die nonil-Klausel nicht gesetzt ist. Ebenso kann es auf NIL abgefragt werden.

Zwei Relationstypen sind typverträglich, wenn sie einen gleichen Schlüssel (Namens-
gleichheit der Attribute) beinhalten und dessen Typ (strukturell) übereinstimmt.

3.2 <u>SCHEMADEFINITION</u>

Für die Definition eines Schemas wird neben den units und programs eine weitere Über-
setzungseinheit eingeführt: die database unit. Jede database unit besitzt einen Namen
(Schemaname). Wie units besteht sie aus einem interface- und einem implementation-
Teil. Der interface-Teil beinhaltet Typen und Variablen zur Beschreibung der permanenten Relationen eines XER-Schemas. Außerdem werden die Datenbankprozeduren definiert. Im implementation-Teil wird der Ablauf der Datenbankprozeduren angegeben.

Eine database-unit wird mittels des dialogorientierten DD-Generator erstellt und von
ihm interpretiert. Jede Vereinbarung eines Schemas wird überprüft (auf Einhaltung
der modellspezifischen Integritätsregeln) und im Data Dictionary aufbewahrt. Die notwendigen Maßnahmen zur Datenbankeinrichtung bzw. -veränderung werden durchgeführt.
Zur Laufzeit eines Anwenderprogramms holt das DBMS die aktuellen Schemavereinbarungen,
die es zur Verwaltung der permanenten Datenbank benötigt.
Vereinbarungen einer database unit können von units oder programs über die uses-Klausel importiert werden.

Da die Vereinbarungen einer Schemadefinition im Data Dictionary auch löschbar und
veränderbar sein müssen, müssen für die Vereinbarungen innerhalb des interface-Teils
einer database unit - im Gegensatz zu den Vereinbarungen eines Programms - auch Operatoren für die Löschung bzw. Änderung vorgegeben werden. Während für die Typen die
Operatoren define und undefine ausreichen, muß für die Variablen auch ein change-
Operator zur Verfügung stehen, der es ermöglicht, den Typ einer Relationenvariablen
zu ändern. Define/undefine/change: erzeugt/löscht/ändert einen Eintrag im Data Dictionary.

<u>Festlegung von Datenbank-Prozeduren</u>

Der Entwickler spezifiziert eine Datenbankprozedur innerhalb einer database-unit.
Nach korrektem Ablauf einer Datenbankprozedur sind alle schemaspezifischen Integritätsbedingungen erfüllt. Ähnlich den in Pascal üblichen Prozeduren werden Datenbankprozeduren als selbständige Einheiten im interface-Teil definiert, im implementation-
Teil deren Ablaufstrukturen angegeben und im Programm bzw. im Dialog benutzt. Genau
wie bei der Prozedur ist die Angabe eines Datenbankprozedurkopfes, welcher den Daten-
bankprozedurnamen und formale Parameter enthält, und die Angabe der Kontrollstruktur
im implementation-Teil notwendig. Eine Datenbankprozedur wird innerhalb einer Transaktion aufgerufen.

<u>Beispielschema nach dem XER-Modell</u>

Gegeben sei das XER-Schemadiagramm aus Beispiel 2.2

```
define database unit PERSONALDATENBANK;
interface
define type
. . .
(* ANGRECT und ANGESTT wie in Beispiel 3.1.1 *)
AKTANGT = relation of          (* S-Relation *)
          record ANGNR,ARBST : integer; GEHALT : BETRAG end;
          uses ANGNR from ANGESTT;
          primarykey  (ANGNR)
          end;
. . .
                              (* R-Relation *)
ZUTEILGT = relation of record ANGNR,APLATZNR: integer end;
           uses ANGNR from AKTANGT [1,*],
                APLATZNR from APLATZT [0,1];
           primarykey (APLATZNR)
           end;
(* R- und S-Relationen werden mit Hilfe der uses-Klausel definiert *)
. . .
define var
ANGEST : ANGESTT;
AKTANG : AKTANGT;
ZUTEILG: ZUTEILGT;
. . .
define dbprocedure
EINSTELLUNG (EINGABE1 : record TEIL1 : ANGRECT;
                               TEIL2 : record of AKTANGT
                        end;
             EINGABE2 : ZUTEILGT);
(* record of AKTANGT definiert den dem Relationstyp AKTANGT zugrundeliegenden Record-
   typ *)
. . .
implementation
dbprocedure EINSTELLUNG;
 begin
 ANGEST := ANGEST + [EINGABE1.TEIL1];
 AKTANG := AKTANG + [EINGABE1.TEIL2];
 ZUTEILG:= ZUTEILG + EINGABE2
 end;
 . . .
 end (* Personaldatenbank *).
```

3.3 <u>RELATIONEN UND TRANSAKTIONEN IN PROGRAMMEN</u>

Im Datenbank-Pascal-Anwendungsprogramm wird festgelegt, wie die in einem Schema definierten Vereinbarungen verwendet werden, welche Namen sie tragen und wie sie innerhalb von Transaktionen manipuliert werden. Außerdem ist die Definition von programmeigenen Relationstypen und Relationen zugelassen.

Betrachten wir die in einem Programm benutzten Relationen, so kann man zwischen unabhängigen, typabhängigen und wertabhängigen Relationen unterscheiden.

Unabhängige Relationen werden ohne Zuhilfenahme von globalen in einem Schema definierten Vereinbarungen definiert. Eine typabhängige Relation wird mittels des Operators $\Leftarrow$ über in einem Schema definierten Relationstyp definiert. Der Import von Vereinbarungen aus einem Schema geschieht über die uses-Klausel im Anwendungsprogramm, die direkt dem Programmkopf folgt. In der uses-Klausel wird der Name eines Schemas angegeben, es stehen damit alle Vereinbarungen dieses Schemas dem Programm zur Verfügung. Eine typabhängige P-Relation besitzt am Programmanfang kein Element. Die Variablen wertabhängiger Relationen sind in einem Schema definiert. Sie werden lediglich im Programm benutzt und können nur innerhalb von Transaktionen manipuliert werden.

Transaktionen sind konsistenzbewahrende Einheiten bezüglich aller Integritätsbedingungen und bezüglich Concurrency und Recovery. Sie werden wie Prozeduren im Vereinbarungsteil eines Programms definiert (siehe Beispiel 3.1.), können nicht geschachtelt werden. Gegenwärtig ist in Datenbank-Pascal kein Parameterkopf vorgesehen. Es wird auch keine Lock-Information angegeben. Dies ist auch nicht notwendig, da als Standard-Concurrency-Verfahren das Optimistische Verfahren benutzt wird [KKL82].
Es kann jedoch auch (im internen Schema) ein Locking-Verfahren als Concurrency-Verfahren gefordert werden. Zur Zeit ist jedoch Locking lediglich auf Relationenebene möglich. Transaktionen können nicht geschachtelt werden. Sie können mittels des abort-Statements abgebrochen werden; nach abort befindet sich die Datenbank in einem konsistenten Zustand (vor der Transaktion). Nach korrektem Ablauf einer Transaktion (ohne abort und ohne Systemfehler) befindet sich die Datenbank ebenfalls, und zwar in einem neuen, konsistenten Zustand.

Beispiel 3.3.1:

```
program BEISPIEL;
uses PERSONALDATENBANK;
type
PROGRELT ⇐ ANGESTT              (* Übernahme der Attribute *)
   NUMMER ⇐ ANGNR;              (* ANGNR und EIN-DAT *)
   DATUM ⇐ EIN DAT;
   searchkey (DATUM)            (* Def. eines Suchschlüssels *)
   end;
var
UNABREL : relation of           (* unabhängige Relation *)
            record ... end
          end;
...
transaction ERFASSUNG;          (* Transaktionsdefinition *)
  var
  SATZ : record
           A : record of PROGELT;
           B : record of AKTANGT
         end;
  ZUTEILUNG : ZUTEILGT;         (* typabhängige Relation *)
  ...
  begin
  ...                           (* dbprocedure-Aufruf zur *)
  EINSTELLUNG (SATZ, ZUTEILUNG);   (* Manipulation wert- *)
  ...                           (* abhängiger Relationen *)
  end;
begin
...
ERFASSUNG;                      (* Transaktionsaufruf *)
end.
```

Es besteht also folgender Zusammenhang zwischen einer Elementaroperation, einer Datenbankprozedur und einer Transaktion: Eine Elementaroperation ist die Einheit für
die Überprüfung der relationenspezifischen Integritätsbedingungen, eine Datenbankprozedur ist die Einheit für die Überprüfung der schemaspezifischen Integritätsbedingungen (des konzeptuellen Schemas) und eine Transaktion ist die Einheit für Concurrency und Recovery. Die Transaktion ist außerdem die Einheit für die Überprüfung
aller, auch der in einem Programm oder externen Schema (das hier nicht vorgestellt

wurde) enthaltenen (benutzerspezifischen) Integritätsbedingungen.

Im Gegensatz zu MODULA/R, wo lediglich eine operationale Einheit - die Transaktion - sowohl für die Überprüfung von Integritätsbedingungen als auch für Concurrency und Recovery existiert, werden in Datenbank-Pascal die formulierbaren Integritätsbedingungen klassifiziert (in relationen-, schema- und benutzerspezifische) und innerhalb der jeweiligen operationalen Einheit überprüft. Dabei war es nicht unser erstes Ziel, ein Beschreibungsmittel zur Formulierung möglichst vieler Integritätsbedingungen (100%-Regel) zu finden, sondern es wurden zunächst nur die notwendigen Integritätsbedingungen - z.B. zur Erstellung eines XER-Schemas - einbezogen. Weitere Integritätsbedingungen müssen zunächst noch innerhalb der Implementierungen der operationalen Einheiten 'programmiert' werden.

Weitere Unterschiede zu MODULA/R, PASCAL/R oder PLAIN bestehen z.B. beim Import von globalen Relationstypen und Relationen in ein Programm, der Typkompatibilität, der Nullwertbehandlung und bei den Sprachkonstrukten zur Formulierung von Abfragen und Änderungen, die im folgenden Abschnitt behandelt werden.

4. DATENMANIPULATION UND RETRIEVAL

Die Elementaroperationen sind durch Standardprozeduren realisiert:

fetch(r,a,recv): Durch den Wert des Suchschlüssels a in der Recordvariablen recv wird bestimmt, auf welches Element der Relation r zugegriffen wird (direkter, inhaltsbezogener Zugriff). Falls das gewünschte Element existiert, wird es der Variablen recv zugewiesen. fhigh, flow, fnext fprior sind weitere Retrievaloperationen [KMSW81].

insert (r,recv), delete (r,recv), update (r,recv): Das Element in der (Record-)Variablen recv wird in r eingefügt/verändert bzw. aus r gelöscht.

In Datenbank-Pascal kann eine Bildschirmmaske einer Relation für die Ein- und Ausgabe eines Elementes am Bildschirm definiert werden. Jede Maske enthält einen Namen. Durch die Angabe eines Maskennamens statt eines Variablennamens kann von einem Programm aus ein Operationsaufruf (insert, ...) erfolgen, der die Ein- bzw. Ausgabe eines Elements direkt vom Bildschirm bewirkt.

Weitere Standardfunktionen sind u.a.:
size(r): gibt die aktuelle Anzahl der Elemente der Relation r an.
Max (r.a), min (r.a), avg (r.a): gibt das Maximum/Minimum/Durchschnitt der Attributwerte von a in r an.

Eine höhere Schnittstelle ist durch zusätzliche Sprachkonstrukte realisiert. Es werden die Selection, Vereinigung, Differenz, Durchschnitt und der Natural Join zur Verfügung gestellt. Die Projektion wird durch den Typ der Ergebnisrelation bestimmt. Die Konstrukte werden an Beispielen erläutert.

Im folgenden seien

```
RESULT    := relation of record
                        ANGNR : integer;
                        GEHALT: BETRAG;
                        end
             end;
recv        eine Variable vom Typ record of ANGEST
a           eine im Programm definierte Kontrollvariable,
```

alle anderen Identifikatoren aus vorangegangenen Beispielen.

Beispiel 4.1:

```
RESULT := [];                        (*  leere Relation *)
AKTANG := AKTANG + [recv];           (* Einfügen eines Elementes *)
RESULT := [each a of AKTANG          (* Alle ANGNR'n der Angestellten, die
     where (a.Gehalt > 5000)          mehr als 5000 verdienen und
        and (a.ARBST < 40)];          weniger als 40 Stunden arbeiten *)
```

Es sind die arithmetischen Operatoren <, < =, =, ≠, > =, > und die Boolschen Operatoren NOT, AND und OR erlaubt.

```
RESULT := AKTANG ⫫ RESULT;           (* Durchschnitt *)
AKTANG := AKTANG - RESULT;           (* Differenz *)
AKTANG 4000[.GEHALT]:= 4500;         (* Update eines Attributwertes *)
(* RESULT enthalte nun auch das Attribut APLATZNR *)
RESULT := AKTANG.ANGNR join ZUTEILG.ANGNR
```

(* Natural join; die Attributidentifikatoren können auch weggelassen werden, wenn der Join über Referenzattribute (siehe Abschnitt 2) erfolgt *)

Schachtelung von relationalen Operationen ist nicht erlaubt.

Kontrollstrukturen

Das for-Statement in Pascal wird zur Laufanweisung über Relationen erweitert,

```
for each a of RESULT where a.ARBST > 20 do
        begin
           ANGEST :=  ANGEST + [a] ;
           AKTANG :=  AKTANG + [a] ;
           RESULT :=  RESULT - [a] ;
        end;
```

Alle Mitarbeiter in RESULT, die mehr als 20 Stunden arbeiten, werden aus RESULT gelöscht und in AKTANG und ANGEST eingefügt.

5. IMPLEMENTIERUNG

Für die Realisierung einer integrierten Sprachschnittstelle benötigt das Datenbanksystem neben einem Laufzeitsystem eine Übersetzerkomponente als Erweiterung eines
Pascal-Compilers. Wir sind auf die Erstellung eines Precompilers angewiesen, obwohl
dies z.T. doppelte Analysearbeit bedeutet, da oft von vornherein nicht klar ist, ob
eine Vereinbarung oder Anweisung zur einen oder anderen oder gar zu beiden Sprach-
komponenten gehört (z.B. eine Typvereinbarung, die als Typ einer Recordkomponente
verwendet wird). Jedoch sind wir der Überzeugung, daß größere Portabilität des DBMS
durch Anpassung an unterschiedliche Pascal-Compiler gewährleistet ist.

Ein weiteres Problem ist die Überprüfung der Integritätsbedingungen. Außer den Integritätsregeln werden alle bisher in Datenbank-Pascal formulierbaren Bedingungen von
einer Komponente des Laufzeitsystems überprüft. Die Überprüfung der Existenzabhängigkeiten wird mittels einer systeminternen Protokollrelation vorgenommen.

Ein Selektionsausdruck wird in eine vom Laufzeitsystem lesbare, codierte Form übersetzt. Bisher werden von diesem einfache Optimierungen, die die Relationengröße und
die Existenz von Zugriffspfaden berücksichtigt, durchgeführt.

Eine Mehrbenutzerumgebung wird durch den Anschluß mehrerer Personal Computer an ein
lokales Netz, an das ein zentrales Plattensystem angeschlossen ist, realisiert. Datenbank-Pascal soll - je nach Leistungsfähigkeit der zugrundeliegenden Personal-Com-
puter - in mehreren Ausbaustufen zur Verfügung stehen. In der ersten Ausbaustufe ist
es auf Personal Computern vom Typ APPLE III ablauffähig. Wir arbeiten gegenwärtig
an einer Installation auf einem Personal Computer mit wesentlich größerer Leistungsfähigkeit.

6. DANKSAGUNG

Herrn G. Lausen sei für wertvolle Hinweise zu diesem Bericht gedankt. Ebenso den Diplomanden der Projektgruppe Datenbank-Pascal, ohne die eine Implementierung nicht
möglich wäre.

LITERATURVERZEICHNIS

[BrZi81]   M.L.Brodie, S.N.Zilles (eds.): Proc. of the Workshop on Data Abstrac-
tion, Databases and Conceptual Modelling, SIGMOD Record Vol. 11, No.2,
Feb. 1981; SIGART Newsletter No. 74, Jan.1981; SIGPLAN Notices Vol.16,
No. 1, Jan.1981.

[Chen76]   P.P.Chen: The Entity-Relationship-Model: Towards a Unified View of
Data, ACM TODS, Vol.1, No.1, March 1976, 9 - 36.

[Chen80]   P.P.Chen (ed.): Entity-Relationship Approach to Systems Analysis and
Design, Proc. of the 1. Conf. 1979, North Holland, 1980.

[Kea83]   J.Koch, M.Mall, P.Putfarken, M.Reimer, J.W.Schmidt, C.A.Zehnder:
Modula/R Report - Lilith Version, Institut für Informatik der ETH
Zürich, Feb. 1983.

[KKL82]   J.Karszt, H.Kuss, G.Lausen: Transaction Management in a Multi Personal Computer System, Proc. of the EUROMICRO 82-Conference, 203 - 210.

[KLS83]   J.Karszt, G.Lausen, R.Salz: Implementation aspects of a Concurrency
Controller in a Personal Computer Network, to appear at EUROMICRO 83.

[KMSW81]   J.Karszt, W.Martin, W.Stucky, W.Weber: Datenbank-Pascal für Personal
Computer; Berichte des German Chapter of the ACM, Band 8, 92 - 114.

[MRS82]   M.Mall, M.Reimer, J.W.Schmidt: Pascal und Relationen: Sprachintegration und Übersetzung, Berichte des German Chapter of the ACM, Band 12,
139 - 154.

[ReSc81]   M.Reimer, J.W.Schmidt: Transaction Procedures with Relational Parameters, Bericht Nr. 45 des Instituts für Informatik der ETH Zürich,
1981.

[RRUZ82]   J.Rebsamen, M.Reimer, C.Ursprung, C.A.Zehnder: LIDAS - A Database
System for the Personal Computer Lilith, Bericht Nr. 50 des Instituts für Informatik der ETH Zürich, Juni 1982.

[Sch77]   Schmidt, J.W.: Some High Level Language Constructs for Data of Type
Relation, ACM TODS, Vol. 2, No. 3, Sept. 1977, 247 - 261.

[SSt83]   G.Schlageter, W.Stucky: Datenbanksysteme: Konzepte und Modelle.
2. Auflage, Teubner-Verlag, 1983.

[SSW80]   P.Scheuermann, G.Schiffner, H.Weber: Abstraction Capabilities and
Invariant Properties Modelling within the Entity-Relationship
Approach, in [Chen80], 121 - 140.

[UCSD79]   Softech Inc. (edt.): UCSD-Pascal Users Manual, San Diego 1979.

[Wea81]   A.I.Wassermann et al.: Revised Report on the Programming Language
PLAIN, SIGMOD Newsletter, May 1981.

Anfragesprachen für Netzwerk-Datenbanken: Übersicht und Vergleich

M. Rieskamp

G. Schlageter

Fernuniversität
Praktische Informatik I
Postfach 940
D-5800 Hagen

Zusammenfassung

Dieser Aufsatz gibt eine Übersicht und einen Vergleich von deskriptiven, nichtprozeduralen Anfragesprachen für Netzwerk-Datenbanken. Die besonderen Merkmale solcher Anfragesprachen werden beschrieben und in einem Leistungsvergleich einander gegenübergestellt.

1. Einleitung

Für relationale Datenbanken existiert eine Vielzahl von Vorschlägen für Anfragesprachen und von entsprechenden vergleichenden Studien. Für netzwerkorientierte Datenbanken gibt es dagegen vergleichsweise wenige Vorschläge für nichtprozedurale, mengenorientierte Anfragesprachen, vergleichende Studien sind nicht vorhanden.

Diese Arbeit versucht, einen Überblick über netzwerkorientierte Anfragesprachen zu geben und deren Leistung zu vergleichen.

Bevor die Sprachvorschläge vorgestellt werden, seien noch einige Anmerkungen zum Netzwerkdatenmodell vorangeschickt.
Bedeutsam beim Netzwerkmodell ist, daß Beziehungen (Sets, Links, Fact sets, etc.) informationstragend sein können und nicht allein logische Zugriffspfade sind. Folgendes Beispiel mag das verdeutlichen: Es existieren zwei Sets zwischen PROFESSOR und STUDENT, wobei der eine die Diplomanden und der andere die Doktoranden mit einem Professor verbindet. Das Entfernen eines Settyps würde einen Verlust an Information bedeuten. Würde zum Beispiel der Set für die Diplomanden weggelassen, dann würde die Datenbank nicht mehr die Information

beinhalten, welche Studenten bei welchem Professor ihr Diplom anstreben. Aus diesem Grund müssen netzwerkorientierte Anfragesprachen nicht nur eine Beschreibungsmöglichkeit für Satztypen (Entities, Records, etc.) sondern zusätzlich auch für auszunützende Beziehungstypen vorsehen. Dabei ist zu beachten, daß zwei Satztypen über mehrere Beziehungstypen oder Folgen von Beziehungstypen miteinander verbunden sein können.

2. Netzwerk-Anfragesprachen

In diesem Kapitel werden die Anfragesprachen - eine Übersicht zeigt die nachfolgende Tabelle 1 - kurz vorgestellt, wobei vor allem die Besonderheiten hervorgehoben werden.

Sprache	Institution	Referenz		Datenmodell (DM)
BIPS	Faculty of Sci. Lisbon	Sernadas	82	Entity-Relationship
CABLE	Univ. of California	Shoshani	78	Entity-Relationship
CQLF	Comp. Corp. of America	Manola	82	CODASYL78, ANSI81
DAPLEX	Comp. Corp. of America	Shipman	81	Funktionales DM
FORAL	IBM, Heidelberg/N.Y.	Senko	76	Bin.Semantic Network
FQL	Univ. of Pennsylvania	Buneman	79	Funktionales DM
GQBE	Univ. of Maryland	Jacobs	83	Database Logic
IQS/IQL	Siemens, München	Siemens	79	CODASYL78
LCML	JIPDEC, Tokyo	Takizawa	83	CODASYL71
LSL	Univ. of Toronto	Tsichritzis	76	Relat.m.Zugriffpfad
MINES	Monash Univ., Austr.	Robinson	81	CODASYL
NOAH	Fernuniv. Hagen	Schlageter	82	CODASYL78
NUL	Inst. d' Inf., Namur	Deheneffe	76	Binary Relationship
QUEST	IBM, San Jose	Housel	79	Rel.,Hier.,Netzwerk

Tabelle 1: Anfragesprachen für Netzwerkdatenbanken

(die Liste erhebt keinen Anspruch auf Vollständigkeit)

Beispiele, die zur Verdeutlichung verwendet werden, beziehen sich alle auf das nachstehende einfache Netzwerk-Schema (die Pfeile repräsentieren CODASYL-Sets):

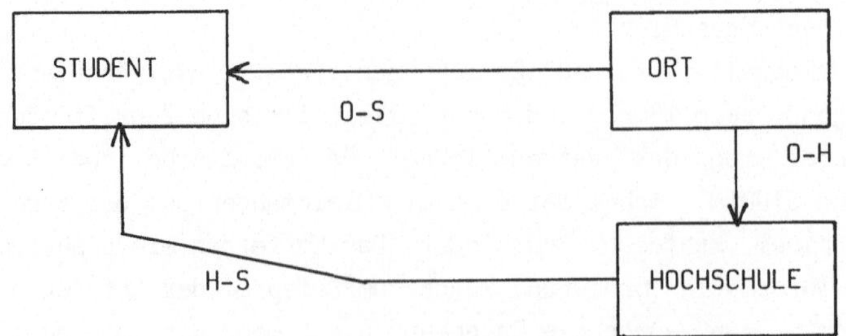

BIPS /SEG 82/ ist eine Anfragesprache, die auf dem Entity-Relationship Modell basiert. Verglichen mit anderen Anfragesprachen gehört sie zu den mächtigsten. Insbesondere wird der Nachweis der funktionalen Abgeschlossenheit (s. a. /SEG 82/) erbracht. Sernadas unterscheidet drei Komplexitätsschichten: Anfragen ohne Links, Anfragen mit vordefinierten Links und Anfragen mit virtuellen Links bzw. Entities. Eine Anfrage ist im Prinzip wie folgt aufgebaut:

$$|\text{attribute}, \ldots| \text{ entity } : \; < \text{condition} >$$

Der Condition-Block kann Bedingungen an Attribute des Entity-Typ enthalten oder aber Bedingungen an Attribute von Entities, die über Links (definiert oder virtuell) mit dem Entity-Typ assoziiert sind.

Beispiel: "Suche Universitäten mit mehr als 1000 Studenten".

```
BIPS:   |ANZSTUD|  HOCHSCHULE :=
              COUNT STUDENT : STUDENT OF HOCHSCHULE
                        IN LINK H-S
            (":=" bezeichnet die virtuelle Eigenschaft)
        |NAME   |  HOCHSCHULE :
              ANZSTUD > 1000  AND  ART = 'UNI'
```

BIPS weist folgende besondere Merkmale auf:

- Definitionsmöglichkeit spezieller Typen wie z. B. Datum, Währung (dieses Entwurfsziel ergab sich aus der Anwendung der Sprache für den Bankbereich)
- Paarweiser Vergleich
- Definition virtueller Entities
- funktionale Abgeschlossenheit.

Wegen der recht spärlichen Literaturinformation (u.a. keine Syntax) wird leider nicht deutlich, in welchem Umfang Bedingungen an Links formuliert und wie beispielsweise Bedingungen an n:m-Beziehungen ausgedrückt werden können.

CABLE /SHO 78, 80/ wird als Anfragesprache für das Entity-Relationship Datenmodell eingeführt. Die Mächtigkeit der Sprache ist relativ gering, da nur einfache Zugriffspfade (chains) deklariert werden können. Bedingungen an Links können nicht formuliert werden.
Eine Anfrage gliedert sich in zwei Blöcke:

(1) SELECT-Statement
   - Angabe des Zugriffspfades mit Bedingungen an Attribute

(2) OUTPUT-Statement

    - Beschreibung der Ausgabe.

Beispiel: "Suche Universitätsorte".

   CABLE: SELECT ORT/O-H/HOCHSCHULE. ART = ´UNI´
            OUTPUT ORT.NAME

Hervorzuheben ist eine elegante Beschreibungsmöglichkeit für Zyklen (diese sind in einigen der Sprachen nicht oder nur sehr umständlich verarbeitbar): Eine Bedingung kann so formuliert werden, daß der Vergleichsoperator zwischen zwei Ketten plaziert wird:

    SELECT chain-1.attribute-1 = chain-2.attribute-2

Verbesserungen an CABLE, insbesondere komplexere Suchpfade ("Forks") und Funktionen, sollen demnächst veröffentlicht werden.

CQLF /MAN 82/: Mit CQLF lassen sich Anfragen an Netzwerkdatenbanken vom CODASYL-Typ /CO 71, CO78/ stellen. Die Sprache stellt neben Retrieval-Funktionen auch Manipulationsfunktionen zur Verfügung. CQLF erlaubt sowohl relationale als auch netzwerkspezifische Anfragen. Die Bearbeitung von relationalen Anfragen (Join, Mengenoperationen) wird dadurch sichergestellt, daß jeder Satz über einen (temporären) Systemset zugreifbar ist. Setbedingungen können nur hinsichtlich einer Existenzbedingung (HAS MEMBER, HAS OWNER) formuliert werden.

Die Struktur einer CQLF-Anfrage ist an SQL /CHA 76/ angelehnt. Ein SELECT-Block ist dabei wie folgt aufgebaut:

(1) SELECT-Statement

    - Beschreibung und Struktur der Ausgabeelemente

(2) USING-Liste

    - Deklaration von Record- und Set-Variablen, die in anderen Teilen des SELECT-Blockes benützt werden. Pro Record oder Set können mehrere Variablen deklariert werden. Dadurch werden sowohl paarweiser Vergleich als auch zyklische Anfragen möglich.

(3) WHERE-Klausel

    - Beschreibung von Bedingungen an Satztypen sowie Existenzbedingungen an Settypen
    - Bedingungen können ineinander geschachtelte SELECT-Blöcke enthalten

(4) ORDER-Klausel

    - Ausgabe erfolgt nach Ordnungskriterium.

Beispiel: "Suche Universitätsorte".


```
CQLF:   SELECT  O.NAME
        USING   O  IN  ORT,  OH  IN  O-H,  H  IN HOCHSCHULE
        WHERE   OH  HAS  MEMBER  AND  H.ART = ´UNI´
```

CQLF weist folgende interessanten Besonderheiten auf:

- es können temporär eigene Subschemata definiert werden
- bestimmte Textretrieval-Funktionen (Substring, Adjazenz) können
  formuliert werden
- Identitätsvergleich von Records (über Datenbankschlüssel)
- zusätzliche "one-record-at-a-time" Schnittstelle (Cursor-Konzept)
- Update-Operationen mit Transaktionsmechanismus.

DAPLEX /SHI 81/ basiert, ähnlich wie FQL, auf dem funktionalen Datenmodell.
Shipman beschreibt eine Datendefinitions und -manipulationssprache und zeigt
die Übersetzungsmechanismen zum relationalen bzw. Netzwerkmodell auf. Die
Sprache ist, anders als bei FQL, für Endbenutzer geeignet. Die Sprachmächtigkeit entspricht im Wesentlichen der von FQL.

Die prinzipiellen Merkmale seien wie folgt zusammengefaßt:

- Beziehungen zwischen Daten werden als Funktionen ausgedrückt, wobei
  Funktionen auch mehrwertig sein können
- Die Anfragesprache basiert auf Loops durch Entity-Mengen. Mengen
  werden durch eine funktionale Notation spezifiziert, wobei spezielle
  Operatoren für Qualifikation und Quantifikation verwendet werden
  können. Es ist möglich, Schleifenvarablen zu deklarieren.
- Arithmetische Operatoren
- Funktionen können aus existierenden Funktionen durch Komposition
  abgeleitet werden (im Prinzip Beschreibung eines Suchpfades durch die
  Netzwerkstruktur)
- Beschreibungsmöglichkeit von Rekursionen (subtypes, supertypes) und
  Zyklen.

FORAL-LP /SEN 76, 78, 80/ ist eine bildschirmorientierte Anfragesprache (LP
steht für Light Pen), die auf die Endbenutzersprache FORAL /SEN 75/ zurückgeht.
FORAL-LP ist mengenorientiert und arbeitet mit der DIAM II Datenbanksystem-
struktur, ein auf dem Binary Relationship basierendes Datenbankmodell. Der
Benutzer bekommt auf dem Bildschirm die Netzwerkstruktur, bestehend aus
Entity-Mengen und Fact Sets (diese repräsentieren die Beziehungen zwischen den

Entities), sowie einen Katalog von Kommandos angezeigt. Durch Zeigen mit dem Lichtgriffel kann der Benutzer durch das Netzwerk navigieren bzw. bestimmte Kommandos auslösen. Mit Beendigung dieses Prozesses wird die Anfrage in FORAL-Befehle übersetzt und zur Kontrolle angezeigt.

Eine FORAL-Anfrage wird in drei Sektionen aufgegliedert:

(1) OUTPUT-Section
- definiert die gesamte Ausgabeform und beschreibt gleichzeitig den Suchpfad zur Generierung der Entities

(2) WHERE-Section
- Beschreibung von Bedingungen, die die Entities aus der OUTPUT-Section erfüllen müssen
- Zur Generierung von Vergleichswerten können weitere Suchpfade definiert werden

(3) NAMSEC-Section
- In der Anfrage vergebene Synonyme können als permanent erklärt werden (Durch Einführung von Synonymen können Zyklen bearbeitet werden).

Beispiel: "Suche Universitäten mit mehr als 1000 Studenten, wobei sich auch eine Fachhochschule am Ort befinden soll. Gib den Ortsnamen und den Universitätssatz aus".

```
FORAL:  output  HOCHSCHULE
        print   NAME, ART, GRUENDUNGSJAHR
                (where count STUDENT_of_H-S_HOCHSCHULE
                                      greater then  1000)
        for     O-H
        for     ORT
                (where ART_of_HOCHSCHULE_of_O-H_of_ORT
                                      = ´FH´)
        print   NAME
```

Neben der Zugriffsmöglichkeit mit Lichtgriffel weist FORAL weitere besondere Merkmale auf:

- Der Benutzer kann Funktionen über alle Werte von indirekten Attributen (Attribute, die über Suchpfade erreicht werden) im Netzwerk anwenden. Zur Formulierung beginnt er seine Anfrage mit dem Eintrag SYSTEM
- Umfangreiches Funktionenangebot mit Schachtelungs- und Gruppierungsmöglichkeit
- Arithmetische Operationen auf Ausgabefeldern.

FORAL weist allerdings bei der Semantik von Multipaths (s.a. /SEN 76/), also Suchpfaden mit Verzweigungen, Schwächen auf. Hier geht aus der Literatur nicht eindeutig hervor, in welcher Form Datenelemente aus einem Ast des Suchpfades logisch mit Datenelementen aus einem anderen Ast verknüpft sind. Unklar ist z.B., ob Anfragen, die eine Veroderung von Setbedingungen implizieren, in FORAL beschreibbar sind.

FQL /BUN 79, 82/ basiert auf dem funktionalen Datenmodell. Sets werden als Funktionen dargestellt, und mit Hilfe von Funktionalen können sehr komplexe Anfragen formuliert werden.

Anfragen werden in FQL durch folgende Operationen formuliert:

- Komposition von Funktionen
  Hierdurch kann ein Suchpfad beschrieben werden
- Extension
  Die Funktionen werden dahingehend erweitert, daß sie statt einer Abbildung (Wert $\rightarrow$ Wert) die Abbildung (stream $\rightarrow$ stream) leisten, wobei mit stream eine Sequenz von Werten eines Typs gemeint ist.
- Restriction
  Beschreibung von Filtern auf einem stream
- Construction
  Erzeugung von Ausgabetupeln
- Standard Functions
  Arithmetische und statistische Funktionen.

Dieser mehr theoretische Ansatz weist eine sehr hohe Sprachmächtigkeit auf, wobei allerdings ein Nachweis der funktionalen Vollständigkeit (ähnlich wie bei BIPS) nicht vorliegt. Implementierungsüberlegungen finden sich in /BUN 82/.

GQBE /JAW 83/ ist eine Datenmanipulationssprache für relationale und hierarchische Datenbanken sowie für Netzwerkdatenbanken. Sie gehört zu den bildschirmorientierten Anfragesprachen und erlaubt neben Retrievalfunktionen auch Updates. GQBE arbeitet auf der Basis des Datenmodells der Database Logic /JAC 82/ und stellt eine Erweiterung von QBE /ZLO 75/ dar. Anfragen werden ähnlich wie bei QBE in Tabellenform formuliert:

Beispiel: "Finde Universitätsorte in Bayern".

GQBE:

ORT		
NAME	LAND	HOCHSCHULE
P.NAME:1	BAYERN	HOCHSCHULE:1

HOCHSCHULE   HOCHSCHULE:1
. . .
HOCHSCHULE   HOCHSCHULE:2

HOCHSCHULE HOCHSCHULE:2		
NAME	ART	GRUENDUNGSJAHR
	UNI	

Dieser relativ junge Vorschlag hat eine hohe Anfragemächtigkeit, insbesondere schließt er die Sprachmächtigkeit von QBE mit ein. Bei einem hierarchischen Datenbankausschnitt wie im obigen Beispiel lassen sich Anfragen noch recht übersichtlich formulieren. Bei Multipath-Strukturen oder allgemeineren Netzwerkstrukturen wird die Tabellenform dagegen sehr schnell unübersichtlich und unhandlich.

IQL /SIE 79, 82/ ist eine deskriptive Anfragesprache, die in das IQS (Interactive Query System) - ein Dialogsystem für das Siemens UDS Datenbanksystem vom CODASYL-Typ /CO 71, 78/ - eingebettet ist. Zusammen mit einer umfassenden Dialogkontrolle bietet die Sprache neben Update-Funktionen auch eine relativ hohe Retrievalmächtigkeit.

Eine Anfrage gliedert sich in zwei Teile:

(1) Auswahlstruktur
- Angabe von Records und mit diesen assoziierten Sets, die für die Anfrage von Bedeutung sind

(2) Auswahlbedingung
- Angabe von Satzbedingungen.

Beispiel: "Finde Universitätsorte".

```
IQL:   AUSWAHLSTRUKTUR  =  ORT, O-H, HOCHSCHULE
       FINDE    ORTSNAME   WENN   ART = ´UNI´
```

IQL weist folgende Besonderheiten auf:

- sehr gute Hilfsfunktionen
- Definitionsmöglichkeit von Benutzervariablen
- Sortierfunktionen
- Kommandofolgen können auf Datei abgelegt werden
- Join-Operator
- zusätzliche "one-record-at-a-time" Schnittstelle
- maskiertes Suchen.

Eine Schwäche von IQL liegt darin, daß Bedingungen für Sets nicht formulierbar sind.

LCML /TAK 83/ ist ein theoretisch orientierter Sprachvorschlag, der sich ausführlich mit der Problematik von nichtprozeduralen Update-Operationen auf CODASYL-Datenbanken auseinandersetzt. Takizawa führt ein spezielles Datenmodell, das local conceptual model ein, und weist die Äquivalenz zum CODASYL Datenmodell nach. Auf diesem Datenmodell werden Retrieval-Operationen - die Mächtigkeit entspricht der von QUEL /HEL 75/ - und Update-Operationen eingeführt und deren Codierung in CODASYL-DML aufgezeigt.

LSL /TSI 76/ wird als Netzwerksystem mit einer relationalen Schnittstelle für den Endbenutzer vorgestellt. Die Sprache ist in drei Teile untergliedert:

- DDL für den Datenbank Administrator (DBA)
- Modifikationsteil (insert, update, delete) für den erfahrenen Benutzer
- Anfrageteil für alle Benutzer.

Der DBA hat die Möglichkeit, Satztypen, Selektoren und Links zu definieren. Selektoren sind eine bestimmte Teilmenge von Sätzen eines Satztyps und repräsentieren Zugriffspfade auf Inhaltsbasis. Links definieren Beziehungen (Zugriffspfade) zwischen Satztypen. Ein Beispiel für die Definition eines Links sei wie folgt gegeben:

```
define  link  O-H  between  ORT  and  HOCHSCHULE
where   HOCHSCHULE.ORT  =  ORT.NAME
```

Der Benutzer kann auf die Datenbank zugreifen, indem er Relationen von existierenden Satztypen, Selektoren und Links unter Zuhilfenahme von Projektion und Selektion konstruiert. Anzumerken ist, daß nur der DBA die Möglichkeit hat, Links zu definieren. Damit kann nur er Beziehungen zwischen Satztypen herstellen.

MINES /ROB 81/ wird als Sprache für Datenbanken vom CODASYL-Typ vorgestellt. Sie erlaubt höhere Sprachkonstrukte als in Anwendungsprogrammen. Der Prozeduralitätsgrad ist damit geringer, die Endbenutzerschnittstelle arbeitet aber immer noch auf der one-record-at-a-time Basis.

MINES wird hier als Vertreter von Sprachgruppen aufgeführt, die mit einer Ein-Satz-Schnittstelle arbeiten. Weitere Sprachen (z.B. ARPL, DBMSIQ, DMINQ) sind in /ROB 81/ angeführt.

NOAH /SRPU 82/ ist eine deskriptive Anfragesprache für Netzwerkdatenbanken vom CODASYL-Typ. Sie ist, verglichen mit anderen implementierten Anfragesprachen, sehr mächtig und erlaubt komplexe Anfragen, die unter anderem Bedingungen an m:n Beziehungen enthalten können. Zyklische Datenbankstrukturen können bis zu einem gewissen Grad bearbeitet werden.

Eine NOAH-Anfrage besteht aus den folgenden vier Blöcken:

(1) Suchpfad (PATH-Klausel)
- Beschreibung einer Datenbanksubstruktur (Satz- und Settypen), die für die Anfrage relevant ist
- Festlegung der Reihenfolge, in der die Sätze über Sets bei Abarbeitung der Anfrage aufgesucht werden sollen

(2) Set-Bedingungen (SETCOND-Klausel)
- Beschreibung von Bedingungen an Beziehungen, die zwischen den Satztypen des Suchpfades bestehen (die Member einer Setausprägung müssen bestimmte Eigenschaften erfüllen)
- Einschränkung der möglichen Suchpfadausprägungen

(3) Satzbedingungen (WHERE-Klausel)
- Beschreibung von Bedingungen an Satztypen des Suchpfades (ohne Berücksichtigung von Beziehungen)
- Einschränkung der Menge der Ausgabesätze

(4) Ausgabe (SELECT-Klausel)
- Beschreibung der Daten (aus den Satztypen des Suchpfades, z.B. ganzer Satz, Gruppe, Datenelement), die ausgegeben werden sollen
- Festlegung der Ausgabestruktur.

Beispiel: "Suche Universitäten mit mehr als 1000 Studenten, wobei sich auch eine Fachhochschule am Ort befinden soll. Gib den Ortsnamen und den Universitätssatz aus".

```
NOAH:  PATH     HOCHSCHULE, H-S STUDENT, O-H ORT
       SETCOND  H-S  COUNT > 1000  AND
                O-H  HOCHSCHULE.ART = 'FH'
       WHERE    HOCHSCHULE.ART = 'UNI'
       SELECT   ORT.NAME, HOCHSCHULE
```

Neben der beliebigen Boole'schen Verknüpfung von Setbedingungen, sowie auch von Satzbedingungen sind noch folgende Gesichtspunkte erwähnenswert:

- Es ist möglich, an einen Set mehrere Bedingungen zu stellen
- Das sogenannte Vererbungskonzept (Ein Member eines Sets wird um die Daten des Ownersatzes virtuell erweitert) erlaubt die Formulierung von Bedingungen an n:m Beziehungen, sowie von gewissen zyklischen Anfragen
- Multipaths oder Verzweigungen im Suchpfad lassen sich durch die Trennung von Suchpfad und Bedingungen sehr elegant beschreiben.
- Die Existenz bzw. Nichtexistenz einer Setausprägung kann explizit in der Anfrageformulierung ausgenutzt werden.
- NOAH wurde für das CODASYL-Datenbanksystem von Triumph Adler implementiert, das auf einem 16-bit Kleinrechner installiert ist.

NUL /DEH 76/ wird als Datenmanipulationssprache für das Binary Relationship Datenbankmodell vorgestellt. Der Benutzer kann durch Bilden von Entity Mengen und Verknüpfung dieser Mengen durch die netzwerkartige Struktur navigieren. Wichtig ist, daß jede Anfrage in Teilanfragen (mit Labeln gekennzeichnet) zerlegt werden muß, die jeweils einen Entity-Typ und die mit diesem Typ assoziierten Beziehungen zu anderen Entity-Typen betreffen. Ergebnis der Teilanfragen sind wieder Entity Mengen, die Ausgangspunkt von neuen Teilanfragen sein können.
Eine NUL-Anfrage zerfällt in zwei Teile:

(1) Daten Kontext Definition
    - Spezifikation eines strukturierten Subsets der Datenbank
    - Dekomposition einer Anfrage in einfache Teilanfragen
    - Bestimmung einer Entity Menge durch zwei Mechanismen:
        . Boole'scher Ausdruck von Kriterien auf den Attributen und auf der Existenz von Beziehungen, die bestimmte Bedingungen erfüllen
        . Beziehung zu schon eingeschränkten Entity Mengen durch Definition eines Links

(2) Manipulation des Kontext

    - PRINT-Anweisung zur Formulierung der Ausgabeelemente und des Ausgabeformats
    - Manipulations-Anweisungen (update, insert, delete).

Beispiel: "Suche Universitäten mit mehr als 1000 Studenten, wobei sich auch
eine Fachhochschule am Ort befinden soll. Gib den Ortsnamen und
den Universitätssatz aus".

```
NUL:  S1:    HOCHSCHULE  SUCH THAT
              H-S  ARE AT LEAST  (1000)  AND
              HOCHSCHULE.ART = 'UNI'      AND
              HAVE SOME  O-H ORT = QF1
      QF1:  ORT  SUCH THAT
              HAVE SOME  O-H HOCHSCHULE = QF2
      QF2:  HOCHSCHULE  SUCH THAT  ART = 'FH'
      S2:    FOR  S1  BY  O=H ORT
      PRINT S2.NAME, S1
```

Aufgrund der Aufsplitterung der Anfrage in Teilanfragen und durch die Verwendung von Labeln wirkt die Sprache sehr unhandlich (z.B. bei Multipath-Strukturen), weist aber dadurch besondere Eigenschaften auf:

- Es sind einfache Anschlußfragen möglich (Ausnutzung bereits erstellter
  Entity Mengen, z.B. S1 , und Qualification Flags, z.B. QF1 und QF2)
- beliebige zyklische Anfragen
- beliebige Boole'sche Verknüpfung von Bedingungen und Beziehungstypen.

QUEST /HOU 79/ wird als sehr mächtige Datenbank Manipulationssprache für
Netzwerkdatenbanken sowie für hierarchische und relationale Datenbanken
beschrieben. Die Blockstruktur der Sprache erlaubt erlaubt ein Schachteln von
Blöcken, so daß sehr komplexe Suchpfade (in begrenztem Rahmen verschiedene
Einstiegspunkte) formuliert sowie Zwischenmengen gebildet werden können. Zyklen
im Suchpfad können nicht bearbeitet werden.

Ein SELECT-Block in QUEST ist wie folgt aufgebaut:

```
SELECT  < KOPF >   < RUMPF >  END
```

Im Kopf werden die Recordreferenzen, d.h. der Record und der zu diesem führende
Set, beschrieben. Auf diesen Satz kann im darunterliegenden Rumpf an jeder
Stelle Bezug genommen werden.

Der Rumpf kann aus den folgenden Kommandos bestehen:

- SELECT-Block
    . erneute Schachtelung

- PRINT-Kommando

. beschreibt die Ausgabeelemente

. die Ausgabe erfolgt gemäß der Schachtelungstiefe des PRINT-Be-
fehls (sehr gute und einfache Möglichkeit der Ausgabestrukturie-
rung

- WHERE-Kommando

. Formulierung von Bedingungen, wobei als Vergleichswerte (ähnlich
wie bei SQL) SELECT-Blöcke, die Werte oder Mengen generieren,
sowie mit dem COMPUTE-Kommando berechnete Werte oder Mengen
stehen können

- COMPUTE-Kommando

. dient zur Berechnung von Werten oder Mengen, die Variablen
zugewiesen werden. Die Variablen können in tiefer gelegenen
Blöcken zum Vergleich oder zur Ausgabe benutzt werden.

- Manipulations-Kommandos (Update, Insert, Delete).

Beispiel: "Suche Universitäten mit mehr als 1000 Studenten"

```
QUEST:  SELECT   HOCHSCHULE
        COMPUTE  ANZSTUD = COUNT (SELECT  H-S.STUDENT)
        WHERE    ART = ´UNI´  AND  ANZSTUD > 1000
        PRINT    (HOCHSCHULE)
        END.
```

Die Beispielsanfragen von NUL bzw. NOAH lassen sich in QUEST nicht formulieren:
die Struktur der Anfrage müßte ähnlich wie bei NUL aufgebaut werden, d.h. ein
Rückbezug auf HOCHSCHULE mit QF2 formuliert werden. Dies ist in QUEST aber
wegen der Eindeutigkeit der Namen und des damit verbundenen Ausschlusses von
Zyklen nicht möglich. Man beachte hierbei, daß eine Umstrukturierung des
Suchpfades, z.B. Einstieg über ORT, wobei die Anfrage in QUEST formulierbar
würde, im allgemeinen Fall wegen der Semantik des Netzwerkmodells (information
bearing sets) nicht zulässig ist. Hier ist die Sprachmächtigkeit von QUEST
schwächer. Hervorzuheben sind aber die folgenden Merkmale:

- relationale Abgeschlossenheit (Mengenoperationen, Join)
- Berechnungsmöglichkeit von Werten und Mengen und deren Zuweisung an
  Variablen
- einfache Strukturierung der Ausgabe durch Plazierung des PRINT-Komman-
  dos in der gewünschten Schachtelungstiefe.

3. Leistungsvergleich

Ein Leistungsvergleich von deskriptiven netzwerkorientierten Anfragesprachen ist naturgemäß sehr schwierig, da z.B. das Kriterium für relationale Sprachen - relationale Abgeschlossenheit - für Netzwerksprachen allein nicht ausreichend ist (z.B. Bedingungen an Beziehungen). Auf diesem Gebiet muß noch Forschungsarbeit geleistet werden.

Die in diesem Vergleich verwendeten Kriterien lehnen sich weitestgehend an Arbeiten von /LEB 79, SHN 78, REI 77, ROB 81/ an. Dort finden sich auch nähere Erläuterungen zu den hier benutzten Merkmalen, so daß hierauf wegen der Kürze der Arbeit verzichtet werden soll. Lediglich zu netzwerkspezifischen Kriterien (Tabelle 6) werden einige Anmerkungen gegeben.
Die Tabelle 2 zeigt funktionale Kriterien der Anfragesprachen auf. Das Kriterium der relationalen bzw. funktionalen Abgeschlossenheit (s.a. /SEG 82/) ist hier nur bedingt sinnvoll, da es Setbeziehungen nicht berücksichtigt (die Netzwerkdatenbank wird hierbei nur als aus Satztypen bestehend betrachtet), obwohl diese semantisch bedeutungsvoll sein können.

Sprache	Prozeduralitätsgrad	Abgeschlos- senheit[1)	Erweiterbarkeit (Extensibility)
BIPS	mengenorientiert	funktional	nein
CABLE	mengenorientiert	nein	nein
CQLFE	mengen-oder satzorien.	o. Nachweis	begrenzt
DAPLEX	mengenorientiert	--	ja
FORAL	mengenorientiert	nein	nein
FQL	mengenorientiert	--	ja
GQBE	mengenorientiert	relational	--
IQS/IQL	mengenorientiert	nein	nein
LCML	mengenorientiert	--	nein
LSL	mengenorientiert	relational	nein
MINES	satzorientiert	nein	ja
NOAH	mengenorientiert	nein	nein
NUL	mengenorientiert	nein	nein
QUEST	mengenorientiert	relational	nein

Tabelle 2: Funktionale Kriterien

[1) Abgeschlossenheit

relational: Anfragesprache hat alle Operationen der relationalen Algebra

funktional: Anfragesprache kann in ihrem Rahmen jede berechenbare, herleitbare Relation definieren

In der Tabelle 3 werden benutzerorientierte Kriterien aufgezeigt. Mit der
Spalte "Eingabestrom" wird versucht, eine Abschätzung einer Quantifizierung des
Eingabestromes zur Formulierung einer Anfrage zu geben.

Sprache	Simpli-zität	Komplexi-tätsstufen	Benutzer-wissen	Eingabestrom (Keystrokes)	Erlernbar-keit
BIPS	komplex	ja	entities/links	ger./mittel	mit./schw.
CABLE	einfach	nein	entities/links	mittel	leicht
CQLF	komplex	ja	Bachmann Diagr.	mittel/hoch	mittel
DAPLEX	komplex	ja	Funktionen	mittel/hoch	schwer
FORAL	einfach	ja	entities/links	Light Pen	leicht
FQL	APL-artig	ja	Funktionen	mittel	schwer
GQBE	komplex	nein	Tabellen	gering	mittel
IQS/IQL	einfach	ja	Bachmann Diagr.	gering	leicht
LCML	sehr kompl.	nein	--	--	--
LSL	einfach	ja	Rel.m.Zugr.-pf.	hoch	mittel
MINES	Kontrollstr.	ja	Bachmann Diagr.	hoch	schwer
NOAH	einfach	ja	Bachmann Diagr.	ger./mittel	leicht
NUL	komplex	ja	entities/links	mittel/hoch	mit./schw.
QUEST	komplex	ja	Bachmann Diagr.	hoch	mit./schw.

Tabelle 3: Benutzerorientierte Kriterien

Die Tabelle 4 zeigt einige allgemeine Sprachcharakteristika auf:

Sprache	Manipulation (Ins.,Upd.,Del.)	Layout-Funktionen	Arithmetische Operatoren	Komposition von Anfragen
BIPS	nein	nein	ja	ja
CABLE	nein	nein	nein	ja
CQLF	Ins.,Upd.,Del.	nein	ja	ja
DAPLEX	Ins.,Upd.	begrenzt	ja	ja
FORAL	Ins.,Upd.	begrenzt	ja	ja
FQL	nein	begrenzt	ja	ja
GQBE	Ins.,Upd.,Del	--	ja	nein
IQS/IQL	Ins.,Upd.,Del	ja	ja	nein
LCML	Ins.,Upd.,Del	--	nein	nein
LSL	begrenzt	ja	nein	nein
MINES	nein	ja	ja	--
NOAH	nein	vorgesehen	nein	nein
NUL	Ins.,Upd.,Del.	nein	nein	nein
QUEST	Ins.,Upd.,Del.	ja	ja	ja

Tabelle 4: Allgemeine Sprachcharakteristika

Die Tabelle 5 führt Kriterien auf, die auch für relationale Sprachen gelten:

Sprache	AND, OR, NOT	Meng-enver-gleich	Mengen-opera-toren	relat. Operatoren			Grup-pen	Mengen-/ Statistik-Funktionen
				Sel.	Proj.	Join		
BIPS	ja	--	ja	ja	ja	ja	ja	ja
CABLE	ja	nein	nein	ja	ja	nein	--	--
CQLF	ja	ja	ja	ja	ja	ja	nein	ja
DAPLEX	ja	ja	ja	ja	ja	--	nein	ja
FORAL	ja	ja	--	nein	ja	nein	ja	ja
FQL	ja	nein	nein	nein	ja	--	nein	ja
GQBE	ja	--	ja	ja	ja	ja	--	ja
IQS/IQL	ja	nein	nein	ja	ja	ja	nein	nein
LCML	ja	--	--	ja	ja	--	--	nein
LSL	ja	nein	ja	ja	ja	ja	--	nein
MINES	ja	--	ja	ja	ja	ja	nein	ja
NOAH	ja	nein	--	ja	ja	nein	(ja)	ja
NUL	ja	--	--	ja	ja	nein	nein	--
QUEST	ja	ja	ja	ja	ja	ja	--	ja

Tabelle 5: Sprachkriterien, die auch für relationale Sprachen gelten

Die Tabelle 6 beschreibt Sprachkriterien, die speziell an netzwerkorientierte Sprachen angelegt werden können:

Sprache	Tren.-Pfad Bed.	Wdh.-Grup-pe	Set-Be-dingung		Set-Funk-tion	Quantoren			Zyk-len	Komb. Retrie-val
			1:m	m:n		Ex./ All	Empty set	Owner Bed.		
BIPS	nein	ja	(ja)	--	ja	ja	ja	ja	--	ja
CABLE	nein	nein	nein	nein	nein	nein	nein	nein	ja	nein
CQLF	nein	(ja)	nein	nein	nein	ja	ja	ja	ja	ja
DAPLEX	nein	nein	ja	ja	ja	ja	ja	ja	ja	ja
FORAL	nein	nein	ja	ja	ja	ja	ja	ja	ja	nein
FQL	nein	nein	ja	ja	ja	nein	nein	nein	ja	ja
GQBE	nein	--	ja	--	ja	--	--	--	ja	--
IQS/IQL	ja	ja	nein	nein	nein	ja	nein	nein	nein	nein
LCML	nein	nein	--	--	--	--	--	--	--	--
LSL	nein	--	--	--	--	--	--	--	--	--
MINES	--	ja	--	--	--	nein	nein	nein	--	nein
NOAH	ja	ja	ja	ja	ja	ja	ja	ja	(ja)	nein
NUL	nein	nein	ja	ja	ja	ja	ja	ja	ja	ja
QUEST	nein	ja	ja	ja	ja	ja	ja	ja	nein	ja

Tabelle 6: kriterien, die speziell für netzwerkorientierte Sprachen gelten

Im Folgenden sollen einige Erläuterungen zu der Tabelle 6 gegeben werden:

- Trennung Suchpfad, Bedingung
  Mit Suchpfad sind die aus der Netzwerkstruktur entnommenen Satztypen und deren Beziehungen zueinander gemeint, die für die Anfrage von Bedeutung sind.

  Eine Trennung von Suchpfad und Bedingungen ist nicht notwendigerweise ein Leistungskriterium, läßt aber die Vermutung zu, daß komplexere Suchpfadstrukturen (Multipaths, Verzweigungen) einfacher beschrieben werden können.
- Wiederholungsgruppe (Satzbedingung, Ausgabe)
  Hiermit ist die Möglichkeit gemeint, Bedingungen an Elemente von Wiederholungsgruppen (repeating groups in CODASYL) zu stellen, bzw. Elemente oder ganze Wiederholungsgruppen zur Ausgabe bereitzustellen.
- Set-Bedingung (set-conditions)
  Dieser Begriff lehnt sich an /SRPU 82/ an und meint die Formulierung von Bedingungen an Beziehungen (CODASYL-Sets, Links, Fact sets, etc.) zwischen Satztypen. Bedingungen dieser Art können z.B. sein: Die Memberkette einer CODASYL-Setausprägung soll Satztypen mit bestimmten Eigenschaften enthalten ("Suche Orte, die eine Universität und eine pädagogische Hochschule haben"). Da im Netzwerkmodell nach 1:n und m:n Beziehungen unterschieden wird, soll dies auch hier berücksichtigt werden.
- Set-Funktionen (Set-functions)
  Hiermit sind Funktionen auf Setausprägungen gemeint.
- Quantoren

    . Existenz-Quantor
      Es gibt einen Satz in der Setausprägung, der eine Bedingung erfüllt.
    . All-Quantor
      Die Bedingung muß für alle Membersätze der Setausprägung erfüllt sein.
    . Empty Set
      Die Setausprägung hat keine Member.
    . Owner Bedingung
      Ein Satz tritt in keiner Setausprägung eines Sets als Member auf.

- Zyklen
  Hiermit ist die Bearbeitungsmöglichkeit von zyklischen Suchpfaden (ein Satztyp tritt im Suchpfad mehrmals auf) gemeint. Die Anfrage "Suche Studenten, die an ihrem Wohnort studieren" erfordert zum Beispiel einen zyklischen Suchpfad.
- Kombiniertes Retrieval (Combination Retrieval)
  Hierunter wird die Möglichkeit verstanden, Bedingungen über bereits

erzeugte Ergebnismengen zu formulieren. Man beachte dabei, daß sich diese Ergebnismengen nicht nur aus Sätzen zusammensetzen, sondern daß diese auch die Beziehungen der Sätze zueinander beinhalten können.

In der Tabelle 7 werden einige Implementierungs-Charakteristika aufgezeigt:

Sprache	Implemen- tiert	Dialog- orientiert	Portabilität	Ausgabefor- matierung	Benutzer- führung
BIPS	(ja)	--	ja (PL I)	nein	nein
CABLE	nein	--	--	nein	nein
CQLF	nein	ja	--	--	--
DAPLEX	nein	--	--	nein	nein
FORAL	ja	ja	ja (APL)	--	ja
FQL	ja	--	ja (Pascal)	--	--
GQBE	nein	--	--	--	--
IQS/IQL	ja	ja	--	ja	ja
LCML	nein	--	--	--	--
LSL	ja	--	ja (UNIX)	nein	--
MINES	ja	nein	--	ja	nein
NOAH	ja	ja	ja (Pascal)	geplant	ja
NUL	nein	nein	--	--	--
QUEST	(ja)	--	--	(ja)	--

Tabelle 7: Implementierungs-Charakteristika

4. Zusammenfassung

In dieser Arbeit wurde eine Reihe von zum Teil sehr mächtigen Anfragesprachen für Netzwerk-Datenbanken vorgestellt.

Der Leistungsvergleich zeigt, daß es die "ideale" Anfragesprache bisher noch nicht gibt und daß der Versuch eines neuen Sprachvorschlages, der alle genannten Vorzüge und Merkmale einer benutzerfreundlichen aber mächtigen Sprache beinhaltet, durchaus lohnenswert ist.

5. Literatur

/BUN 79/ Buneman,P., Frankel,R.E. : FQL - A Functional Query Language, Proc.
ACM - SIGMOD, 1979

/BUN 82/ Buneman,P., Frankel,R.E., Nikhil,R. : An Implementation Technique for
Database   Query   Languages,   ACM   TODS Vol. 7, No. 2,   June 82

/CHA 76/ Chamberlin,D.D., et al. : SEQUEL2 : A Unified Approach to Data
Definition, Manipulation, and Control, IBM J. Res. Develop. Vol. 20,
1976

/CO   71/ CODASYL 1971 Data Base Task Group April 71 Report, ACM, New York

/CO   78/ CODASYL 1978 COBOL J. Development Material Data Management Center,
Quebec, Que.

/DEH 76/ Deheneffe,C., Hennebert,H. : NUL : A navigational user´s language for
a   network   structured   data   base,   Proc.   ACM - SIGMOD 1976

/HEL 75/ Held,G.D., Stonebraker,M.R. : INGRES - A Relational Data Base System,
AFIPS Conf. Proc., 1975 NCC, Vol. 44

/HOU 79/ Housel,B.C. : Quest : A high - level data manipulation language for
network, hierarchical, and relational databases, IBM Res. Rep.
RJ2588, 1979

/JAC 82/ Jacobs,B.E. : On Database Logic, JACM, Vol. 29, No. 2, April 1982

/JAW 83/ Jacobs,B.E., Walczak,C.A. : A Generalized Query-by-Example Data
Manipulation Language Based on Database Logic, IEEE Trans. on Softw.
Eng., Vol. SE - 9, No. 1, January 1983

/LEB 79/ Lehmann,H., Blaser,A. : Query Languages in Data Base Systems, IBM
Techn. Rep. 79.07.004, July 1979

/MAN 82/ Manola,F , Pirotte,A. : CQLF - A Query Language for CODASYL - Type
Databases, Proc. ACM -SIGMOD 1982

/REI 77/ Reisner,P. : Use of Psychological Experimentation as on Aid to
Development of a Query Language, IEEE Trans. on Softw. Eng., Vol. SE-
3, No. 3, May 1977

/RISC 83/ Rieskamp,M., Schlageter,G. : Anfragesprachen für Netzwerk-Datenbanken: Übersicht und Vergleich, Forschungsbericht Nr. 38, Fernuniversität Hagen, Juni 1983

/ROB 81/ Robinson,M.A. : A Review of Data Base Query Languages, The Australian
Comp. Journal, Vol. 13, No. 4, November 1981

/SEG 82/ Sernadas,A., Gaspar,G. : BIPS : A Layered Pradicative Query Language
for a DBTG Database System, Report Banco Espirito Santo e Comercial
de Lisboa

/SEN 75/ Senko,M.E. : Data Description Language in the Context of a multilevel
structured description : DIAM II with FORAL, Data Base Description,
Proc. IFIP TC - 2 Spec. Work. Conf. `on Data Descr., 1975

/SEN 76/ Senko,M.E. : DIAM II with FORAL LP, IBM Res. Rep. RC 6034, 1976

/SEN 78/ Senko,M.E. : FORAL LP : Design and Implementation, Proc. VLDB 1978

/SEN 8o/ Senko,M.E. : A Query - Maintenance Language for the Data Independent
Accessing Model II, Inf. Systems, Vol. 5, 1980

/SHI 81/ Shipman,D.W. : The Functional Data Model and the Data Language
         DAPLEX, ACM TODS, Vol. 6, No. 1, March 1981

/SHN 78/ Shneiderman,B. : Improving the Human Factors Aspect of Database
         Interactions, ACM TODS, Vol. 3, No. 4, December 1978

/SHO 78/ Shoshani,A. : CABLE : A Language Based on the Entity - Relationship
         Model,   University   of   California,   Rep.   VCID - 8005,   1978

/SHO 8o/ Shoshani,A. : CABLE : A Chain - based Language for the Entity - Re-
         lationship Model, abstract, Int. Conf. on ERA, 1980

/SIE 79/ Siemens : IQS, Interactive Query System, Beschreibung und Bedienungs-
/SIE 82/ anleitung (Version 2.0, 1979 und 3.0, 1982)

/SPRU 82/ Schlageter,G., Rieskamp,M., Prädel,U., Unland,R. : The Network Query
         Language NOAH, Proc. ACM - SIGMOD, 1982

/TAK 83/ Takizawa,M. : On the Design of the Non - procedural Interface System
         over the CODASYL Database System, (Submitted for publication), 1983

/TSI 76/ Tsichritzis,D. : LSL : A Link and Selector Language, Proc. ACM - SIG-
         MOD, 1976

/ZLO 75/ Zloof,M.M. : Query by Example, AFIPS Conf. Proc., 1975 NCC, Vol. 44

USER INTERFACES OF DB/DC SYSTEMS

Klaus Meyer-Wegener
University of Kaiserslautern
Department of Computer Science

1. Introduction

While in the beginning of the age of electronic data processing users had to
deliver their data to the computer centers, the technical progress has made it
feasible and profitable to change direction, i.e. to carry the data processing
power to the user. Various kinds of terminals provide for immediate dispatch of
current business and participation in the central information pool of the whole
enterprise.

New concepts have been developed in the field of both hardware and software to meet
those needs. Much has been investigated in the research on communication facilities
such as line protocols and standard interfaces on the one hand and database
structures on the other. The component in between that receives the incoming
messages and calls the associated programs, which then perform the database
accesses, has attracted far less attention. It is usually called the teleprocessing
monitor or transaction processing monitor, both abbreviated by TP monitor. The term
"data communication system" (DC system; DCS) is also quite common, although it is
more general and includes line control, communication protocols etc. Concepts for
its design and implementation are presented (and, of course, hardly analysed and
criticised) by implementors and vendors only.

The main purpose of such a system is to provide direct ("online") access to a
database. The combination of TP monitor and database management system (DBMS) is
usually called a DB/DC system. The two components evolved separately and are still
asked for as stand-alone systems each. This makes it necessary to investigate in
techniques for their cooperation and synchronisation – and to avoid making things
twice (logging, multitasking, and storage management, for instance, are performed
by the TP monitor as well as by the DBMS). Some vendors offer integrated DB/DC
systems that claim to solve this problem of functional redundancy.

The first step towards well founded concepts for DB/DC system design and
implementation is determining what kind of service these systems are to provide.
This manifests itself in the interfaces the system offers to the three groups of
users: the end-users or terminal operators (whom we will simply call "users" in the
following), the programmers, and the administration staff. Programmers in fact are

concerned with two interfaces, the program interface that becomes part of the program code, and the programming interface that supports the process of coding. It seems appropriate to distinguish them. The interfaces altogether may well be regarded as an informal specification of DB/DC systems.

The interfaces of database systems have been discussed extensively through the past decade; we only refer to the various CODASYL proposals as an example (CODA71, CODA73, CODA78, Ol78) or the approach of SQL (Ch76, Ch80). Hence, we concentrate our investigations on the DC part of the system, but we will include the special aspects of database interfaces concerning the cooperation with it.

2. The User Interface

The purpose of a DB/DC system is to make the information retrieval and processing power of modern DBMS available to the "parametric user" (CODA71) and to provide him with a dedicated interface that supports his routine work directly. Compared to the capabilities of today's computers it allows only for a small, restricted set of functions, but that is all the parametric user needs and all he wants to bother about. The crucial point is that all the updates he induced in the central database are made visible to the other users with minimum delay. This guarantees most timely information for all participants – an argument, that persuaded airlines and banks very early into the development of online systems. The most popular application area still has become order entry and sales accounting in the commercial field. Further benefits of online systems are listed in (PL73).

The end-user's mode of operation is entering a function code ("order entry", "cash drawing", "flight reservation", "new customer") that starts a dialogue with the system. The conversation is usually supported by masks on a screen that consist of fields for input and output of data plus some explanative text, e.g. field description (like a blank form). A dialogue serves to carry out a unit of work and is therefore sometimes named a transaction; we are going to introduce more precise terms soon. But that has given reason to call the function identifier that starts such a "transaction" the transaction code (TAC; see, for instance, (KDCS)), and we accepted to use this term for convenience.

Dealing with online systems, one must not neglect the occurrence of errors in the system that are not caused by the user, but by the component's liability to fail or by the way all users interact with each other (e.g. deadlock). The user must be informed about how far he has come, i.e. what his last valid action was, and must be enabled to start up from there again. Repeating some steps may then lead to different results, because other users may have manipulated the data in the meantime.

Some remarks are necessary on the notion of "transaction". In the context of data communications and TP monitors a transaction is often referred to as a "message that is to be processed by a user-written application program" (Mc77b), whereas in the context of database systems the meaning of a transaction includes the atomicity, consistency, isolation, and durability of a sequence of database operations, especially update operations (Gr81a, HR82). We prefer to adopt this interpretation for the TP environment. Whenever a dialogue is interrupted by an error (line break-down, program check and so on), is restarted from a former output message (not necessarily the last one before the crash), and whatever has been done since that message is removed from the system as if it had never taken place. Some work may be lost, the user may be asked to repeat his data entry, but he knows exactly where he is, and it is guaranteed that the data remained consistent.

Apart from the strict conversation, some TP systems allow functions to be designated as <u>asynchronous</u>. The user enters the TAC and some data, but does not wait until the processing is finished. He rather receives an immediate acknowledgement from the TP monitor ("TAC ACCEPTED") and goes on with entering another TAC. If asynchronous functions produce some results, they may issue a message that is queued for output to a terminal. The user working at the terminal is informed about the message and may display it by explicit request. Which functions are selected to be asynchronous depends on the application.

Another important feature of a DB/DC system is <u>security</u> and <u>access</u> <u>control</u>. Access rights (capabilities) may be assigned to users, terminals, and programs. The objects to be accessed are terminals, functions (TACs) and data. From the user´s point of view, it is sufficient to know at which terminal he is allowed to sign on, which TACs he may enter and which information he may access through them. A second level of access control concerns the terminals. Some systems allow to define the set of TACs that can be entered from a specific terminal. Thus, the terminal is reserved for some tasks. When a user logs on at that terminal, his actual set of permitted TACs is defined as the intersection of his global set and the terminal´s.

The notion of a "user" needs some further explanation. If the user is assumed to be a single person and not a group, the system can enforce that he only signs on at one terminal at the same time. This has the advantage, that in case his line broke down, he may walk over to another terminal and sign on again. The system detects the error, performs the required recovery actions, identifies the same user at a different terminal and provides him with the last valid output screen of his interrupted dialogue (UTM2).

In fact, performance and availability of the online system are parts of the user interface. Mean response times up to two seconds are widely regarded as acceptable. Of course, this depends strongly on the special environment.

To summarize, the most important characteristic of the user interface is the <u>program</u> <u>independence</u> in addition to the well-known data independence. The user enters a TAC to initiate his data processing, he does not know how many programs are engaged and what each of them does. This encourages a problem-oriented design of the user interface. It also allows for new tuning measures in the system, e.g. splitting a program into two or combining two into one; the user must not notice.

3. The Program Interface

The design of an online system starts with the definition of screen formats and their functional relations. The specifications must tell how the system reacts on all possible input situations, including the error handling (wrong input data, requested data not found in the database etc.). This design step is very important and should be accomplished in close connection with the people that will use the system when installed.

In the next step, the specified functions are implemented. With systems that accept very-high-level languages (Gr81b, MANTIS, NATURAL) this is quite straightforward, a mere formalization of the specifications. This can be utilized to get a running version quickly which helps to verify the design early ("rapid prototyping"; (MC83)). But the result is often somewhat inefficient, a fact that cannot be neglected if those programs are to be executed several thousand times a day. Apart from that, the data processing functions of those languages are limited.

The usual way still is writing programs in high-level languages such as COBOL, PL/I, FORTRAN, or Assembler. The programs are called transaction-processing programs (Mc77b), application subsystems (Int77), message processing programs, or simply transaction programs (KDCS), a term we will use in the following because of its handy abbreviation TAP.

3.1 Assigning Programs to TACs

The TAPs have to perform the function specified at the user interface, but there is no strict one-to-one relation between functions and programs. The TAC entered determines the (first) program to be executed, still the program may be designed to perform several functions alternatively. In addition, processing a single input message may engage a planned sequence of programs. An example for both is depicted in fig. 3.1, where the three TACs A, B and C first invoke a general validation and distribution TAP which then passes control and data to the appropriate processing routine.

By the way, a simple technique to implement this is to enable the programs to route the output message to other programs as well as to terminals.

Usually it takes a conversation to handle the events of the real world (cf. section 2). There are two philosophies in the design of the program interface concerning the relation of conversations and programs:

- the program may issue terminal write-read operations at any point of the processing as if it were accessing a special kind of file with one block or record only; it may even carry out the whole conversation.

- a program can only process a single input message and terminates when it issues the output message. The next input is then processed by another program. A sequence of programs is needed to build a conversation, that is why they are sometimes called program segments.

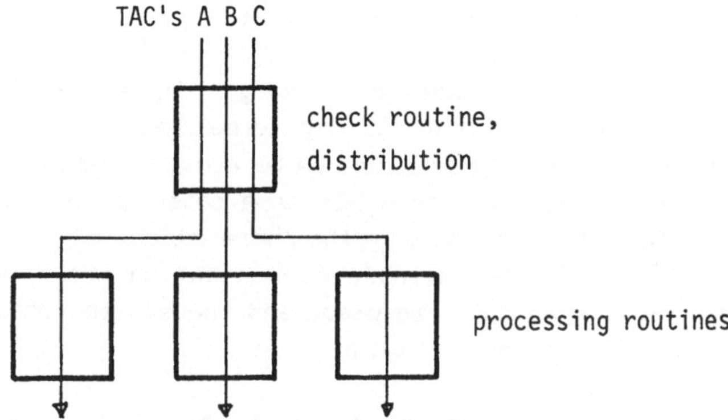

Figure 3.1: An example of chaining programs to process a single message

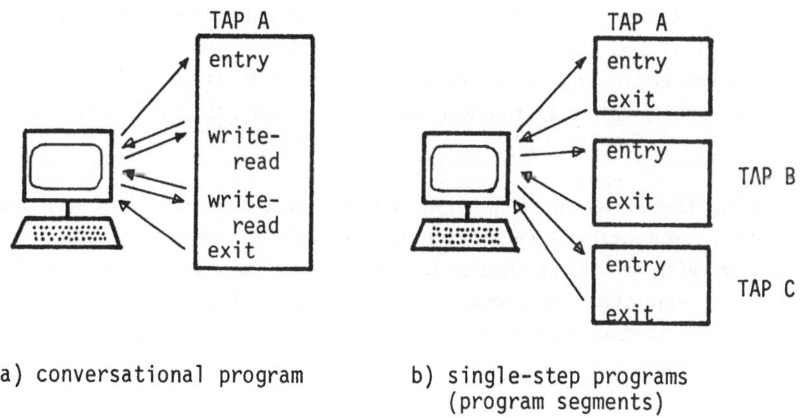

Figure 3.2: Conversational versus single-step programs

Fig. 3.2 sketches the two principles. Obviously programming discipline may enforce the second, but it makes a difference if the TP monitor coerces it and does not support the first as well. The one-segment-per-message logic is used with KDCS (KDCS), PARS-ACP (Si77), and DTMS 8100 (Wa77).

The first method conforms to the conventional programming style, but it suffers from some disadvantages: A terminal is not a file. An I/O operation takes some seconds, if not minutes instead of milliseconds. And it is a synchronous operation, it must be completed before the processing can go on. The program remains active during terminal I/O, all resource allocations such as database or file locks, storage areas and others are held - for seconds. Other users and programs that request some of the resources have to wait.

The second method avoids those shortcomings. The program is terminated when it has set off the output message and is thus forced to release all locks. Furthermore, if an error occurs, the transaction can be aborted and restarted without the user noticing it. Programming is a bit more complex; informations that are to be preserved for the next step in the conversation, e.g. intermediate results, must be saved explicitly in suitable communication areas. But resources are only allocated as long as they are used, and the system can make the most of it to increase parallelism and throughput.

On the other hand, releasing all locks bears the danger that data read and displayed in the first step have been modified by concurrent activities when the second step comes into operation. This compels a re-read before finally modifying values. If the validation fails, the update must be postponed and the changed situation must be presented to the user. With a high degree of parallelism this can go on for a while - an unreasonable expectation of the user's patience.

The solution is a small step backwards to the conversational program. Locks can be held over terminal I/O upon request (HSCOPE, "hold scope" in DTMS 8100 (Wa79), PEND KP, "program end keep" in UTM (UMT1)). The request must be made explicit and will therefore be used only when needed, and not by default as in the conversational case.

A transaction then covers more than one program segment, and may include some terminal I/O. Backout or ABORT of that transaction may force the user back to a former screen with the kind invitation to "forget" all he has seen in between. But as ABORT's are expected to occur rather seldom, this is obviously better than repeating input several times because some concurrent users are always faster in changing the data.

In the following section we will concentrate on single-step programs plus the facility to hold locks over terminal I/O. Conversational programs may be regarded as a special case where the HOLD is default. When returning to the monitor, a program determines the next program to carry on with the conversation, i.e. to receive and process the next input message. This may be accomplished by either issuing the program's name or a function code that indirectly determines the program. Using the TAC again for the chaining of program segments introduces a second type of TACs that are internal and transparent to the user. The external TACs are entered from terminal and, from the user's point of view, invoke the whole conversation. In fact, they only identify the first program, which upon termination issues an internal TAC to identify the next. This is shown in fig. 3.3.

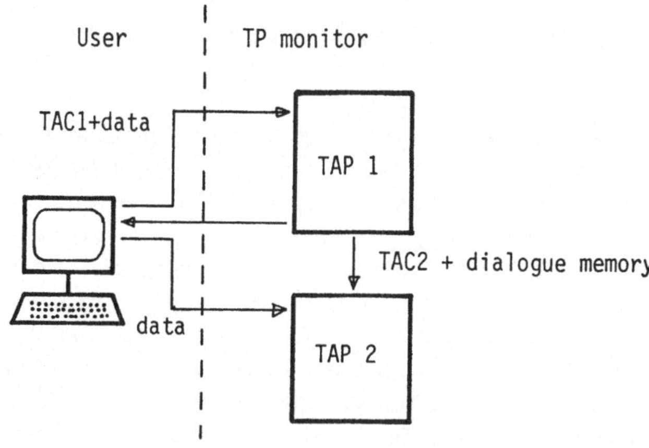

<u>Figure 3.3</u>: Program selection through TAC's, internal and external

It is convenient to allow a TAP to process more than one TACs alternatively. This may reduce the number of programs. But two TACs should be processed by the same program only if a fair amount of coding is used for both. Otherwise programming is not simplified, but operational characteristics of the whole system are disturbed (e.g. if multiple copies of the TAP must be loaded for multitasking, cf. (MW83b)). The decision which program is to do what (is to accept which TAC) is very important in the design of online applications and depends strongly upon the program and task management techniques of the monitor.

The program is informed, which TAC caused its execution, and can decide what to do. This allows programs to name themselves as their own successors. Thus layout of the communication area is defined only once.

The execution of a TAP starts when it is called by the TP monitor and receives the TAC, the input message, and the communication area, and it ends with the exit or return to the TP monitor. Three types of exits have been introduced until now:

output to terminal	end of conver- sation	next TAC specified	HOLD-Option may be used
yes	yes	no	no
yes	no	yes	yes
no	no	yes	yes

<u>Table 3.1</u>: TAP exit modes

A fourth mode will be introduced in connection with transactions, namely, the error exit.

So far we have introduced the normal mode of program execution: input from terminal, one program or a chain of programs process the message while the terminal waits for the answer (and is usually locked to prevent further input), output to terminal. This is called <u>synchronous</u>. Many TP monitors offer another mode: the <u>asynchronous</u> execution. The attribute "asynchronous" can be assigned to a TAC. Issuing this TAC, be it from terminal or from program, then causes a background execution of the associated TAP, while the dialogue continues and/or new dialogues are initiated. This may be completely hidden from the user; an example is the usual order entry with automatic repeat-order to the supplier when the stock threatens to be cleared. But external TACs can also be designated asynchronous. When the user enters them, he is informed that the background processing has been started, and is asked to enter another TAC (cf. 2.). In this case, there must be a way to notify the user of the successful or abnormal termination of his background processing. The asynchronous TAP issues a message to the originating terminal, which may be busy in a dialogue. Usually, any mask contains a system window by default (e.g. first or last line), which is then used to inform the operator that there is a message for him. He may have it displayed whenever he likes. Those messages may even be routed to completely different terminals. Because they are not bound in the strict cycle terminal-message-program-message-terminal, they are sometimes called "free-floating" messages.

3.2. Storage Classes

In the last section, we introduced the first type of TP monitor supplied storage for TAPs: A dialogue memory or communication area is used to transfer information between the programs engaged in a dialogue. It contains intermediate results, verified data from former input messages, and so on. It is created upon request by the first program of a dialogue, and it is deleted by the monitor when the dialogue is terminated. The layout of this area is completely under the responsibility of the programs, designing it must be part of implementing a dialogue.

In order to obtain reentrant or at least reusable TAP modules (see 3.3), it is a common technique to place all variables in a dynamic storage area assigned to the TAP by the TP monitor. This area, which is sometimes called a "scratch pad", exists only as long as the TAP executes. It is allocated (with undefined contents) when the TAP starts or upon request, and it is freed (not saved) when it terminates.

Both types are exclusive (to the task or terminal, resp.), and their lifetime is limited. To make information accessable to other tasks or to preserve them for a longer period of time, TAPs could, of course, use the database or files. But this induces a significant overhead that does not seem to be justified for a fairly small amount of data. Thus, most TP monitors offer a facility to acquire an area of storage of limited size (e.g. up to 32k Byte) that is kept until explicitly released and shared among tasks. The programming overhead is extremely small, a name of 8 or 12 bytes identifies the area and is used to access it as a whole. Layout of these global areas is on behalf of the programs using them. Access to them must be synchronized by the TP monitor.

The classes of storage may be distinguished by using the following attributes:

```
access right: exclusive by task or terminal/shared
lifetime:     program execution/dialogue/session/activation of
              TP system/generation lifetime of application/"ever"
medium:       volatile (main storage)/non-volatile (disk)
```

No TP monitor offers the complete spectrum of all possible combinations, but this does not hinder application development. The two modes of access are critical and should be supported. Lifetime is less important. Any transient storage can be emulated on some persistent storage – at the cost of some storage capacity, of course. The decision between main storage and disk has no functional quality at all, the programmer just informs the system where access must be fast and where main storage can be saved temporarily. This allows the system to optimize, but it does not have to to keep the application going.

Shared storage makes only sense if it exists longer than for a dialogue. It may be used to hold data of importance to the application as a whole or as a program-controlled communication path between arbitrary TAP's and tasks.

Long-term exclusive storage is suitable for collecting information about the activities of a specific terminal. This can be evaluated for accounting, tuning, or revision.

3.3 DB and DC Transactions

DB transactions are in detail discussed in (HR82, Gr81a). For our purpose it is sufficient to recall the three database operations for transaction control:
- begin of transaction (BOT)
- end of transaction   (EOT)
- abort.

To distinguish them from comparative DC operations, we will prefix them with "DB-". DC transactions are consistency-preserving transitions in a similar way. As introduced in section 2, the unit of transition from the user's point of view is a single input-output step. Thus a DC transaction must consist of one or more of these steps. In other words, it starts with the input of a message and ends with the output of a message (not necessarily the next one). The messages in between, if any, may be invalidated by transaction backout:

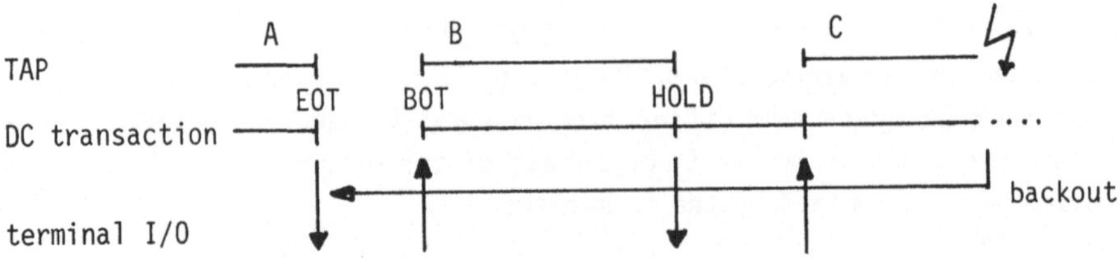

<u>Figure 3.4</u> :. Rollback of a two-step DC transaction

If an error causes a DC transaction to be rolled back, all modifications to the system must be undone. This includes modifications in the database. The consequence is that DB-EOT must be delayed until DC-EOT; because after DB-EOT rollback is impossible for the database updates (fig. 3.5). The consequence is that there is at most one DB transaction in a DC transaction:

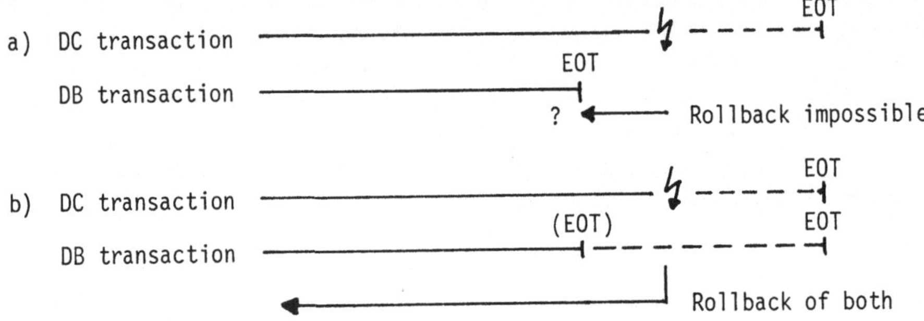

<u>Figure 3.5</u> : Delay of DB-EOT

On the other hand, a complete DC transaction must survive any failure. This compels DB-EOT at latest along with DC-EOT. Otherwise DB-ABORT may conflict with the durability of the DC transaction:

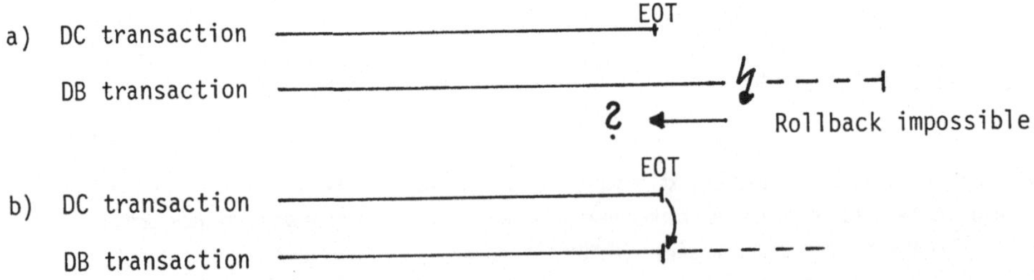

<u>Figure 3.6</u> : DB-EOT induced by DC-EOT

Hence, a DC transaction is superior to a DB transaction. The latter must be completely enclosed by the former, and DC-EOT always means DB-EOT as well, whereas DB-EOT must be postponed until DC-EOT. Accordingly, DC-ABORT implies DB-ABORT (see fig. 3.5a), but DB-ABORT does not afflict the DC transaction. It merely deletes the DB transaction and enables the program to start another one within the same DC transaction. Still there is only one (valid) DB transaction within the DC transaction:

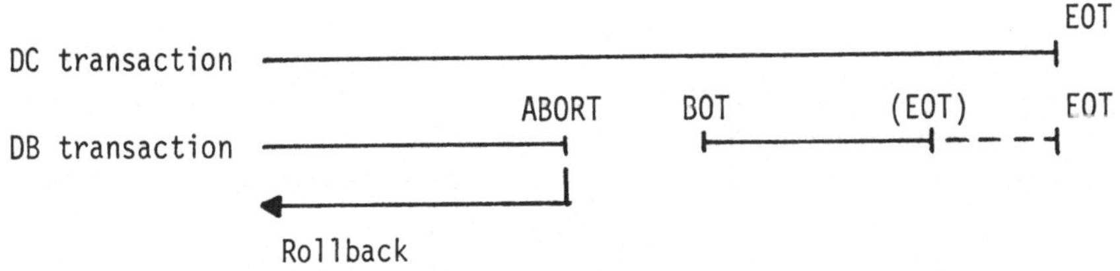

<u>Figure 3.7</u> : DB-ABORT within DC transaction

The DC system offers the BOT and EOT implicitly. DC-BOT is connected with program entry, DC-EOT with program exit. The DC-ABORT function is split into two, the first of which terminates the program (and thus becomes the fourth entry in table 3.1), while the other only revokes all updates and messages. The DB transaction (if any) is aborted in both cases. The DC-ABORT with termination should be used as an "emergency exit" only, when the program detects "impossible" states that must have developed from application errors. The DC-ABORT with reset implicitly starts a new DC transaction and thus leaves the opportunity to send an output message to the terminal operator.

3.4 <u>The</u> <u>Structure</u> <u>of</u> <u>a</u> <u>Single</u> <u>TAP</u>

In the last three sections, we introduced several methods to make a set of programs work together on behalf of the functions desired at the user's interface. The design process forms program modules as functional units and determines their cooperation with the help of those methods. The programs at this level are regarded as a black box with a given input-output relation. This section is going to deal with their internal structure.

A TAP is usually coded as a subroutine of the TP monitor. The programming language is a very important concern, it must be supported by the TP monitor. Assembler, COBOL, PL/I, FORTRAN are quite common. There are two ways to code monitor calls in such a language: First, new keywords and commands can be added that are accepted by an enhanced compiler, or by a precompiler that transforms the TP commands ("macros") into usual language constructs such as assignments or procedure calls (and thus reduces dependence on the compiler and its vendor). Second, any TP command may be coded directly as a CALL of an external procedure, perhaps with a lengthy parameter list. Grouping parameters together and naming them carefully can ease the burden of writing it all down.

It is a matter of fact that the programmer is bothered with the problem of tailoring a TAP to the needs of the internal program management of the TP monitor, i.e. he has to make some provisions for reusability or reentrancy. A common method

is to encourage him to place all variables in a dynamically assigned storage area,
although this does not guarantee reentrancy (the crucial point is what kind of code
the compiler generates; for further details see (MW83a)). Any such technique is
prone to errors: Modifying a TAP may destroy is reusability or reentrancy
unintentionally, and the TP monitor does not notice. It is our persuasion that this
problem should be completely removed from the program interface – even if the
consequence were the development of a special compiler. Tandem´s Screen COBOL
(Tan82) as well as Cincom´s Tebol (Cin77) are examples for that.

The first program step is reading the input message, i.e. the data that came along
with the TAC. Its length can vary significantly from zero to 2000 bytes and more,
but it is usually known when the TAC is identified. The message can be placed in
dynamic work area or can occupy a separate monitor-supplied storage area. The first
case implies the explicit reading of the message, if one does not want to reserve a
section of fixed size and at fixed position, which obviously wastes storage. The
second case burdens the monitor with the management of two storage areas instead of
one.

The second step of the epilogue opens the database and starts the DB transaction.
The data base handler usually acknowledges, or specifies an exception, the return
code must be located in the dynamic work area.

Then the TAP starts processing the input message. This includes TP monitor service
calls that may be classified as follows:
– message handling
   (reading and writing; editing; segmentation)
– acquisition and release of storage
   (allocate, release)
– transaction control
   (exit modes, DC-ABORT modes)
– storage access
   (files, databases, read and write on the different types of storage)

Finally, the TAP composes one or more output messages, hands them to the monitor
for transmission to the terminal or another TAP, closes the database and returns to
the monitor. As discussed in section 3.3., DB-EOT must be delayed until DC-EOT
anyway, thus both could be integrated to a single function call.

In this section we sketched the program interface or, as you may say, the interface
of a DB/DC system on which programs must be developed. It seems to be an
interesting and promising task to discuss the impact of this environment on the
software engineering techniques. Are there new criteria to decompose systems into
modules or TAP´s? Which specification and validation techniques can be used?
Investigations in this field must be deferred to subsequent research.

3.5 A Note on Standard Interfaces

There are many TP monitors and they all have different program interfaces. They depend on the hardware and software (operating system) environment; changing the environment means changing the monitor as well - and recoding all programs. So you must never change the environment, a restriction not acceptable by huge organisations such as public authorities or industrial enterprises. Their problem is even worse, as they usually have several types of computers in parallel, and application systems should run on all of them.

An attempt to solve this problem is the design of a standard interface that may be transformed to the interfaces of the variety of TP monitors. Programs that use those interfaces will run under all TP monitors that support them. The German public authorities designed such an interface named "Kompatible DC-Schnittstelle" (KDCS).

The advantages are obvious: components of application systems may be developed in parallel at several sites using different hardware; they are portable, and vendors and systems can be compared and changed.

The disadvantage is the increased overhead: transformers must be written on top of the DC systems, which consume both storage and time. Unique features of TP monitors must be suppressed and cannot be exploited for performance enhancement. And - in case of KDCS - masks are not included in the standard. The number of masks may well exceed the number of programs. Redefining them all may be an expensive task. Finding a neutral definition facility or language will be difficult, but the only way to make the interface complete. Under the assumption, that mask definition will once be added to the standard interfaces, they will meet the need of most implementors. Only special applications will bypass the standard interface.

4. The Programmer's Interface

The programmer's interface comprises tools and facilities that help the programming staff in developing complete application systems. This was in fact very important when TP monitor came into operation in the end of the sixties, when operating systems were batch-oriented and hardly provided some editing utilities. This has changed since then, and it is quite common to have those tools for program development (editor, library maintenance, documentation support) separated from the TP monitor, as they do not apply to message processing programs only. Specific tools that remained are:

- format generators and format library maintenance
- data translation languages (advanced message editing functions)
- test tools

Screen formats are defined by listing all the fields with their absolute or relative position (line and column) and their attributes (modifyable or not, bright or normal intensity, numeric or character, justified left or right, and so on). The generator produces a table or module that controls the message mapping and a structure definition for the desired programming language that is to be copied into the TAP to provide for correct addressing of the fields in the message.

One way to define masks is using Assembler makros. Thus the vendor supplies the makros, and syntax checking and module generation is done by the Assembler. A better way is to provide an own language for screen definition with a dedicated compiler. This is of course more expensive (the compiler must be written and maintained), but offers far more convenience to the user. Even better is the opportunity to "draw" masks interactively on the same screen that will later be used when the system works. This is very helpful in designing the layout (the mask generator counts lines and columns), but it leaves enough work to do when assigning attributes to the fields. Perhaps the best way would combine both, generate the layout interactively, but produce an intermediate format description in a user-friendly language, to which field attributes are to be complemented in the second step. The system designer can manipulate the layout interactively as well as the intermediate language description (with the help of a general file editor). A great advance is, that screen definition languages may be portable (cf. section 3.5).

This screen generation process is depicted in fig. 4.1. The screen definition can be written just as any program source by using the general file editor and can be displayed for testing by the layout generator. Alternatively, the layout can be drawn on the screen and transformed into a screen definition using the layout generator the other way around. But this leads to an imcomplete screen definition (field names, justification etc. are missing) that must be supplemented through the file editor. Again, the screen can by displayed for testing. The final version is passed to the mapping generator.

Data translation languages are used to describe advanced mapping functions and value checking for input data. An example for the first is presentation of dates: the external form of "mm/dd/yy" can be transformed to the internal "yymmdd" and vice versa. The checking concerns value ranges as well as complex dependencies among field values ("IF field1 < 100 THEN field2 > 0 AND ...") which are validated before the message is handed to the program. When errors occur, the screen is returned to the user without any program involved. This keeps the TAP free from all that checking. The data translation commands may be embedded in the screen definition. An example of such a language is presented in (IF78).

The testing of application programs should be supported by the TP monitor. Three principles must be observed with it:
- the usual overhead to generate and install an online system must be avoided
- perfect isolation from running systems is required
- an exhaustive diagnostic is needed to detect errors quickly (trace of commands and data using the identifiers of the high-level language, dumps, etc.)

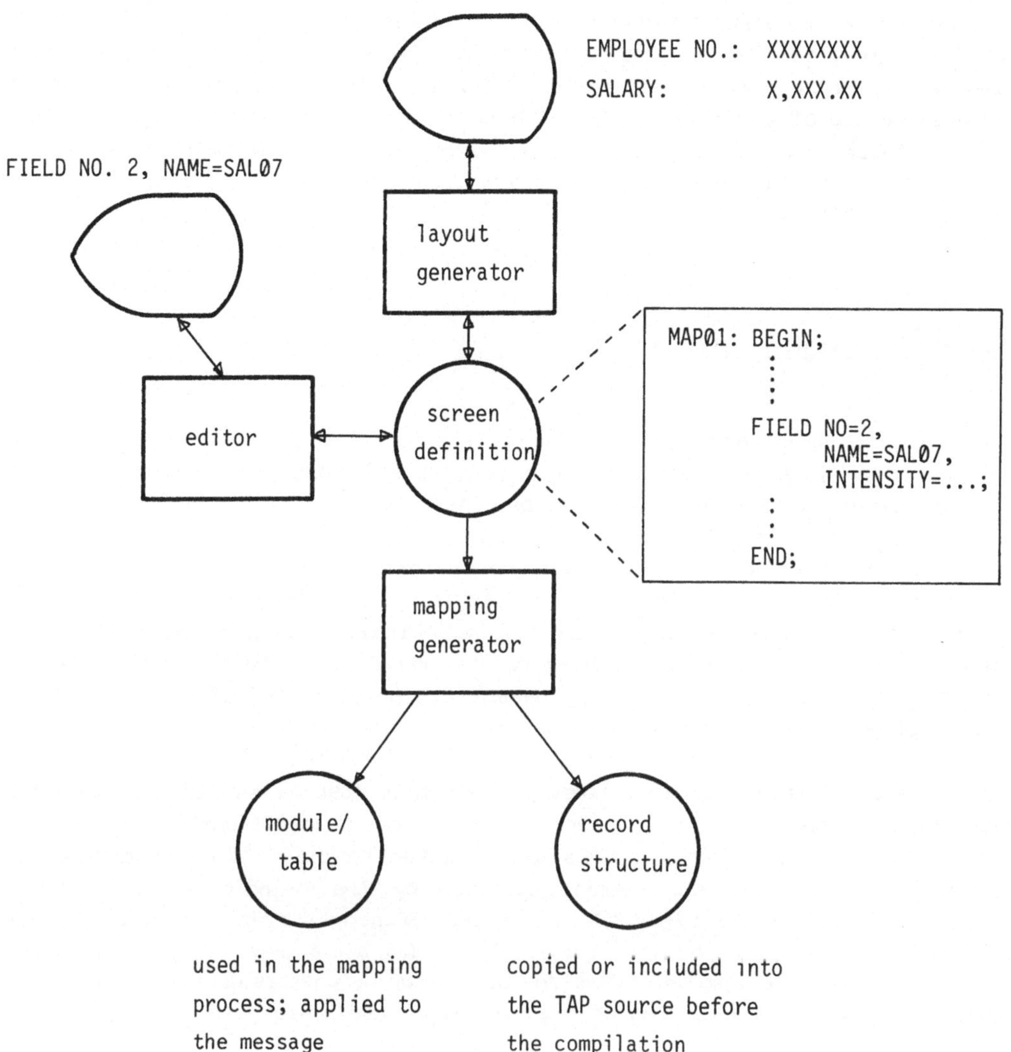

Figure 4.1: Interactive mask generation

Systems on market offer a wide variety of test facilities. Some run new TAP´s in the batch mode, reading the input messages from file. Others execute them in time-sharing mode with a special single-user version of the TP monitor linked-in. Still others use one of their processes as a test environment and supply the TAP´s running there with all the resources of the system that is already operating (if any). What can be provided, depends strongly upon implementational features of the TP monitor (MW83b).

5. The Administration Interface

When all the programs and maps have been defined and tested, it is the administration´s task to bind them all together and make the online application run. On the database side, files must be generated from the schema description, directories and realms. The storage structure must be defined on the basis of work load estimates and/or response time constraints. Subschemas (user views) are derived from the specific demands of a user group. Users must be notified to the system, and their access rights are defined. Finally, security considerations determine the mode of logging and periodical extraction of backup copies, before the system can be started. Startup parameters specify the buffer size and the number of processes allocated, for example.

On the data communication side, lines and terminals must be defined. This uses the view (names, identifiers, abstractions) that the basic communication interface of the operating system offers. TACs are assigned to TAPs and characterized as external (entered by users), internal (submitted by TAPs to indicate the successor in the dialogue), or both (see 3.1). Users are defined with their specific access rights to terminals and programs. Normal files, that are accessed from all programs via the monitor, are also described. Again, startup parameters define the number of processes to be allocated, logging functions to be used, etc.

An interesting question for both systems is, what can be modified while the system is running. On the DB side, this concerns relations, records, sets, and access paths for instance, on the DC side, TACs, TAPs, terminals, and lines. The properties of systems vary strongly in that field.

The administration interface is most concerned with the fact whether the DBMS and the DCS are separate systems or not. If they are separated, some administration functions must be performed twice, and coordination of both systems is at the hand of the administrator (logging, privacy).

As discussed in section 2, the DCS knows the user authorization for access to terminal´s, TACs and sometimes TAPs. The DBMS also has users, they may be represented by a program. That is, access rights are bound to the program; who ever is allowed to call the program thereby is able to use all of the program´s rights. Data dependence may only be introduced by explicit programming (which fixes user names in the programs) or by duplication of programs (same function, but different access rights; e.g. one for customers 1-1000, the other for customers 1001-2000). Programming is simple, either programs are allowed to perform DB operation or they are not. It is more difficult if user identifications received from the DC system are passed to the DBMS; database operations may be allowed as well as rejected. On the other hand, there is only one definition of a user throughout the whole system that specifies his access rights on terminals, TACs, TAPs and data. In case of two independent systems it is an administration task to keep all definitions consistent.

The same applies to gathering statistics and tuning. Evaluation and modifications must be coordinated between the two systems. Optimization is a global concern, not of the two systems on their own. If TAPs are supported because they are used frequently (e.g. made resident), then their database operations should also be supported (by clustering or access paths). At least, tuning operations should not produce contradictory effects.

6. Conclusions and Prospects

The purpose of this article was to bring all the various facts and concepts together to gain a state-of-the-art view of the interfaces of DB/DC systems. Further investigations are necessary to value the potential of end-user application design (Gr81b), new language concepts, enhanced standardization proposals, and software engineering concepts for online application development. The thorough analysis of the interfaces forms the basis for the subsequent work on implementational concepts for DB/DC systems that the author has begun in (MW83b).

References

Ch76   Chamberlin, D.D., et al.: SEQUEL 2: A Unified Approach to Data Definiton, Manipulation, and Control. IBM Journal of Research and Development, November 1976, p. 560-575.

Ch80   Chamberlin, D.D.: A Summary of User Experience with the SQL Data Sublanguage. Proc. of the Intern. Conf. on Data Bases, Aberdeen 1980, p. 181-203.

Cin77   Cincom, ENVIRON/1, Technical Overview, 1977.

CODA71 CODASYL Systems Committee: Feature Analysis of Generalized Data Base Management Systems, May 1971 (available from: IFIP Administrative Data Processing Group, 40 Paulus Potterstraat, Amsterdam)

CODA73 CODASYL Data Description Language Committee, Journal of Development, July 1973.

CODA78 Report of the CODASYL Data Description Language Committee. Information Systems, Vol. 3, No. 4, 1978, p. 247-320.

Gr81a   Gray, J.: The Transaction Concept: Virtues and Limitations. Proc. of the 7th Intern. Conf. on Very Large Data Bases, Cannes, September 1981, p. 144-154.

Gr81b   Gray, J.: An Approach to End-User Application Design. Tandem Technical Report 81.1, Cupertino, March 1981.

Hä79   Härder, T.: Datenkommunikationssysteme (Data Communication Systems). Unpublished lecture typescript, Technical University of Darmstadt (FRG), Department of Computer Science, 1980 (in German).

HR82   Härder, T., Reuter, A.: Transaction-oriented Logging and Recovery - a Taxonomy. University Kaiserslautern, Department of Computer Science, internal report no. 50/82.

IF78   Inselberg, A., Franking, N.: Designing Data Integrity and Security into a Transaction Processing Environment. In: Systems Reliability and Integrity, Volume 2: Invited Papers, Infotech State of the Art Report, Maidenhead 1978, p. 157-170.

Int77   Intercomm - Concepts and Facilities. Informatics Inc., System Products, New York 1977, Document No. PI-7701-P02A.

KDCS   KDCS - Kompatible Datenkommunikations-Schnittstelle. Benutzerhandbuch, Bayerische Staatskanzlei, Abteilung D, München, Juni 1978 (in German).

MANTIS   Series 80 MANTIS Application Development System. Cincom Systems, Inc., 1981, GSS-31-2/81.

Mc77a   McGee, W.C.: The Information Management System IMS/VS, Part IV: Data Communication Facilities. IBM Systems Journal, Vol. 16, No. 2, 1977, p. 136 - 147.

Mc77b   McGee, W.C.: The Information Management System IMS/VS, Part V: Transaction Processing Facilities. IBM Systems Journal, Vol. 16, No. 2, 1977, p. 148 - 168.

MC83   Mason, R.E.A., Carey, T.T.: Prototyping Interactive Information Systems. Comm. ACM, Vol. 26, No. 5 (May 1983), p. 347 - 354.

MW83a   Meyer-Wegener, K.: Reusable and Reentrant Programs for Transaction Processing. Technical Report, University of Kaiserslautern, Department of Computer Science, 1983 (in preparation).

MW83b   Meyer-Wegener, K.: Functional and Implementational Aspects of Transaction-Processing Monitors. Working Draft, University of Kaiserslautern, Department of Computer Science, March 1983.

NATURAL   NATURAL - Instant Online Application Programming in the Data Base Environment. Software AG, Darmstadt.

Ol78   Olle, T.W.: The Codasyl Approach to Data Base Management. Wiley & Sons, Chichester 1978.

Pl73   Pliener, A.M.: Systems Implications. In: (TP76), p. 15 - 22.

Si77   Siwiec, J.E.: A High-Performance DB/DC System. IBM Systems Journal, Vol. 16, No. 2, 1977, p. 169 - 195.

Tan82   Tandem Computers Inc., PATHWAY Programming Manual, P/N 82059, Cupertino 1982.

TP76   Teleprocessing at Work - Terminal Based Computer Systems: Techniques & User Experience. Online Conferences Ltd., Uxbridge, England 1976.

UTM1   UTM-Team: UTM V2.0, Programm-Schnittstelle (program interface). Siemens AG, Munich 1982, internal document no. 5131.52.2 (in German).

UTM2   Siemens BS2000 Zugriff zu Datenstationen, Nachtrag, Abschnitt 3.3, UTM V2.0, München 1982 (in German).

UTM3   UTM-Team: UTM V2.0, Externe Schnittstellen, Generierungsschnittstelle (system generation and startup). Siemens AG, Munich 1982, internal document no. 5131.52.4 (in German).

Wa79   Waters, F.C.H.: Design of the IBM 8100 Data Base and Transaction Management System - DTMS. IBM Systems Journal, Vol. 18, No. 4, 1979, p. 565 - 581.

Band 44: Organisation informationstechnik-gestützter öffentlicher Verwaltungen. Fachtagung, Speyer, Oktober 1980. Herausgegeben von H. Reinermann, H. Fiedler, K. Grimmer und K. Lenk. 1981.

Band 45: R. Marty, PISA – A Programming System for Interactive Production of Application Software. VII, 297 Seiten. 1981.

Band 46: F. Wolf, Organisation und Betrieb von Rechenzentren. Fachgespräch der GI, Erlangen, März 1981. VII, 244 Seiten. 1981.

Band 47: GWAI – 81 German Workshop on Artificial Intelligence. Bad Honnef, January 1981. Herausgegeben von J. H. Siekmann. XII, 317 Seiten. 1981.

Band 48: W. Wahlster, Natürlichsprachliche Argumentation in Dialogsystemen. KI-Verfahren zur Rekonstruktion und Erklärung approximativer Inferenzprozesse. XI, 194 Seiten. 1981.

Band 49: Modelle und Strukturen. DAG 11 Symposium, Hamburg, Oktober 1981. Herausgegeben von B. Radig. XII, 404 Seiten. 1981.

Band 50: GI – 11. Jahrestagung. Herausgegeben von W. Brauer. XIV, 617 Seiten. 1981.

Band 51: G. Pfeiffer, Erzeugung interaktiver Bildverarbeitungssysteme im Dialog. X, 154 Seiten. 1982.

Band 52: Application and Theory of Petri Nets. Proceedings, Strasbourg 1980, Bad Honnef 1981. Edited by C. Girault and W. Reisig. X, 337 pages. 1982.

Band 53: Programmiersprachen und Programmentwicklung. Fachtagung der GI, München, März 1982. Herausgegeben von H. Wössner. VIII, 237 Seiten. 1982.

Band 54: Fehlertolerierende Rechnersysteme. GI-Fachtagung, München, März 1982. Herausgegeben von E. Nett und H. Schwärtzel. VII, 322 Seiten. 1982.

Band 55: W. Kowalk, Verkehrsanalyse in endlichen Zeiträumen. VI, 181 Seiten. 1982.

Band 56: Simulationstechnik. Proceedings, 1982. Herausgegeben von M. Goller. VIII, 544 Seiten. 1982.

Band 57: GI – 12. Jahrestagung. Proceedings, 1982. Herausgegeben von J. Nehmer. IX, 732 Seiten. 1982.

Band 58: GWAI-82. 6th German Workshop on Artificial Intelligence. Bad Honnef, September 1982. Edited by W. Wahlster. VI, 246 pages. 1982.

Band 59: Künstliche Intelligenz. Frühjahrsschule Teisendorf, März 1982. Herausgegeben von W. Bibel und J. H. Siekmann. XIII, 383 Seiten. 1982.

Band 60: Kommunikation in Verteilten Systemen. Anwendungen und Betrieb. Proceedings, 1983. Herausgegeben von Sigram Schindler und Otto Spaniol. IX, 738 Seiten. 1983.

Band 61: Messung, Modellierung und Bewertung von Rechensystemen. 2. GI/NTG-Fachtagung, Stuttgart, Februar 1983. Herausgegeben von P. J. Kühn und K. M. Schulz. VII, 421 Seiten. 1983.

Band 62: Ein inhaltsadressierbares Speichersystem zur Unterstützung zeitkritischer Prozesse der Informationswiedergewinnung in Datenbanksystemen. Michael Malms. XII, 228 Seiten. 1983.

Band 63: H. Bender, Korrekte Zugriffe zu Verteilten Daten. VIII, 203 Seiten. 1983.

Band 64: F. Hoßfeld, Parallele Algorithmen. VIII, 232 Seiten. 1983.

Band 65: Geometrisches Modellieren. Proceedings, 1982. Herausgegeben von H. Nowacki und R. Gnatz. VII, 399 Seiten. 1983.

Band 66: Applications and Theory of Petri Nets. Proceedings, 1982. Edited by G. Rozenberg. VI, 315 pages. 1983.

Band 67: Data Networks with Satellites. GI/NTG Working Conference, Cologne, September 1982. Edited by J. Majus and O. Spaniol. VI, 251 pages. 1983.

Band 68: B. Kutzler, F. Lichtenberger, Bibliography on Abstract Data Types. V, 194 Seiten. 1983.

Band 69: Betrieb von DN-Systemen in der Zukunft. GI-Fachgespräch, Tübingen, März 1983. Herausgegeben von M. A. Graef. VIII, 343 Seiten. 1983.

Band 70: W. E. Fischer, Datenbanksystem für CAD-Arbeitsplätze. VII, 222 Seiten. 1983.

Band 71: First European Simulation Congress ESC 83. Proceedings, 1983. Edited by W. Ameling. XII, 653 pages. 1983.

Band 72: Sprachen für Datenbanken. GI-Jahrestagung, Hamburg, Oktober 1983. Herausgegeben von J. W. Schmidt. VII, 237 Seiten. 1983.